ニッポン沈没

斎藤美奈子

筑摩書房

はじめに　沈没しそうな船の上で

二一世紀、特に二〇一〇年代の日本を特徴づけるキーワードを三つあげろといわれたら、あなたは何を選ぶだろう。

私の頭にパッと浮かんだのは次の三つだ。

戦争、原発、経済格差(ああ、もう、なんて暗いんだ)。

いずれもべつだん二一世紀に特有の現象ではない。戦争も、核も、貧困や格差も、つねに私たちのすぐ隣にある案件だった。

しかし、戦後五〇年くらいまでの日本は、やはり「平和」だったのだ。自衛隊の海外派遣をめぐる議論は百出しても、戦争は遠い外国か、ないしは過去のできごとだったし、スリーマイルやチェルノブイリの原発事故も海のむこうの受難だった。年功序列賃金と終身雇用制に守られた企業社会はときに退屈に思えても、日本が世界第二位のＧＤＰ

を誇る「ものづくり大国」から転落するとは夢にも思わず、「一億総中流社会」がこの先もずっと続くと無根拠に信じていた。

くだらないニュースが流れるたびに、だから私たちは口癖みたいにつぶやいていられたのである。

ったく、日本は平和だよね。

二一世紀に入ったころから、しかし「平和な日本」の風景は徐々に崩れはじめる。二〇〇一年の米国同時多発テロで浮上した「テロとの戦争」という概念は戦争を身近にし、それと前後して改憲が現実味を帯びてきた。非正規雇用者の急増は新たな貧困層を生み、少子高齢化と過疎化によって中央と地方の格差も拡大した。

不穏な空気に包まれていたこの国を、さらに大きな二つの「人災」が襲った。ひとつは東日本大震災と東京電力福島第一原発の事故（二〇一一年三月）。もうひとつは三年半で頓挫した民主党政権に代わる、第二次安倍晋三政権の誕生（二〇一二年一二月）である。

解釈改憲による集団的自衛権の行使容認（戦争）、福島第一原発の事故も収束しないうちに強行された原発の再稼働（原発）、労働者や生活者を圧迫する法案の数々（格差と貧困）。国会は与党が圧倒的多数を占め、有形無形の圧力でメディアの批判能力も減退した。いまや民主主義そのものが、危機に瀕しているかのようだ。

もしかして、この国は沈没しつつある？

人々はまだパニックには陥っていない。しかし、右へ右へと傾いていく船体の上でバランスをとりながら、私たちは危ない航行を辛うじて続けているような状態だ。このまま船が転覆、沈没するのを待つのか。それとも、なんらかの方法で立て直しを図るのか。

本書は二〇一〇年八月から二〇一五年六月まで、話題の本を読みながら、同時代に目を凝らした記録である。船が制御困難に陥った原因、あるいは沈没を回避する方法を、ともに考えていただければと思う。

ニッポン沈没／目次

激震前夜

原発震災

安倍復活

言論沈没

ニッポン沈没

イラストレーション　清水寿久
ブックデザイン　鈴木成一デザイン室

激震前夜

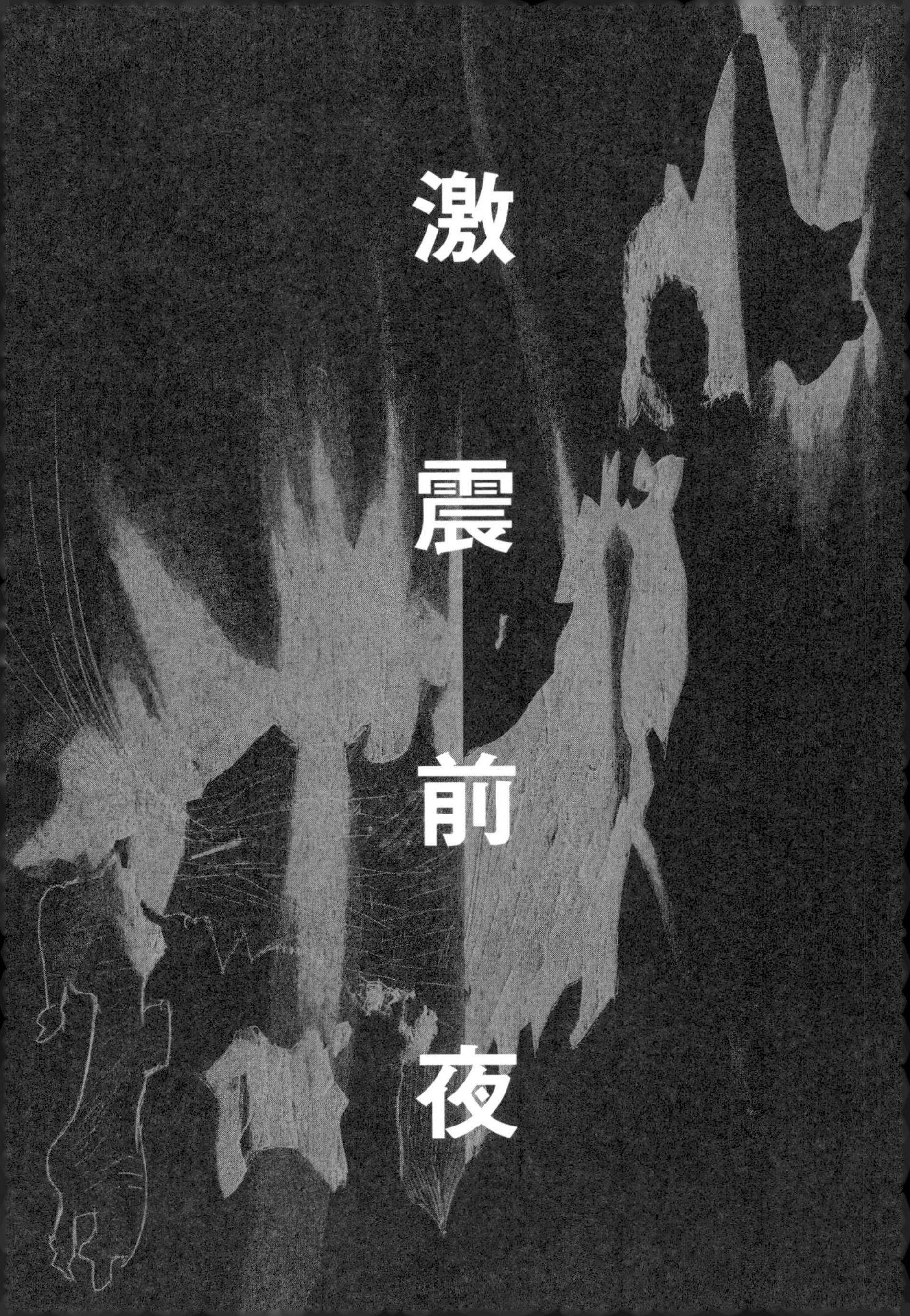

「地方の再生」っていうけどさ

気がつけば、いまや日本の町はどこもかしこもシャッター商店街だらけである。閉まったままの喫茶店、飲食店、書店、文具店。最近では商店街のシンボルだった百貨店が閉店する例も後を絶たない。中心街だけではない。大型駐車場を備えた郊外のショッピングモールが客を集める一方で、同じ街道沿いには、放置されたまま廃墟と化した元ドライブイン、元パチンコ店、元ガソリンスタンド……。もっと厳しいのは何十年も前から過疎化、高齢化が進んでいた村落部である。バス路線が廃止されたり、学校や病院が閉鎖されたりし、人口の流出がさらに加速して、いまや人口の過半数を六五歳以上の高齢者が占める「限界集落」も増えつつある。

いったいいつから日本はこんな風になってしまったのか。

原因としてよく槍玉にあげられるのは、いわゆる小泉構造改革だ。規制緩和政策の一環として大規模小売店舗法が改正された結果、大型店の出店がしやすくなり、在来の中小小売店を圧迫した。「三位一体改革」によって地方交付税が削減され、財政の乏しい自治体が大打撃をこうむった。市場原理主義を推し進めた結果、地域間格差が修復不可能なまでに拡大した……などなど。

しかし、「こんな日本にだれがした。責任者、出てこい！」と叫んだところで、事態が好転するわけでもない。じゃあどうする？　地方主権や地方分権という言葉と同時に地方の再生が叫ばれる今日、関係書籍をひもといてみた。

破綻した夕張、再生した上勝

まずウォーミングアップとして、地方の実情を取材した本を読んでみよう。

少し前の本だけど、朝日新聞大阪本社の取材による『今、地方で何が起こっているのか――崩壊と再生の現場から』が、象徴的な地域の事例を取り上げている。

たとえば北海道夕張市。夕張市の財政破綻がしきりに報道されたのは二〇〇六年から〇七年にかけてのことだった。日本中の耳目を集めた「地域崩壊」のケースといっていいだろう。

夕張の破綻の最初の原因は、最盛時には二四あった炭鉱が一九六〇年をピークに次々と閉山に追い込まれたことである。とはいえ、切り替えは早かった。炭鉱から観光へ。そんなスローガンを掲げて石炭博物館がオープンしたのが一九八〇年。以後、巨費を投じて遊園地、めろん城、ロボット大科学館などを次々と建設し、「まちづくりの手本」とまでいわれたが、九一年に最多の二三一万人だった観光客は、同じ年にバブルがはじけるや否や減少する。結果的に残ったのは六三二億円という巨額の負債。その後、行政は会計操作でこの赤字を隠し、議会は赤字財政のチェック機関として機能せず傷口を広げていったことが、やがて致命傷となった。夕張同様、過去の過大な施設整備が自治体の財政を圧迫しているケースは少なくない。夕張ではかつて、病院や住宅をはじめ電気代や水道料金までも炭鉱会社持ちだったため、住民の中にも「だれかがなんとかしてくれる」という「おまかせ民主主義」の意識があったのではないかと市の職員はいう。

夕張とは逆に、「再生」に奇跡的に成功した地域として紹介されているのが「葉っぱビジネス」で全国的に有名になった徳島県上勝町《かみかつ》である。人口は二〇〇〇人弱。四国の町の中では一番、全国でもベスト10圏内に入る人口の少ない町である。

上勝町の転機は、ミカン産業の壊滅だった。林野が総面積の九割近くを占め、林業とミカンを主産業としてきた町は、八一年の異常寒波でミカンが枯死、産地は壊滅状態になった。

そんなどん底の状態から町を救ったのが料理の「つまもの」として葉っぱを商品化するアイディアだった。八六年度からはじまったビジネスは年々成長し、九四年度には売上げ一億円を突破。上勝町の「つまもの」は全国シェアの七割を占めるまでになる。出荷農家は一九〇軒、ビジネスの担い手は平均年齢七〇歳以上の高齢者。上勝町はまた「ごみゼロ」を掲げる環境先進地としても有名で、三四種類もの分別に積極的に取り組んでいる。「ただの過疎地」が地域の資源を生かすことで生まれ変わった好例といっていいだろう。

まあ、本自体はおもしろかった。でも、ここから地域再生のヒントがつかめますかね。

夕張も上勝も既存の産業が壊滅し、起死回生を新ビジネスにかけた点は同じである。夕張はワンマン市長、上勝町は熱心な町の職員、キーパーソンの強いリーダーシップが、産業転換の機動力になった点も同じ。一方は巨費を投じたハコモノ、一方は土地に根ざした地道なビジネスという差は大きい。だが、両者の明暗を分けたのは、結局のところ、偶然または運としかいいようがないように思われる。考えるべきは、もっと構造的な問題じゃないんだろうか。

地方の衰退の一因が、ヒト、モノ、カネの東京一極集中にあることは、だれもが知るところである。そこで多くの自治体は、東京に集中するヒトやカネをなんとか地元に引き入れたいと考える。工場誘致、観光誘致、住宅整備、道路整備。新ビジネスの開拓も雇用の創出と同時に都市の消費者をあてこんだ作戦だ。しかし、地域振興とは、はたしてそのようなものなのか。

藤波匠『地方都市再生論――暮らし続けるために』は、地域振興の名の下で「地域の活性化」自体が自己目的化している現状をやんわり批判し、発想の転換をすすめた本である。

そもそも、なぜ地方の人口が減ったのか。

高度成長期、地方は大都市への人口資源の供給源だったが、一世帯あたりの子どもの数が多く、また「長男が家を継ぐ」という思想が強かったため、若者たちの一部は地元に残り、彼らが地域の産業や文化の発展に貢献してきた。しかし近年「家」意識は薄れ、雇用や賃金の面からも地元に残るメリットも少ない。親も子どもの将来を思って引き止めない。かくして少子化で子どもの絶対数は減っているにもかかわらず、都市への人口流出が続く。しかも近年の人口流出は「出ていったきり」である。若い世代が減少し、生産と消費の担い手を失えば、地域が活力を失うのは当然である。

ところが、現在の「まちづくり」は現実を踏まえていない。〈人口が減り行く日本において、今後全ての地方都市や地域が活性化し、賑わいを取り戻すことを望んでも、冷静に分析すれば、現状維持すら厳しい地域が多く、優勝劣敗となることは避けられない。にもかかわらず、全ての都市や地域の至上命題として活性化が模索され、しかもその方向性を見失い迷走している〉。

そこで藤波は提唱するのである。「何のため」「だれのため」の活性化かを考え、地域住民が快適に暮らせる地域を目指すべきだ、と。

客の目じゃなく住民の目を

ひとつの例がくだんのシャッター商店街である。

商店街が衰退した原因も、ずばり人口問題だという。町に人と産業を引きつける力があった時代には広い商業地域が必要だったかもしれないが、住人の多くが郊外に移転した(ことの背景には人々の持ち家信仰もあるのだが)現在、中心街の商圏は広すぎる。スカスカになった商店街を再生するには

「住商混在」、すなわち商業地域を再び人が暮らす町にし、商圏人口の増加を目指す以外にはない。「中心街の発展＝商店街の活性化」という発想から脱却し、住宅と商業施設が絶妙に混在する町につくりなおす。言葉を変えれば、それは「用途混在」であり、町のコンパクト化である。土地の用途を限定し、町を商業地域と住宅地域に分ける旧来の都市計画法は、人口減少時代にマッチしない、というのである。

いわれてみれば、たしかにそうだ。著者が「住商混在」の例としてあげるのは東京の自由が丘だが、東京には自然発生的な「住商混在」の町が少なくない。下北沢、中目黒、三軒茶屋など。

人口や世帯数に合わせ、土地利用のあり方を抜本的に見直す。商業地区と住宅地区を分けるゾーニング主義からモザイク都市へ。それが著者の提案する町づくりの方向性である。工場誘致や観光誘致とは根本的に異なる発想だけれども、「だれのための活性化か」を考えれば、観光客を呼べる町づくりに精を出すより、住民が快適に暮らせる環境をつくり出すほうが重要に決まっている。

たとえば郊外へ郊外へと広がっていた公共投資を中心部の整備に回し、バブル期に郊外に移転した市民病院、福祉センター、図書館、美術館、博物館などの公共施設を中心市街地に戻す。歩行者中心の環境を整え、自動車や自転車の専用道路は別に設ける。

それは都市計画であって、地域再生とは関係ないって？

いやいや、そうでもないと思いますけどね。

地域の活性化というと、とかく私たちは葉っぱビジネスのような「一発逆転」を夢見る。町の再生と聞くと、電線を地下に埋めるとか壁を黒に統一するとかいった、住み心地より景観優先の、伝統的建造物群保存地区みたいな街並を連想する。だけどそれって「客の目」なのよ。

一方ではまた道州制論議なども盛んで、江口克彦『地域主権型道州制――日本の新しい「国のかたち」』のように、地方を衰退から救うには道州制しかないとの風呂敷を広げる人もいるのだが、国家の作り直しを待っていたら、いつまでも埒があかない。行政区の区割を変えれば地域が活性化するという説も、平成の大合併で幻に終わったのではなかったか。

日本はいつからこんなことに……と嘆く時期はもう終わった。次の手を本気で考えないと、マジでやばい時期に私たちは来ているのかもしれない。

人口減少時代に入っている以上、大都市だって例外ではない。少子高齢化がこのまま進めば、いずれは東京の中心街も衰退し、廃墟化した建物が軒を連ねる日がやって来る可能性は高いのだ。(2010.08)

『今、地方で何が起こっているのか——崩壊と再生の現場から』朝日新聞大阪本社編集局「地方は」取材班、公人の友社、二〇〇八年　夕張、上勝のほかに、限界集落と呼ばれる村（高知県大豊町）、国民健康保険料の滞納にあえぐ町（大阪府門真市）の四つのケースを取材、地方再生への道を探る。小泉構造改革への批判からはじまるが、現場の行政担当者や住民の声に教えられるところ大。

『地方都市再生論——暮らし続けるために』藤波匠、日本経済新聞出版社、二〇一〇年「誰のための地域再生なのか」を軸に、地方都市の現状を詳細に分析、多くの事例や統計とともに、地方再生へのビジョンを提案する。「煽られる地域間競争」「住民の錯誤」「行政の驕り」といった章タイトルからも自治体や住民の迷走ぶりがうかがえる。思いつきに頼った方法では地方再生は難しいことを実感。

『地域主権型道州制——日本の新しい「国のかたち」』江口克彦、PHP新書、二〇〇七年　47都道府県を廃止し12の道州と小選挙区と同規模の300の市に再編せよ、と訴える。税制改革で企業が殺到する四国州、世界の「観光立州」となった北海道、「農業立州」として自立した東北州など、バラ色の未来像が示される。考え方としてはわからぬでもないが、机上の空論の感もあり。

「切り札は世界遺産」の愚

東京郊外の高尾山を訪れる人が急増したのは「ミシュラン」で三ツ星がついたため、というのは有名な話である。「ミシュラン」には赤い表紙のレストランガイドと、緑の表紙の観光地ガイドがあって、緑本の日本語版は未出版なのだが英語版の『ミシュラン・グリーンガイド・ジャポン』(二〇〇九年)を覗いてみたら、ありましたありました、マウント・タカオ。なるほど三ツ星。八王子市がHPで「フランス人も認める三つ星観光地『高尾山』にぜひお出かけください!」と威張るはずである。

というように、日本人は「外からのお墨付き」に弱いわけだが、「外からのお墨付き」という点で、「ミシュラン」の上をいくのはユネスコの世界遺産だろう。

二〇一〇年現在、日本には一四件(自然遺産三件、文化遺産一一件)の世界遺産がある。

参考までに紹介しておくと、「知床」「白神山地」「屋久島」(以上自然遺産)。「法隆寺地域の仏教建造物」「姫路城」「古都京都の文化財」「白川郷・五箇山の合掌造り集落」「原爆ドーム」「厳島神社」「古都奈良の文化財」「日光の社寺」「琉球王国のグスク及び関連遺産群」「紀伊山地の霊場と参詣道」「石見銀山遺跡とその文化的景観」(以上文化遺産)。

「それは当然の決定だろうなあ」と思うのもあれば「それが世界遺産なの?」と若干の疑問符がつく物件もあるが、世界遺産騒ぎの内実はまだまだこんなものではない。その前段階の物件まで入れたら、狭い日本列島は「目指せ！　世界遺産」の候補地だらけなのである。

あれが世界遺産なら、ウチだって

世界遺産に登録されるためには、まず国内の審査に合格し、次に国際的な専門機関（文化遺産の場合はＩＣＯＭＯＳ＝国際記念物遺跡会議、自然遺産の場合はＩＵＣＮ＝国際自然保護連合）の調査評価を経なければならない。国内審査に通ったからといって、国（文化庁）がただちに推薦状を出すとは限らず、まして世界遺産に登録される保証はどこにもないが、ともかく第一関門は国内審査。現在、この段階まで漕ぎ着けて「暫定リスト」に載っている物件は一二件。これ以外に暫定リスト入りを目指し、文化庁の公募に応じて申請が出ている物件が三〇件ほどある。

その全貌を知りたければ小林克己『今すぐ、行きたい！　日本の「世界遺産」＋候補地』を開いてみるといい。ここには世界遺産がニワトリマーク、暫定リストに載った正式な予備軍がヒヨコマーク、暫定リスト入りを目指す物件が卵マークで示されている。

ちなみに暫定リスト入りしたヒヨコマーク物件は「古都鎌倉の寺院・神社ほか」「彦根城」「平泉の文化遺産」「富士山」「富岡製糸場と絹産業遺産群」「飛鳥・藤原の宮都とその関連資産群」「長崎の教会群とキリスト教関連遺産」「小笠原諸島」「国立西洋美術館本館」「北海道・北東北の縄文遺跡群」「九州・山口の近代化産業遺産群」「宗像・沖ノ島と関連遺産群」の一二件（注・この後、二〇一五年までに、「平泉」「富士山」「富岡製糸場と絹産業遺産群」「小笠原諸島」「明治日本の産業革命遺産」の五件が正式な世界遺産に登録された）。

この中にも「？」な物件は含まれているけれど、テーマの修正や再検討を文化庁に言いわたされた卵マークの候補地を見ていると、みなさまの対抗意識の高さに涙が出そうだ。

「松島」や「天橋立」には「同じ日本三景の厳島神社（安芸の宮島）が世界遺産ならウチだって」という意地が感じられるし、「城下町金沢の文化遺産と文化的景観」は京都や奈良へのライバル心が、「四国八十八箇所霊場と遍路道」は「紀伊山地の霊場と参詣道」への対抗意識がほの見える。四国八十八箇所霊場に五〇以上の自治体がかかわっていたり、水戸の弘道館、栃木の足利学校、岡山の閑谷学校といった古い学校なんかも申請が出ているのを見ると（文化庁からは「近世の教育資産」として統合しろと勧告されている）、まさに猫も杓子も、だ。

にしたって、なぜこうも、みんなが同じ発想をするのか。世界遺産で知名度を上げ、観光客が急増した先例にあやかりたいのはわかる。製造業の衰退にともなって、観光に望みを託さざるを得ない地域の事情もあるだろう。しかし、世界遺産への道は険しい。それなりの税金を投入し、世界遺産を目指すことで起こる問題はないのだろうか。

そのへんの事情にふれているのが、佐滝剛弘『「世界遺産」の真実』である。副題は「過剰な期待、大いなる誤解」。世界遺産はすでに曲がり角に来ているというのが佐滝の認識だ。

〈憧憬の対象として尊崇を集めてきた世界遺産は、しかし、ここ数年、風当たりが強くなってきた。粗製濫造とも思える毎年の大量登録、登録されるや半年もしないうちに旅行会社が組む団体ツアーの目玉に祭り上げられる俗っぽさ、我も我もと節操なく立候補して、今に日本中世界遺産だらけになってしまいかねない安易な目標。世界遺産だというので行ってみたら、土産物屋が立ち並ぶ興醒めの観光地だったり、逆に眼を見張る建物ひとつない拍子抜けのつまらないところだったりという話も枚挙に暇がない〉。

ターニングポイントは二〇〇八年の「平泉ショック」だった。この年、中尊寺、毛越寺ほか九つの資産で構成され、日本が正式に推薦していた「平泉――浄土思想を基調とする文化的景観」がユネスコの世界遺産委員会で「登録延期」となったのである。やはり一度は「登録延期」となった石見銀山が、その前年に逆転勝利をおさめたこともあり、平泉は巻き返しに懸命になるが、「平泉落選」のニュースは他の候補地にも少なからず影響を与えた。

近年の世界遺産では、姫路城や原爆ドームのような単体ではなく、複数の資産を組み合わせ、ひとつのテーマに添ったストーリーを組み立てる「シリアル・ノミネーション」方式が多い。わかりやすくいえば、小ネタを集めた「セット売り」である。それは世界遺産の範囲を広げた一方、テーマに合わない物件を含めたり、ストーリーそのものに無理があったりするケースも増やした。

平泉の場合も「浄土思想」がわかりにくいうえ、テーマに添わない物件が入っていたため、文化庁、岩手県、平泉市は再検討を迫られ、「平泉――仏国土を表す建築・庭園および関連の考古学的遺産群」と名称を変えて再申請した。しかし、修正後の名称はよけいワケわかんなくないか？「仏国土」って何なのさ（注・その後平泉はさらにちょっとだけ名称を変え二〇一一年に登録された）。

国宝や重要文化財はどうした

オリンピックの誘致活動と同じで、世界遺産を目指す運動も音頭をとるのは自治体だ。地域振興の美名の下に何千万円もの予算を使い（しかもその予算が推薦書を作成するシンクタンクやコンサルタント会社に流れる場合も少なくない）、貴重な人材や時間を投入しても、元がとれるとは限らない。世界遺産推進室などのように独立した部署を持つ自治体も多いが、〈そこに配属された職員は、もしかしたら、福祉や医療など、より生活に密着した施策を進める部署に配属されるべき貴重な人材であるかもしれない〉という佐滝の指摘は、意外に重要であるように思われる。

事実、山形県は前知事の強い意向で進められてきた「最上川の文化的景観」の世界遺産推進活動を、二〇〇九年、正式に断念した。この運動そのものが知事選の争点となり、反対派の知事が当選。公約通り「無駄な事業」として、中止が決定されたためという。

人類にとっての貴重な文化財の保護という、世界遺産本来の目的からいえば、この中止は賛否が分かれるところだろう。しかし現在の世界遺産フィーバーは、すでに本来の目的から乖離した「観光お墨付きぶんどり合戦」と化しているのが現実だ。

毛利和雄『世界遺産と地域再生』を読むと、平泉のドタバタぶりとは反対に、一度は落選しながら二〇〇七年に世界遺産に「逆転登録」された石見銀山が、どれほど長い時間をかけて住民主体の町づくりに取り組んできたかがわかる。一九二三年（大正一二年）に銀山が休山した山あいのこの町は、昭和に入って以降、ずっと過疎化が進行していた。山中に取り残された銀山を史跡として見直す動きがはじまったのは一九六七年。老朽化が目立つ町並みの調査を進め、紆余曲折の末、島根県ではじめて「重要伝統的建造物群保存地区」の指定を獲得したのが一九八七年。こうした活動のベースとなる大森町文化財保存会（なんと大森町の全戸が加入しているという）が発足したのはじつに一九五七年である。そんな大森町も世界遺産への登録に関しては町が真っ二つに割れたというから、世界遺産への登録が必ずしもハッピーとばかりはいえないのだ。

日本中の自治体が世界遺産へ世界遺産へとなびく原因として、もうひとつ考えられるのは、日本人の「旅の劣化」だ。べつだん世界遺産に頼らなくても、日本には「国宝」「重要文化財」「国指定史跡」といった文化財保護法に基づく古くからの指定物件があるのだし、近年では「登録有形文化財」や経産省が指定する「近代化産業遺産」など、近代化遺産の指定物件も増えている。しかし、多くの観光客はそもそも文化財に興味がない。彼らの旅の目的は温泉と食べ物屋と土産物屋で、文化や歴史はどうでもいいのだ。そんな歴史離れ・文化財離れを逆転させる唯一の切り札が世界遺産だとしたら、自治体が目の色を変えるのも理解はできるが、根本的な解決にはならない。だいたい世界遺産バブルがはじけた後はどうするのさ。

石見銀山に行ったことのある人の多くは「つまんなかった」「何もないんだもん」という。観る側にも相応のセンサーがなければ、どんな世界遺産も宝の持ち腐れ。特に「セット売り」のシリアル・ノミネーションは宝の持ち腐れになる可能性が高い。

私が石見銀山を訪れたときには「ねえねえ、この穴って洞窟?」と叫んでいる観光客がいた。だから「銀山坑」だっていってるじゃんよ。世界遺産を目指すより旅行者の教育が先なんじゃない?

(2010.10)

『今すぐ、行きたい! 日本の「世界遺産」+候補地』小林克己、三笠書房王様文庫、二〇〇九年
全国の世界遺産とその候補地のガイドブック。暫定リスト入りした「世界遺産のヒヨコ」や、その前段階の「世界遺産の卵」を中心にした「青田買い」を観光客に勧めている。世界遺産候補の多さに驚くこと必至。ま、日本を代表する「珠玉の名所ぞろい」なのは確かである。

『「世界遺産」の真実――過剰な期待、大いなる誤解』佐滝剛弘、祥伝社新書、二〇〇九年　そもそも世界遺産とは何かという基本から、候補地が抱える問題点、候補地をめぐるドタバタ騒動、今後の世界遺産のあり方まで、日本の例を中心にトピックを要領よくまとめた本。「国宝や国立公園よりワンランク上の指標」「世界最高ランクの観光地」といった誤解を解く。著者はNHKのディレクター。

『世界遺産と地域再生――問われるまちづくり』毛利和雄、新泉社、二〇〇八年　石見銀山、平泉のほか、一時は市長が登録を目指すと宣言したが断念、市長交代後は町並み再生を模索する尾道市、景観を壊す埋立架橋建設をめぐり裁判に発展、ICOMOSからも苦言を呈された鞆の浦、の四つの事例から、歴史を生かした町づくりを考察。著者はNHK解説委員。NHKと世界遺産は相性がいい?

「大きな政府」で何が悪い

小沢一郎との一騎打ちとなった民主党代表選に勝ち、菅直人首相の続投が決まって二か月。二〇〇九年九月の政権交代から数えれば一年余。一時の高揚もどこへやら。気がつけば「民主党政権も自公政権とたいして変わらないじゃん（怒）」な今日この頃である。

いったい何が「変わらない」のか。

理由はいろいろあるけれど、ポイントのひとつは自民も民主も結局は新自由主義経済の推進者、いいかえれば緊縮財政や財政再建を掲げる「小さな政府」論者が主流であることだろう。

もっとも、いまや表立って「小さな政府」の看板を出しているのは「みんなの党」くらいで、麻生太郎以降の自民党は「中福祉・中負担」を標榜しているし、二〇〇九年総選挙時の民主党の政策は財政出動型の「大きな政府」に近かった。菅直人首相も元来は「小さな政府」論者じゃなかったはずだ。にもかかわらず「オマエんとこの政策は大きな政府じゃないか」といわれるのだけはみなさんおイヤらしく、「わが党が目指しているのは、依然として小さな政府です」と自民・民主の政治家は口を揃えていうのである。社会民主主義的な政策をとるはずの共産党や社民党でさえ「わが党は大きな政府を目指しています」とは口が裂けてもいわない。

正義は「小さな政府」にあり。「大きな政府」は時代錯誤。二〇〇〇年代前半の小泉純一郎政権以来、そんなトラウマにこの国の政治家と有権者が取り憑かれているのは間違いないだろう。

しかし、「大きな政府」が時代錯誤という説は本当なのか。

アメリカばかり見ているからそう感じるだけで、ヨーロッパ諸国に目を転じれば、アメリカ式の「小さな政府」こそ時代錯誤かもしれないのだ。ここはしばし、原点に戻って考えたほうがいい。「大きな政府」の意義を説く経済学者の本を読んでみた。

日本は「小さすぎる政府」の国

榊原英資『フレンチ・パラドックス』は、日本人の思い込みに水をさすような話からはじまる。〈私たちは、もうすでに「小さな政府」の国に住んでいる〉というのである。

国民負担率（国民所得に対する租税負担と社会保障負担の合計額の比率）を比較すると、日本は三九％で、アメリカ（三五％）や韓国（三六％）に次ぐ低さ。スウェーデンは六五％、フランスは六一％、ドイツは五二％、「小さな政府」と思われているイギリスでさえ四八％で、いずれも「大きな政府」の国なのだ（日本は二〇一〇年度、他は二〇〇七年度）。

日本の国民負担率の低さは社会保障負担率の低さに由来する。日本は年金と医療の面では他の先進国に並ぶものの、雇用、失業、養育、教育など、いま働いている層への保障は大きく劣っている。学校教育への公的支出は三・三％で、OECDに加盟する先進国中最下位（平均は四・九％）。その分、養育費の自己負担率は高くて三三％（平均は一五％）。出産、育児、教育、その他を含めた子どもを持つ家庭に対する給付のGDP比は〇・八％で、アメリカの〇・六％と並ぶ低さだ（スウェーデン、イギリス、フランスは三％台、家族政策の遅れが指摘されるドイツでも二・二％）。自己負担が高い日本で経済格差が広がるのは当たり前なのだ。

神野直彦『「分かち合い」の経済学』も、新自由主義にもとづく改革は〈暗き過去へと歴史の時計の針を逆戻りさせることにほかならない〉と批判する。〈その目的は一九世紀の中頃の「小さな政府」を目指して、「失業と飢餓の恐怖」を復活させることにある〉というのである。恐怖をちらつかせながら競争を煽り、「分かち合い」のシステムを破壊させた新自由主義者が、その一方で伝統的な家族や地域社会の復権を唱えるのは笑止だ、と。

もうひとつ神野が問題にするのは、日本における所得再分配機能の低さである。「日本は悪平等なほどの平等社会だ」というキャンペーンがはじまった一九九〇年代でさえ、所得再分配率はヨーロッパはもちろんアメリカよりも低かった（つまり結果の不平等が大きい社会だった）。〈所得再分配機能の脆弱な「小さな政府」を、新自由主義者たちは「もっと小さく」と叫び、「小さすぎる政府」にしてしまったのである〉。

私たちが政府から聞かされてきた説明は、高齢化がますます進む将来においては福祉予算が財政を圧迫する、だから国はセイフティーネットに配慮しつつも支出を抑えた「小さな政府」を目指さなければならない、というものだった。あるいは経済のグローバリゼーションが進んだ現代においてはコストダウンを図らないと国際競争に生き残れない、だから労働コストを下げ、法人税率も下げて企業を優遇しなければならない、というものだった。

しかしながら榊原・神野の本を読むと、このような説明自体がマヤカシであることに気づかされる。もし政府のいう通りなら、「小さな政府」のアメリカや日本は好況で、「大きな政府」のEU諸国は衰退しているはずである。だが、事実は逆で、リーマン・ショック後の不況からいち早く立ち直り、その後も堅調な経済成長を続けているのはむしろ「大きな政府」の国だった。

その例として、榊原があげるのはフランス、神野があげるのはスウェーデンである。「フレンチ・

パラドックス」とはアメリカの「フォーチュン」誌による命名で、国家主義的な性格の強い（＝大きな政府の）フランスが、市場経済を採る（＝小さな政府の）国より経済成長率が高い現実を、フランス人が美食のわりに肥満が少ない医学上の不思議に重ねたものだという。

赤字財政も国債も恐るるに足らず

「小さな政府」との関連で、よくいわれるのは財政再建の必要性だ。新自由主義者は口を揃える。日本は莫大な借金を抱えており、このままだと財政は破綻します。借金を子どもたちに回さないためにも、財政の支出は極力抑えなければなりません……。

たしかに日本の財政状態はよくない。GDP比で見た財政赤字は九・三％で先進国中最大だ。しかし、先の二冊を読むと、借金財政という言葉自体も怪しい。神野は政府の大小と財政均衡の間には、何の関連性もないといいきる。現にスウェーデンは財政的には黒字である。

では、福祉予算に回す財源を確保するために、日本も北欧並みの消費税率に引き上げるべきなのか。これに対しても、両者は否定的である。神野は〈ヨーロッパ並みの消費税の税率が実現しないのは、ヨーロッパ並みの「分かち合い」が実現していないからである〉と述べて、法人税率の引き上げと累進課税率の見直しをやんわり示唆し、榊原は「国債の発行を恐れるな」と説く。〈国債は確かに政府の借金ではあるのですが、それを外国人ではなく、日本人や日本の企業が買っているかぎりは、国としての日本の借金（対外債務）にはならないということです〉。

日本の国債のほとんどは日本の機関投資家（実質的には銀行と保険会社）が買っている。彼らが運用しているのは要するに国民の貯蓄で、〈となると、国民の貯蓄額が国債発行残高を大きく上回っている限りは、市場における国債の消化が困難になるという事態は考えにくいわけです〉。日本の家計の貯蓄残高（金融資産）は一四〇〇〜一五〇〇兆円。国債残高は八六〇〜八七〇兆円。バランスシート上は、まだ五〇〇〜六〇〇兆円ほどの債権超過なのだ、と。

日本より早くグローバリゼーションの波をかぶったEU先進諸国では、強固な所得再分配制度と、失業しても十分な生活のできる厚い社会保障制度によって格差の広がりを抑えてきた。それでも日本より高い経済成長率を保ち、かつ財政も黒字だとしたら「小さな政府」のメリットがどこにあるのかわからなくなる。

日本もかつては「一億総中流」と呼ばれた時代があった。一九七〇年代のはじめから八〇年代のはじめにかけての頃だ。ただし日本では「大きな企業」が国の代わりに福祉を担い、子育てや介護のようなサービス面では「大きな家族」に頼ってきたため「小さな政府」でもなんとかなったのである。それがあてにできなくなったいま、国の機能を縮小させるのは、それこそ時代錯誤。

「大きな政府」と聞くと思い出すのは、不況時の大幅な財政出動を唱えたケインズで、そのため「大きな政府」にはなんとなく「古めかしい」という印象がつきまとう。

しかし、吉川洋『いまこそ、ケインズとシュンペーターに学べ』はいっている。〈一九七〇年代から三〇年、ケインズは経済学の世界ですっかり色褪せてしま〉い、〈バラマキ財政の生みの親だと思っている人も多かった〉が、〈「一〇〇年に一度の大津波」（アラン・グリーンスパン前FRB議長）と言われる世界不況が進行すると、わずか三か月でケインズは復活した〉のだと。

まあ、経済学者は政治家ではないから、無責任な立場ともいえるのだが、榊原と神野は民主党のブレーンに近い学者だし、吉川にいたっては小泉内閣時代の経済財政諮問会議のメンバーで「竹中平蔵と同じ御用学者じゃないか」と批判されていた人だ。榊原さんと神野さんには「ではなぜあなたの理論が政策決定にちゃんと反映されないのか」と問うてみたいし、吉川さんには「そんな本を書くより小泉改革の総括をするのが先じゃない？」といってみたい気がするけどね。

しかし、ともかくわれわれは、「大きな政府はもう古い」という押し付けられた観念に背を向けて「小さな政府こそもう古い」といい返す権利は有しているのだ。

〈「小さな政府」最先進国であるアメリカは、主な先進国のなかで一番貧困層が多く、かつ一番所得格差が大きい国です〉（『フレンチ・パラドックス』）という言を参照するまでもなく、アメリカはいまや「例外的に遅れた先進国」である。そんな国を手本にする必要がどこにあるだろう。


(2010.11)

『フレンチ・パラドックス』榊原英資、文藝春秋、二〇一〇年　リーマン・ショックやユーロ危機で多くの国が不況にあえぐなか、堅調な経済状態を保ったのは「大きな政府」のフランスだった。この国の何が不況に強い体質をつくりあげたのか。少子化を克服できたのはなぜなのか。日本人がとらわれている「小さな政府」の限界と問題点を指摘し、明日への処方箋を示した本。平易な論調も◎。

『「分かち合い」の経済学』神野直彦、岩波新書、二〇一〇年　「分かち合い」とは人間が遭遇する困難を社会で解決していく共同責任体制のこと。この思想に貫かれたヨーロッパ、特にスウェーデンを例に、自己責任論に根ざした新自由主義と「小さな政府」は時代錯誤だと批判する。「垂直的再分配」より「水平的再分配」が有効だ、などの提言もあるが、それ以上に「心の支え」となりそうな本。

『いまこそ、ケインズとシュンペーターに学べ——有効需要とイノベーションの経済学』吉川洋、ダイヤモンド社、二〇〇九年　不況期における有効需要の重要性を説いたケインズと、資本主義の推進力となるイノベーションという概念を発明したシュンペーター。二〇世紀前半をリードした理論から危機の時代を乗り切るヒントを探る。大学の経済学部一年生にちょうどよさそうな経済学史の入門書。

余計なお世話の「無縁社会」

無縁社会。いまや定着した感のある言葉である。

この言葉を流布させたのはＮＨＫだ。キッカケは二〇一〇年一月三一日に放送されたＮＨＫスペシャル「無縁社会――無縁死３万２千人の衝撃」である。この番組は大きな反響を呼んだとかで、その後ＮＨＫは「キャンペーン無縁社会　～みんなで考えよう～」というサイトまで立ち上げ、ＮＨＫスペシャル以外の情報番組にも出張して、無縁社会のキャンペーンに余念がない。

一〇年一月の番組は私もぼんやり見た記憶があるけれど、あまりよく覚えていないのは、さほどの衝撃を受けなかったからだろう。

『おひとりさまの老後』（上野千鶴子）じゃないが、ひとりで暮らしてひとりで死んでく人なんか昔からいっぱいいいたんだよ。行旅死亡人（後述）くらいでガタガタ騒ぐんじゃねーよ。そんな感じ。

しかし、世間的にはインパクトがあったのだろう。くだんのＮＨＫスペシャルは、その後、ＮＨＫ「無縁社会プロジェクト」取材班編著『無縁社会――〝無縁死〟三万二千人の衝撃』として書籍化され、二〇一〇年の菊池寛賞を受賞した。そして気づけば、無縁社会を論じた本が他にも続々と出版されているのである。日本はいつから無縁社会と呼ばれるようになったのか。あるいは無縁社会の何がいったい問題なのか。関係書籍を読んでみた。

「無縁＝無念」というストーリー

まずＮＨＫスペシャルの書籍版『無縁社会』。番組同様、これは孤独死した老人や高齢の単身者を中心に、地縁、社縁、血縁が切れた「ひとりぼっち」の人々を取材した本である。

第一章のタイトルは「追跡『行旅死亡人』」。

行旅死亡人とは氏名や住所が判明しなかった身元不明の遺体を意味する官製用語。いわゆる行き倒れのことで、その情報は国が発行する官報に載る。この行旅死亡人の死を取材班は「無縁死」と呼び、官報に記された遺体発見現場を訪ねることから取材をはじめるのである。

〈しかし取材の手がかりとはしたものの、「行旅死亡人」の記事の短さ、その書き方の淡白さには疑問を感じざるを得なかった。人生の最期がわずか数行にまとめられ、簡単に片付けられているように感じたからだ。そんな現実を毎日のように目にするにつれ、人の人生ってこんなものなのかと思わずにはいられなかった〉。

このへんからしてもう情緒過多。しかしなおも本は訴える。

〈そんな怒り、やるせなさを感じながらも、逆に私たちは、「行旅死亡人」の人生を何とか取材で明らかにしたい。そして、その無念を晴らしてあげたい。それがせめてもの供養になるのではないか、と思ったのだ。もう声を上げることもできない死者の声を聞く。こうした思いを胸に、私たちは現場を歩き続けることにした〉。

この部分にＮＨＫの取材スタッフの、ひいてはこの本の底に流れる姿勢のすべてが現れていよう。死者の声を聞く。これが犯罪被害者とかなら「無念を晴らす」ことがたしかに「供養」になるかもしれないが、しかし行旅死亡人が必ず「無念」だと、だれが決めたのか。まして当人の了解も得ず、その人生の軌跡を辿ることを彼や彼女は本当に望んでいるのか。と私なんかは思うわけだが、「怒り」と「やるせなさ」に突き動かされているスタッフは動じない。

自宅で亡くなったにもかかわらず氏名不詳の腐乱死体となって発見されたある男性の人生を求めて、遺体発見現場である古いアパートを訪ね、残された部屋の中を撮影し、家主を通して契約者の名前を特定し、何度も「現場」に通ってようやく彼の勤め先だった給食センターを探し出し、彼の上司や同僚の証言から彼の働きぶりや出身地を突き止める。Oさん（本では実名）、享年七三、秋田県出身。それが履歴書から割り出した「彼」の正体であり、給食センターに勤めていたのは三九歳から六〇歳までだった。そして取材班はさらに秋田へと飛び、Oさんの家族関係や墓を割り出し、彼を知る地元の人々に会い、同級生を探し出して小中学校時代の思い出を語らせ、また東京に戻って上京後の足跡を辿り、彼が生きていた頃の痕跡をつなぎ合わせたうえでこう結論づける。〈Oさんは死後、引き取り手が現れず、東京・新宿の無縁墓地に埋葬された。両親が眠る墓に自分も入りたいと思っていたであろう、その思いもむなしく、故郷に戻ることはできなかったのだ〉。〈このむなしさ、憤りをどう表現すればいいのか〉。

第一章は死者が主人公だから、とりわけセンチメンタリズムの含有量が多いのだが、未婚や離婚、家族との死別、あるいは失職や退職の結果、社会との接点を失ってひとりになった単身者に対するこの本の姿勢は、おおむね右のような感じといっていい。

〈「無縁社会」の取材をするなかで、私たちは、いかに家族というものが頼りないものになっているかを痛感させられた〉といい、火葬だけですませる直葬は〈人と人とのつながりが薄れていく社会の姿〉、共同墓は〈家族や地域のつながりが薄れるなかでも、誰かと支え合って生きたい〉という意識の現れ。家族のかわりにＮＰＯ法人に登録する高齢者は「疑似家族に頼る人々」で、無縁化への不安をツイッターでつぶやいた若い世代は「無縁死予備軍」。
ウザいなあ、もう。最初にストーリーありきの姿勢が、見え見えなんだよ。

ひとりで生きて死ぬ自由

ＮＨＫ取材班がいうように、それを絶望的な悲劇と考えるかどうかは別として、たしかに単身世帯は増えている。

藤森克彦『単身急増社会の衝撃』によると、二〇〇五年現在、日本には一四四六万人の単身世帯があり、これは全人口の一一・三パーセント、全世帯の二九・五パーセントを占める。一九八五年からの二〇年の変化を見ると、特に増えているのは高齢の単身世帯である。少子高齢化の進行に加え、結婚した子どもが親と同居しなくなったというのが理由だが、今後は一度も結婚しなかった人の単身世帯が増えるだろう。現在の結婚や世帯形成の傾向が続いた場合、二〇三〇年の日本では、五〇代、六〇代の男性の四人に一人がひとり暮らしとなるだろうというのである。

単身世帯が抱える問題点として、藤森は貧困、介護、社会的孤立の三つをあげる。単身世帯は二人以上の世帯に比べて所得格差が大きく、特に五〇代以上では病気になったり失業したりした後の再就職がむずかしいため、貧困状態に陥りやすい。介護が必要な状況になっても、未婚の単身者の場合はそもそも家族の介護は期待できない。三つ目が（ＮＨＫがもっぱら嘆く？）社会的孤立であり、特に問題なのは緊急時の連絡者がいないことである。

じゃあ、どうするか。藤森も指摘しているように、これまで家族に頼ってきた福祉政策を見直して、高齢の単身者が自立した生活をおくれるようにするための、医療や介護のほか、住宅、交通、雇用、情報などを含めた公的サービスの拡充を目指す。それしか方法はないだろう。

逆にいえば、NHKが憂える「無縁社会」とは、ヨーロッパ型の社会福祉が未整備なことのツケ、単身世帯が増えているのに制度が家族中心で組み立てられていることから来る政策の歪みにほかならない。NHK取材班のようにいたずらに嘆いたところで、何の解決にもならないのだ。

そもそも家族家族というけれど、地縁・血縁を、戦後、私たちは自ら進んで断ち切ろうとした歴史がある。島田裕巳『人はひとりで死ぬ――「無縁社会」を生きるために』は〈無縁社会は本当に、否定し克服すべき対象なのだろうか〉と問う。〈少し前のことを振り返ってみると、「無縁」ということがむしろ積極的に評価されていた時代があった〉。それはいまから三〇年ほど前であり、したがって若い世代は知らないだろうが、〈その時代には、無縁ということに希望を見いだそうとする試みがあり、その試みは高く評価され、注目を集めていた〉。

そうだ。そのことを私たちは忘れすぎている。無縁社会の対極に位置するのは有縁社会だが、村落共同体（地縁）や「家」（血縁）に代表されるかつての有縁社会は、個人を縛り、自由を奪う。人々は地方から都市へ流れて、企業などの職場を中心とした社縁や、PTAなど子どもの学校を介した新しい縁をつくった。が、地縁・血縁はもちろん、社縁もいまや完全に崩壊した。

〈戦後、多くの人たちが無縁を求め、地方から都会に移ってきたところからすべてははじまっている。／無縁を求めて有縁社会を捨てれば、最期は、自分が捨てられることになる〉と冷たく突き放しながら、しかし島田はいうのである。「おひとりさま」は孤独死の可能性があり、死後も孤独だが、ひとりで生き続けたということは、徹底して自由に生きたということでもある。

それを孤独とみなすか自由とみなすかは、人による。選択肢は二つ。孤独死に陥らないために、あくまでも縁を大切にした生き方をするか。孤独に死ぬことを覚悟して、ひとりで自由に生きることを選ぶか。〈覚悟さえ決まれば、恐れるものはない〉のである。

好んで単身になった人ばかりではない、という反論はあり得よう。ひとりで生きる覚悟を他人に求めるのは、社会保障制度の遅れを正当化し、「自己責任」にすべてを帰する新自由主義的社会の方便に使われる可能性もないとはいえない。しかし、〈私たちは死ぬまで生きればいい〉という島田裕巳の提言はいっそ爽快だ。実際、すでに「ひとりで死ぬ覚悟」を胸に秘めている高齢者も少なくないのではないか。そう考えると、ＮＨＫがいう「無縁社会の恐怖」は、幸せなご家庭で育ったスタッフの貧しい発想、あまりに単純な死生観に基づいているとしか思えないのだ。

(2011.04)

『無縁社会――〝無縁死〟三万二千人の衝撃』ＮＨＫ「無縁社会プロジェクト」取材班編著、文藝春秋、二〇一〇年（→文春文庫） ＮＨＫスペシャルの書籍版。〈〝つながり〟が薄れてしまった今の社会に伝えていかなくてはならないと覚悟している〉という問題意識の下、孤独死した老人や単身となった高齢の男女を取材したノンフィクション。ただ、無縁＝不幸という図式が押しつけがましい。

『単身急増社会の衝撃』藤森克彦、日本経済新聞社、二〇一〇年 二〇三〇年の日本を予測し、単身世帯が増えた背景とその対処法を、社会保障政策の専門家として分析、検討する。統計が豊富で資料性は大。北欧や西欧の例を引きつつ日本には中長期的ビジョンが欠けているといい、社会保障の財源確保のためには増税と保険料の引き上げも必要だと述べる。という意味では社民主義的？

『人はひとりで死ぬ――「無縁社会」を生きるために』島田裕巳、ＮＨＫ出版新書、二〇一一年 孤独死増加の要因を戦後史に求め、有縁社会のマイナス面から「無縁社会」を考える。〈一番問題なのは、すぐに政治や行政をあてにしてしまう私たちの思考方法である。（略）／孤独を恐れるあまり、安易に体制に依存し、それに迎合することさえ抵抗感を抱かなくなってしまっている〉との指摘にドキッ。

原発震災

事故は予見されていた

三月一一日の東日本大震災により、世の中、一変してしまった。あれからまもなく一か月が経つのに、まだ平常心に戻れない。

被害の大きさもさることながら、最大の原因はもちろん福島第一原発の事故である。多くの人が指摘しているように、地震と津波は天災で、被害がいかに甚大でも、人々は立ち上がって復興への道を歩んで行くだろう。しかし原発事故は明らかな人災で、しかもいまなお事態は進行中。状況は深刻な方向に向かって進んでおり、放射能が復興をはばむ壁として立ちはだかっている。

東電（東京電力）は「想定外の事態だった」といっているけど、ほんとにそうなのか。いいたいことは山ほどある。みなさまにもおありだろう。しかしおそらく、この事故に関しては多くの人が書いたり語ったりするだろうから、あえてふれない。いま検証しておきたいのは震災前にだれがどんなことを語っていたかだ。最近出版された原子力発電所関係の本を読んでみた。

起こるべくして起きた事故

まず、この事故で一躍注目を浴びている本、広瀬隆『原子炉時限爆弾』である。「大地震におびえる日本列島」という副題通り、来たるべき東海地震を想定し、静岡県の浜岡原発を中心に、日本の原発が抱える危険性を論じたあまりにもタイムリー（?）な一冊だ。

震災前に読んだら「ちょっと脅しすぎじゃねえ?」と感じたかもしれない。しかし、福島第一原発で起きたことを視野に入れながらいま読むと、まるで予言の書に思えてくる。

〈大地震が発生した場合には、すでに物理的な被害が拡大し、交通機関の断絶、通信の不通、ガス・水道・電気の停止、火災などによって地獄の様相を呈している。そこに原子炉の事故による放射能災害が重なり合った場合、どのようなことが本当に起こるか、人類には未経験である。大地震という自然災害によって人々が苦しんでいるところに、未曾有の放射線災害が重なるという最悪の事態になるので、地震学者の石橋克彦氏がこれを「原発震災」と呼んだ。わが国では、住民の避難を含めて、事実上は、何も対策がないと言えるだろう〉。

ひえー、まさしくその通り！　実際に大地震が起きた場合、原発には具体的にどんな不具合が起きるのか。本書が指摘している事態は二つある。

ひとつは配管の破断である。メルトダウン（炉心の溶融）を避けるためには絶えず水で原子炉を冷やし続けなければならないが、水蒸気と水が流れるパイプはすべて一本の回路でつながっており、どこが切れても熱を奪えなくなる。しかも原発を構成する原子炉建屋とタービン建屋のうち、タービン建屋の強度は原子炉建屋とは比較にならないほど弱い。二つの建屋をつなぐパイプが両側からゆさぶられる。それで〈パイプが正常な状態を保つと考える配管業者がいれば、私は会ってみたいと思う〉と著者の広瀬は断言するのだ。

もうひとつは発電所内の配線が切れることによる電源の喪失、すなわち「ステーション・ブラックアウト」と呼ばれる状態だ。原発震災を防ぐ鍵を握るのは中央制御室にいる職員だが、仮に彼らが激しい揺れの中で非常用のボタンを押せたとしても、電気系統が切れたらどうなるか。所内が完全停電になったらボタンを押しても何も作動しないのだから、原子炉が暴走しているとわかっても、何の手も打てない。時間が経つほど最悪の状態に近づいていく。〈地震があった時に、原子炉そのものはかなり頑丈につくられているが、もし原子炉が無事であっても、事故を防げるかどうかという議論になれば、原子炉の頑丈さにはほとんど意味はないのである。水が流れる回路のすべて、どこにも破壊が起こらないということが保証されなければ、大事故は防げないことになる〉。

三月一一日に福島第一原発で起こった事態とは、まさにこれだった。配管の破断と所内の完全停電。しかもそれが六基中、少なくとも四基で同時に起こった。電気系統がダウンしたことで冷却装置が作動せず、原子炉を冷やすために外から大量の水を注入し続け、その汚染水を貯める場所の確保に大わらわとなり、あげく大量の放射性物質を含んだ汚染水を自ら海に放出し、一方ではどことも確定できない場所からもっと高濃度の汚染水が漏れ続ける……。

さらに、この本には見逃せない事実が記されている。二〇一〇年六月一七日、福島第一原発二号機で電源喪失事故が起こり、原子炉内部の水がみるみる減って、あわやメルトダウンかという重大事故が発生していたというのである。四日前に一帯を襲った地震があったものの、根本的な原因は不明。サッカー・ワールドカップの最中だったこともあり、メディアはこの件をほとんど報じなかった。これが事実なら（事実なんだけど）、福島第一原発にはすでにミソがついていたわけで、追及を怠ったメディアも含め、今度の大事故は起こるべくして起きた事故といえる。

それでなくても東電は、原発のトラブル隠しや検査データの捏造をくり返してきた。福島県内の原発に関しても、国と東電がいかに安全性を軽視し、地元を無視した原子力行政を推し進めてきたかは佐藤栄佐久『知事抹殺』に詳しい。前福島県知事である佐藤は、五期一八年にわたる知事時代、県が一切かかわれない原子力行政に疑問を感じ、「原発もプルサーマル計画もすべて凍結」という方針の下、国と東電相手の闘いに踏み切るが、その結果待っていたのは汚職事件による逮捕という「報復」だった。原発は国と電力会社の掌中にあり、その安全性に地元が疑義を挟むことすらできない。

反原発は「核アレルギー」

反原発運動は一九七九年のスリーマイル島事故や、八六年のチェルノブイリ事故を契機に一瞬盛り上がったが、その後は（宗教がかった？）イデオロギー闘争と思われてきた節がある。

震災前、人々が原発にどのようなイメージを抱いていたか、ひいては反原発の言説をどうとらえてきたか、その一端は豊田有恒『日本の原発技術が世界を変える』で知ることができる。『原子炉時限爆弾』とは別の意味で、これはいま読むとめちゃめちゃおもしろい本である。わっ、こんなこといってるよ、あんなことも書いてるよ、のオンパレードなのだ。

〈被爆国民という核アレルギーの心情に、ひたすら情緒的に訴えかけられると、誰しも反対に傾きやすい。そのため、原子力は、ともすれば政争の具とされてきた。しかし、核アレルギーという後ろ向きの境地に逃げこんでいれば、すべてが、解決するのだろうか。いや、そんなことはない。知ることを抜きにして、原子力を忌避しているだけでは、マイナスの効果しか生み出さない。／このままでは、日本が得意とする最先端産業の芽を、摘んでしまうことになりかねない〉。

以上がこの本の基本的なスタンスだ。

原発反対論を「核アレルギー」の一言で片づける感覚も大胆だが、安全性に関する議論も大胆。日本の原発の安全性を強調するために、豊田は放射線が「いかに安全か」を懇々と説明する。

放射線は宇宙からも降り注いでいるし、地面からも出ているし、人体を含めた生物体からも出ている。〈放射線、放射能というと、日本では短絡的に原爆と結び付けられやすいのだが、ごく一般的に存在するもの〉で、〈強い放射線でも、ごく短時間の被曝なら、それほど害はない〉。しかも日本の原発は〈放射能、放射線を外部に出さないように、万全の対策を講じている〉。一九九九年のジェー・シー・オーの臨界事故は違法なマニュアルのせい。二〇〇四年に美浜原発で起きた配管の破断事故は、配管の点検を怠っていただけ。〇七年の中越沖地震では柏崎刈谷原発も被害を受けたが、あれは核燃料の保管プールの水が跳ねて外にあふれ出ただけ。むしろ、あれほどの地震で原子炉本体への影響はほとんどなかったのだから〈日本の原発の安全性を証明したようなものだ〉。

原子炉本体が無事でも、配管や電気系統に不具合が出たらオジャンである、という発想はみじんもないことに驚く。〈放射線、放射能を単に恐れてばかりいては、なにも進まない〉と考えるのは自由だが、しかし、そういうことをいう人は、立ち入りが制限されている福島第一原発の半径二〇キロ圏内に入り、ガレキの撤去でも手伝ったらどうだろうか。

本書の特徴は原発を日本が誇るビッグビジネスとして位置づけていることだ。そして、実際、日本の原子力行政はその線で進んできた。原発を産業と考えれば、安全性は当然二の次になろう。ビジネスはコストとの相談なしには成り立たないからだ。しかし、純粋にコストだけを考えても、原発ほど割に合わない商売はない。たかだか巨大な湯沸かし器のためにいま私たちが支払っている、そして将来にわたって支払わされるコストの大きさを考えてみたらいい。あるいは多くの作業員を危険にさらすことなしに地震からの復旧ひとつできない、この産業の野蛮さを。これが排気ガスを出さないクリーンなエネルギーだと喧伝されてきた原発の実態なのだ。

事故発生以来、政府、東電、経産省の原子力安全・保安院、原子力安全委員会、さらに「専門家」と称する御用学者の面々は、大気中や海中に放出された放射性物質の値を示しつつ「ただちに人体への影響が出ることはありません」という楽観的な情報を流し続けている。週刊誌では論調が分かれるが（安全に疑問符をつけているのは「週刊現代」「週刊文春」「週刊朝日」。政府や東電並みに寝ぼけているのは「週刊新潮」「週刊ポスト」）、朝日、読売、毎日の三大紙をはじめとする大手新聞や、ＮＨＫと民放を含むテレビは「大本営発表」をくり返すだけである。

彼らは「福島第一原発以外の原発は安全です」「日本の放射能は安全なのです」と永遠に主張し続ける気だろうか。仮に事故が収束に向かっても、日本はとんでもないツケを払わせられるはずである。責任を曖昧にしてはいけない。だれが何をいっているか、現在進行形でしっかり見届けよう。(2011.05)

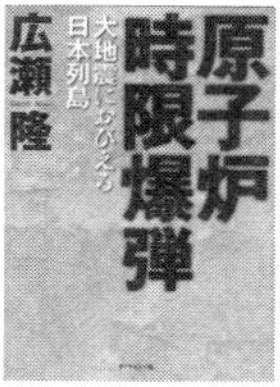

『原子炉時限爆弾——大地震におびえる日本列島』広瀬隆、ダイヤモンド社、二〇一〇年　『東京に原発を！』（八一年）『危険な話』（八七年）などで知られる作家の一五年ぶりの反原発本。日本列島が地殻変動期に入り大地震の危機が増していること、日本各地で原発事故が多発していることが執筆の動機と思われ、書名はエキセントリックだが内容は実証的。往年の毒舌ぶりも健在だ。

『知事抹殺——つくられた福島県汚職事件』佐藤栄佐久、平凡社、二〇〇九年　八八年から一八年知事をした前福島県知事の告発の書。八九年の福島第二原発部品脱落事故、核燃料サイクルに関する約束の反故などから原発政策に疑問を感じた著者は、県民の支持の下、国や東電と対決。二〇〇六年、収賄容疑で逮捕される。「国策捜査」を暴いた本だが、福島原発と原発行政の実態を知るうえでも有効。

『日本の原発技術が世界を変える』豊田有恒、祥伝社新書、二〇一〇年　八〇年代から日本中の原発を取材してきたと胸を張るＳＦ作家が「世界最高水準」で「世界一安全」な日本の原発技術のすばらしさを説いた本。原発推進派ではなく「原発やむをえず派」というわりには無知なマスコミと感情的な反原発勢力に対する罵倒が多い。原発商戦で生き残るには「政官民の一致協力」が不可欠だそうだ。

震災直後の震災特集はすべて「想定内」

東日本大震災から二か月あまりが経った。四月に発売された月刊総合誌、論壇誌の五月号はこぞって震災を特集している。

前回書いたように、この「非常時」にだれが何をいっているかを現在進行形で見届けようと思った私。で、さっそく各誌を買い込んだのだが……どうも気分がノらない。

似たような感覚を持ったのは私だけでもなかったようだ。四月から朝日新聞の論壇時評の担当になった高橋源一郎は〈「論壇」ということばが、社会的なテーマについて議論をする場所、を意味するなら、２０１１年3月11日以降、この国のあらゆる場所が「論壇」になった〉と書きつつ、こう続けた。〈わたしが目にした「論壇」のことばは、「震災」以前のものと、ほとんど変わりがなかった。新しい事態を説明するためのことばを、多くの論者は、持ち合わせていないように、わたしには思えた〉。〈壊滅した町並みだけではなく、人びとを繋ぐ「ことば」もまた「復興」されなければならないのである〉（朝日新聞二〇一一年四月二八日）。

論壇時評の対象となる総合誌や論壇誌の言説を、彼はちゃぶ台をひっくり返すごとく全否定したわけだ。もっとも「論壇のことば」に「復興」が必要なのはいまにはじまった話でもなく、いつ読んでも「どうしてこんなつまらん論文ばっかり並んでるんだ？」な代物ではある。ただ、四月に発売された五月号のウンザリ度がとりわけ高かったのも事実である。なぜだろうか。

「文春」は儀式、「世界」は集会、「中公」はシンポ

メジャーな論壇誌三誌を読み比べてみよう。

「文藝春秋」五月号の「総力特集」は「東日本大震災　日本人の再出発」。これを読むと、なるほど今度の震災は敗戦以来の「国難」だったのだなあという感慨がわいてくる。

巻頭には三月一六日に放映された「天皇陛下のおことば」を含む「天皇皇后両陛下の祈り――厄災からの一週間」（侍従長・川島裕）。次が「天罰」発言でヒンシュクを買った石原慎太郎の「試練に耐えて、われらなお力あり」と題された一文で、〈明治の日露戦争の頃、日本の国家予算に占める軍事費の割合は半分近くにも達していましたが、国民は窮乏生活に耐え、軍艦の建造費にお金を廻したのです。しかしその結果として、当時の日本を圧倒的に上回る国力をもっていたロシアを打ち負かすことができた。日本人は、その気概をもう一度取り戻すべき時です〉ってなことが述べられている。その次が瀬戸内寂聴「今こそ、切に生きる」で、これは〈この天災を前に「無常」という言葉が胸に沁みました〉云々という法話である（ちなみに寂聴さんは「女性自身」四月二六日発売号で〈残りの人生「原発反対」に捧げます〉と力強く語っていたが、この談話では原発問題には一切ふれられていない）。

天皇に、ナショナリズムを鼓舞する檄文に、心の安寧を説く仏教法話。

さすが「日本」を代表する雑誌である。災害であれ戦争であれ、「有事」に際したエスタブリッシュメントの身の処し方とは、百年来このようなものなのだろう。

この後、数本の論考やルポルタージュが続き、さらには文春人脈を生かした知識人・文化人ら四一名による「緊急寄稿　われらは何をなすべきか」というメッセージが詰め込まれる。主賓の挨拶から

友人知人のスピーチまで揃った儀式のようだ。多少意味がありそうに見えるのは被災地からの現地報告で、陸前高田（市長）、南三陸（町長）はじめ、石巻、福島県三春、岩手県大槌、気仙沼の各地で被災した赤十字の医師、作家、ジャーナリストらの報告が載る。だが、内容的には「載せたぞ」という以上のインパクトはなく、やっぱりどこか儀式的である。

表紙に「生きよう！」と大書きされた「世界」五月号の「東日本大震災・原発災害・特別編集」はまあまあ読み応えがあったが、それは「世界」が反原発を貫いてきた雑誌だから、つまり原発に関する手持ちの情報（あるいは人脈）を豊富に持っていたからであって、基本的に寄せ集めの特集である点は「文藝春秋」と変わらない。

巻頭は大江健三郎がル・モンド紙の問いに答えて語ったインタビュー（「私らは犠牲者に見つめられている」）の日本語訳で、〈私は広島・長崎の死者たち、ビキニ環礁での被爆で長く苦しみ続けている（亡くなられもした）人たちの示す人間的な威厳に学んできた者として思います。この現実の事故をムダにせず近い将来の大災害を防ぎうるかどうかは、私ら同じ核の危機のなかに生きて行く者らみなの、あいまいでない覚悟にかかっています〉といった反省と決意が語られる。続く内橋克人「巨大複合災害に思う」は平凡な表題のわりには激烈な東電批判で、同社がマスコミ対策としてどんな恫喝を行ったか、電気事業連合会が教育現場でどのような洗脳教育を行ってきたかが具体的に示される。石橋克彦「まさに『原発震災』だ」では地震学者の立場から戦後の原子力政策が批判され、石田力「放射能雲が東京へ」は福島第一原発から流れ出た放射能の行方が示されるという案配。

そしてもちろん「世界」にも、岩波人脈の知識人による反省や告発の色彩を帯びたメッセージが集められているわけである。「文春」が儀式なら、「世界」はさながら反原発派の集会のようだ。

「がんばろう日本」という日の丸を背負ったキャッチフレーズが表紙に躍る「中央公論」五月号の

「緊急大特集　3・11と日本の命運」はぐっと復興寄り、あるいは経済寄りである。

この特集の基調ともいうべき論文は、東日本大震災復興構想会議の議長代理でもある御厨貴の『「戦後」が終わり、「災後」が始まる』であろう。関東大震災後の復興や戦後復興を引き合いに出しつつ、〈長かった「戦後」の時代がようやく終わり、「災後」とも呼ぶべき時代が始まるのではないか〉と御厨はいう。〈「戦後」から「災後」への転換は、契機こそ「3・11」という不幸な事態の作用ではあったものの、実はすでに日本社会の実態がそれを求めていた点において、「偶然的必然」であったことに留意したい〉。〈明治維新以来、日本が走ってきた近代化路線、すなわち科学技術の発展、人口増加、高度成長路線はすでに限界を見せていたが〉、自己改革は実現できなかった。それが今回の〈いわば「自然災害圧」〉によって変化を余儀なくされた、というわけだ。

3・11がパラダイム・チェンジであるという認識は他の論者にも共通していて、〈震災によって日本経済は、緩和的な金融政策のプラスの効果を期待できる方向に大きく転換したのである〉（竹森俊平「新たなる戦後は日本経済の前途を拓く」）とか、〈クリーンエネルギー先進国になることと、それに見合った「豊かさと人間性を両立する社会」への価値転換〉が必要だ（米倉誠一郎「『復興』ではなく『創造』を目指せ　西山弥太郎にみる戦後復興の精神と時代観」）とか、〈産業政策においても、イノベーション（モデル創新）とインプルーブメント（モデル錬磨）の関係をしっかり整理した上で、その産業の成長を支援すべきか、発展を支援すべきか、それを見極めることが求められる〉（妹尾堅一郎「モデルを変えられずに負け続ける日本　震災復興には発展思考で臨め」）とかいった「復興後」の提言やビジョンが次々に示される。

復興後を語る人たちは、たぶん常日頃からこのように「あるべき日本の将来像」を模索しておられるのであろう。「文春」が予定調和の儀式、「世界」が反体制派の集会なら、「中公」はさながら若手エコノミストが雁首揃えて無責任な未来を語るシンポジウムだ。

「復興」よりも「解体」が先

それにしてもなぜ、各誌ともこんな風なのか。

テクニカルな話をすれば、ひとつは時期の問題が考えられる。総合誌各誌の五月号の締め切りは三月二五日前後と推察される。つまり震災から二週間程度、被災の全貌すらつかめていない段階でこれらの文章は書かれている。そんな段階で何か語るとしたら、儀式的な檄文でお茶を濁すか、手持ちの札に頼るしか手はないだろう。まして現状分析が欠落している以上、「復興後」のビジョンなど、机上の空論にも似た理想論しか出てきようがない。

ここにメディア環境の問題が加わる。各誌ともいち早く現地に駆けつけたジャーナリストらのレポートは載っているが、なぜか新鮮に感じられない。理由は単純。私たちはテレビで新聞で週刊誌で、あるいはリアルタイムで更新されるネット上の情報で、現地の生の絵や声をすでに手にしてしまっているからだ。それでも価値のある情報があるとしたら、被災現場で復旧作業や避難所の運営に当たる専門労働者やボランティアの報告だが、そうした人々にこの段階で雑誌原稿を書くゆとりなどあるはずはなく、あえて何かを語っても通り一遍にならざるを得ない。要するに当事者にとって、いまはまだ「雑誌どころじゃない」のである。

と考えると、月刊の論壇誌の役割って何？　という根本的な疑問が浮かび上がってくる。震災で日本は変わらなければならない、震災はパラダイムを変えたというが、そこで語られている言葉も、思想も、信念も何ひとつ変わってはいない。石原慎太郎があいい、大江健三郎がそう語ることは前から予想できたこと。つまりすべてが「想定内」なのだ。

高橋源一郎は〈人びとを繋ぐ「ことば」もまた「復興」されなければならない〉というが、「論壇のことば」に関していえば、「復興」の前に一度「解体」されなければならないだろう。

「世界」はともかく「文藝春秋」も「中央公論」も、そして他の多くの雑誌も、原発事故前には電気事業連合会（電事連。電力会社の同業者組合）から入る広告費の恩恵に浴する側だった。

メディアと東電（または電事連）との癒着の構造を自ら開示しえてはじめて、メディア解体と復興への第一歩を踏み出せるんじゃないのか。昨日までのことはなかったような顔をして、クリーンエネルギーを云々し、復興のビジョンを語る……。「よくいうよ」だよ。

(2011.06)

「文藝春秋」二〇一一年五月号、文藝春秋　村串栄一「東京電力――なぜ幹部は逃げ腰なのか」、石川正純＆岡本浩一「本当は一年かかる原発処理――間違いだらけの放射能報道」など。自衛隊原発冷却隊などの活動を追った麻生幾のルポを「無名戦士たちの記録」と題するのが「文春」風だ。ちなみに四月号まで載っていた電事連の協力（ＰＲ？）記事「藤沢久美のギモンの視点」は載っていない。

「世界」二〇一一年五月号、岩波書店　「Ⅰ未来の崩壊か、未来の創出か――いま、私たちはどこにいるのか」「Ⅱ福島原発炉心溶融事故と放射能汚染――何が起きたのか」「Ⅲ被災・救援・復興――もっとも大切なこととは」の三部構成。山本太郎、高成田享のルポのほか、金子勝の復興論があるが、それも「環境エネルギー革命」の話でやはり反原発色強し。この号は完売、増刷したそうだ。

「中央公論」二〇一一年五月号、中央公論新社　桜井淳「福島原発の爆風」、田中直毅「東電問題は東京と日本が直面する課題の縮図」など。石破茂が「福島原発事故は政府による災害だ」と批判しているのも変。ちなみに三月号まで載っていた電事連の協力（ＰＲ？）記事「弘兼憲史のエネルギーを考える」は四月号以降なく、四月号にあった「原発＝クリーンエネルギー」の電事連広告もない。

福島の現実、中央の論理

「脱原発依存」を表明した菅直人首相の発言を「評価する」が六一％、「評価しない」は二七％。菅首相の次の首相も、原発に依存しない社会をめざす菅首相の姿勢を「引き継いだ方がよい」という人は六八％、「引き継がない方がよい」は一六％。以上、朝日新聞の世論調査（二〇一一年八月六、七日）の結果である。このように首相の「脱原発依存の姿勢」が評価されているわりに、内閣支持率は一四％（不支持率は六七％）と政権交代後最低だったりもするのだが、福島第一原発の事故から五か月がたったいま、「脱原発」が国民的な世論になりつつあるのも事実である。

こうした流れを浅薄な流行とみなし、事故後に宗旨替えした「転向組」や事故で覚醒した「にわか脱原発派」に冷笑的な目を向ける人々がいることも知っている。が、「転向」でも「にわか」でもいーじゃないの。この機にエネルギー政策が変更されるなら……。

と思っていたところ、そんな気分に水を浴びせる本が出た。

もっか話題の開沼博『「フクシマ」論』である。巻頭で本書は早くもカマしてくれる。

〈私たちは今フクシマに苛立っている。そしてフクシマを真剣に考え議論し、この事態を「いい方向」に持っていっているかのような錯覚に陥っている。東電・《原子力ムラ》の不合理や不条理の暴露に励む者、ひたすら放射線や自然エネルギーに関する知識・情報を収集しては周りに披露しようとする者、そこかしこに救国のヒーローをでっち上げて感傷にひたろうとする者。あるいは、福島の地元住民を一方で「自分たちで使うわけではない電力を作ってきたのにこんなことになってしまってかわいそう」と「良心派」ぶり、他方で「結局補助金とかジャブジャブもらってたんだから自業自得でしょ」と「リアリスト」ぶる人びと〉。こうした〈「変化」を信じたい人々〉を全否定して開沼はいう。ひとたび現地に入ればまったく違った現実が現れる。〈福島において、3・11以後も、その根底にあるものは何も変わってはいない〉のだと。

原発を動かすのも暴力、止めろと叫ぶのも暴力

現地福島から中央への告発の書、とも見える『「フクシマ」論』は、社会学を専攻する大学院生の研究論文だ（本人は3・11以前に書かれた福島原発をめぐる最後の学術論文だと述べている）。テーマは「原子力ムラ」をめぐる「中央と地方」と「日本の戦後成長」の関係。開沼がいう「原子力ムラ」とは最近よく使われるそれではなく、原発とその関連施設を抱える地域を指す。

本書が描き出す「原子力ムラ」の実像は、たしかに「中央」の人々が考えるイメージとは乖離している。そこでは原子力を身近なものとした文化と歴史が成立している。推進／反対という二項対立は失効し、危険性の認識は表面化しない。〈東京の人は普段は何にも関心がないのに、なんかあるとすぐ危ない危ないって大騒ぎするんだから。一番落ち着いているのは地元の私たちですから。ほっといてくださいって思います〉という声が住民の立場を端的に代弁していよう。原発の計画が立った頃には存在した反対派も原発が運転を開始する頃に激減し、「変わり者」という独特の容認のされ方をする。反対運動は国や電力会社への圧力として作用し、交付金を釣り上げる方向に貢献するからだ。

反対運動のリーダーから推進する側に転じ、一九八五年から二〇〇五年まで二〇年にわたって双葉

町長を務めた岩本忠夫のように常識的には考えがたい存在も、「愛郷」というコードに置き換えれば理解可能となる。自治体には電源三法交付金や固定資産税による収入をはじめとして直接的、間接的な税収がもたらされる。原子炉の定期検査に訪れる流動労働者が、千人単位でやってくることの経済効果も大きい。民宿や飲食業が潤い、産業が生まれ、道路や図書館、文化ホール、設備の整った小中学校などが作られる。原子力ムラは、戦時下から戦後まで、一貫して中央の都合によって「用いられ、捨てられてきた」歴史を持つ。高度成長期、減反政策によって農業が衰退したムラにとり、原発は出稼ぎからの解放にほかならなかった。

一九六〇～七〇年代を振り返って福島第一原発がある大熊町の住民らが語る言葉は、きわめてリアルだ。〈町長がカネを借りてきて、職員に給料を払っていた貧乏な町の現状は切実だった〉。〈町長が掛け合い、どうにか雇ってもらうように頼んだ。妻は寮の賄い、息子は下請けといったように、農業への家族総出が、東電へのそれへと変わっていった〉。〈私を含めて、出稼ぎに行くことはなくなった。私は独身だったが、年老いた両親がいて、家族と一緒に暮らせるようになったことは本当に幸せだった〉。〈大熊町全体が明るくなった印象を受けた。客を呼ぶために商店街も改築ラッシュを迎え、夜の一〇時、一一時になっても商店街に灯りがともり、大勢の人たちが歩いていた〉。

「福島のチベット」と呼ばれた土地に降り立つ東電エリート、外国人技術者、有力政治家。地域住民との交流が起こる。都会の文化が流入する。原発の誘致は「中央」から「近代の先端」がやってくることも意味した。しかし、中央から来た者は結局ムラの一員とはならず、住民との間に溝をつくっていく。さらにオイルショック、七九年のスリーマイル島事故、八六年のチェルノブイリ事故等を経て成長の夢は去り、一時の熱狂も遠のく。こうして〈高度経済成長を通じて、原子力ムラとして変貌したムラは、もはやかつてのムラに戻るわけにもいかず、かといって他の地域振興策もないなかで、原子力への信心を持ち続ける他ない〉という状況に陥る。

二〇一一年四月一〇日の地方選でも、原発推進派は脱原発派よりはるかに多くの候補者が当選した。その事実を無視できるのかと開沼は問う。原発を動かし続けることも暴力のひとつだが、それを止めることだけを叫び、原子力ムラに住む人々の生存を脅かすのも暴力だ。〈中央は原子力ムラを今もほってておきながら、大騒ぎしている〉と。

当事者たちの本音は「変わりたくない」

『「フクシマ」論』が力をこめて語る「地方と中央」の乖離はたしかに重い。

とはいえ、そうした現実は「原子力ムラ」に限った話でもない。髙橋秀実『からくり民主主義』は全国各地のいわば「モメゴトの現場」を訪ね歩いたルポルタージュだが、そこで強調されるのも「中央」から見たのとは異なる景色だ。「デモの漁民たちも『ここまでやるかね』とか『ホントはやりたくなか』とこぼしてました。仕方なくやってるんですよ」といった言葉が飛び出す諫早湾干拓問題の現場。「そもそもヘリポート基地が普天間からここに移設になったのは、地元の人がうるさい、うるさいと訴えたからってことになってるでしょ。もともと地元の人たちはそんなこと言ってないですよ。皆、慣れてますからね」と語る普天間飛行場の移設候補地となった辺野古の青年。「反対運動があれば関電はようけ出しますから、みんなにあんたのおかげやと言われますわ。あのときは漁民たちも反対のふりしてましたわ」と語る若狭湾「原発銀座」地帯の元反対派住民。

多くのモメゴトの現場において、反対運動は地元住民の自発的な行動ではなかったこと、中央のマスコミや共産党員などの「よそ者」によってけしかけられたものであることを、この本は、これでもか、とあぶり出す。中央の資本と地元住民が共依存の関係を築き、安定が保たれている図式はフクシマの場合とまったく同じ図式といえるだろう。

しかし、ここはあえていいたい。現場はどこでもそんなものだよ、と。歴史を遡っても事態は同じ。悲惨の代名詞みたいにいわれる戦前の紡績工場も製糸工場も、足尾から水俣まで連綿と続く反公害闘争の舞台となった地域も、吉原などの遊郭街も、同和地区と呼ばれる被差別部落も、中に入ればそれなりの安定と平和があり、「私らはこれで満足だ。ほっといてくれ」が変化を嫌う多くの当事者の本音だったにちがいないのだ。

そこに「問題の芽」を探りあて、マスメディアに乗せて顕在化させ、住民を焚きつけて問題を意識化させ、運動のレベルまで持っていったのは、常に外部から来た「よそ者」であり、知識人などのオルガナイザーだったことは歴史が証明している。はたして彼らの行動は間違っていたのか。当事者が変化を望んでいないことを理由に「放っておく」べきだったのか。

原子力ムラの現在に関連して、「えっ?」と思わせるニュースがあった。茨城県東海村の村上達也村長が日本原子力学会のシンポジウムで「脱原発の思想、理念に市民権を与え、国民全体で考える時が来たと思う」と述べたという(朝日新聞茨城版二〇一一年八月三日)。

東海村は元祖「原子力ムラ」といってもいい村なのに、なぜ? 調べてみると、一九九九年のジェー・シー・オー臨界事故をキッカケに、東海村では原子力の安全性を問い直す動きがはじまり、教育や防災の観点からさまざまな活動を続けてきたという蓄積があった。

『原子力と地域社会』は、茨城大学との協働により一〇年間続けてきた住民と学生のための集中講座の二〇〇八年分をまとめた記録である。事故後、住民の意識がどう変わったか、村ではどんな取り組みをはじめたか、といったテーマに加え、そこでは「原子力ムラ」の再編による地域興しの構想なども示されている。福島第一原発の事故の後ではいささか呑気に見える部分もあり、急進的な脱原発派から見れば「生ぬるい」内容かもしれない。だが、原子力と当面共存しなければならない地域にとって、これはひとつのモデルケースだ。村上村長の「脱原発」発言も、このような外部との開かれた関係の中から生まれてきたと思えば、納得がいく。

当事者性に立脚した『「フクシマ」論』は、脱原発で盛り上がる「中央」の人々をシュンとさせる。しかし、何度もいうけど、共同体の内部から外に向かって吐き出される「あなたたちにはわからない」「よそ者は黙ってろ」という声はいまにはじまったことではない。むしろ『からくり民主主義』が暴き立てる現実や、『「フクシマ」論』に描かれた現実こそムラのノーマルな姿なのだ。排除の論理に負けてはいけない。「よそ者」といわれたくらいで、いちいち動揺するなって！

(2011.09)

『「フクシマ」論——原子力ムラはなぜ生まれたのか』開沼博、青土社、二〇一一年　福島県いわき市出身の東大大学院生が二〇〇六年からすすめていた福島原発研究を修士論文としてまとめたもの。原発立地地域の戦前から戦後への歴史、人々のリアルな証言などは興味深く、著者の怒りにも似た当事者意識の高さが無味乾燥な論文にはない「味」を与えている。通り一遍の脱原発論に飽きた人必読。

『からくり民主主義』高橋秀実、新潮文庫、二〇〇九年　統一教会の合同結婚式、オウム事件後の上九一色村、世界遺産になった白川郷、諫早湾干拓事業地、若狭湾周辺の原発銀座、基地問題にゆれる沖縄、横山ノックセクハラ事件の渦中の大阪など、うさん臭げなモメゴトの現場を取材。公式見解に対する「本音」をおもしろおかしく暴いているが、あまりの「他人事感」にイラッとさせられる。

『原子力と地域社会』帯刀治＋熊沢紀之＋有賀絵理編著、文眞堂、二〇〇九年　一九九九年の臨界事故後にはじまった同名講座の二〇〇八年分を一挙掲載。「証言——JCO事故」「地球温暖化と原子力」「リスクと防災」「まちづくりは続く」の四章立てで、推進派・反対派の色分けはなし。エネルギー、放射線、チェルノブイリなど原子力の基礎講座だが、水俣からの報告などもあって臨場感高し。

養殖「ドジョウ総理」の不可解

〈どじょうがさ　金魚のまねすることねんだよなあ〉。

野田佳彦新首相が民主党代表選の演説で引用した相田みつをの詩、である。「ルックスはこの通りです。私が仮に総理になっても、支持率はすぐ上がらないと思います。だから解散はしません。ドジョウはドジョウの持ち味があります。金魚のまねをしてもできません。ドジョウですが、泥臭く、国民のために汗をかいて働いて、政治を前進させる。ドジョウの政治をとことんやり抜いていきたい」。

この演説が、前原誠司らを落とし、海江田万里との決選投票に野田が逆転勝利した決め手だったというのだが、ふうむ、相田みつをねえ。相田みつをのブームはとっくに去ったはずなのに、こんなところで蒸し返されるとは……。しかし、日本の有権者は素直である。「増税の野田」という以外これといった印象のなかった新首相には、この演説で「ドジョウ宰相」、新内閣には「ドジョウ内閣」のニックネームが献上され、各紙の内閣支持率はいずれも五〇％超え。くだんの詩を収めた相田みつをの本（『おかげさん』ダイヤモンド社、一九八七年）は増刷が決まり、有楽町の相田みつを美術館にも来館者が急増。「どじょうすくい」のお膝元・島根県安来市はじめ、養殖ドジョウの生産地も首相に熱いエールを送っているのだそうである。

しかし、ドジョウ一匹で世論を引っ張れるのは半月程度だろう。野田佳彦には著書もある。二〇〇九年の政権交代直前に出版された『民主の敵――政権交代に大義あり』だ。私はこの本を発売直後に読んだ酔狂な人間である。この本から類推できる野田新首相とは、どんな人物なのだろうか。

政治信条は「中庸」

『民主の敵』の「まえがき」はいきなりこんな言葉ではじまる。

〈司馬遼太郎さん／藤沢周平さん／山本周五郎さん／どなたも私の大好きな小説家です。／実は私は、この三人の小説には政治家に求められる最低限の資質が凝縮されていると思っています〉。

そしてさらに詳しい解説が付く。〈一つは、夢。司馬遼太郎さんの『坂の上の雲』『竜馬がゆく』の世界です。このスピリットを持っていない人は、そもそも政治家失格です。／もう一つは、矜持。『たそがれ清兵衛』がごとき、藤沢周平さんが描く、凛とした侍のたたずまいです。政治と金の問題は飽きずにくり返されます。江戸時代の市井の下級武士の矜持を持っているかどうかです。／最後の一つは、人情。『赤ひげ診療譚』『さぶ』など、山本周五郎さんは人情の機微を描きました。国民のために働くなどと言うのであれば、これがわからないと、血の通った政治はできません〉。

両院議員総会でも「時代小説で政治の素養というものを学んだと思っています」と述べた野田。政治家に必要な資質が「夢、矜持、人情」の三つだという点も含め、保守系の政治家がいかにもいいそうなことではあるが、あまりにもシンプル、あまりにも屈託がない（ちなみに私は野田と同世代だけど、こんなことをいう同世代に会ったことがない）。『民主の敵』の主張そのものもシンプルである。権力は必ず腐敗する。だから政権交代が必要だ。それに尽きる。

政策的な目新しさも特になく、外交的には日米同盟を堅持するのが重要だといい、内政面では財政の配分を変えなくてはならないが、そのためには公務員制度改革を進めて官僚組織を正すことが必要だと述べる。〈結局、大事なのは「中庸」なのです〉というのが野田の政治的な信条なのである。社会主義の失敗が歴史的に証明され、冷戦終結後に世界を覆った市場原理主義も暴走するとわかったいま、〈極端に社会主義にも行かない、あまり新自由主義の原理にも振り回されない。まさに、民主党が主張してきたのは、そこです〉。

このような主張に共鳴した人が多かったからこそ二〇〇九年の政権交代が可能になったのも事実だろう。だけどあまりに没個性。この人は「中庸」を目指して政治家になったのか。

本の中で野田は〈私は当選以来、一貫して「非自民」の立場で活動をしてきました〉と再三再四、述べている。既得権集団と化した自民党とそれを支える勢力は〈わが民主党の敵という以前に、主権者である民衆の敵です〉とも述べている（これが『民主の敵』という表題の由来）。

じゃあ、彼がいう「非自民」とはどんな立場なのだろう。

一九五七年生まれの野田がはじめて政治を意識したのは三歳半。一九六〇年、浅沼稲次郎刺殺事件をテレビで見て「政治は命がけの仕事だ」と知ったのがキッカケだった。ところが一九七六年、高校三年生のとき、田中金脈問題が起こる。政治家は命がけの仕事だと思っていた彼は、ここで自民党政治に失望し、早稲田大学政経学部に入ると同時に河野洋平らの新自由クラブにボランティアとして参加した。清新に見えた新自由クラブはしかし自民党に舞い戻り、彼はまたまた失望する。〈あのときの失望感がそのままその後の私の原則である「非自民」につながっています〉。

野田と同世代の私からすると、この青春時代は謎である。彼が特に嫌悪しているのは、金権政治と世襲政治らしい。たしかにそれも無視できないが、核心はそれか？

一九六〇年最大の政治的トピックは安保闘争だったはずだし（私はアンポハンタイごっこを覚えて

る)、田中金脈は大きなニュースだったが、七〇年代の政治的事件としては、三島由紀夫割腹事件、よど号ハイジャック事件、浅間山荘事件、連合赤軍事件などのほうがインパクト大だった。だが野田は、ロッキード事件にショックを受け、新自由クラブの門を叩くのだ。

新自由クラブかよ〜、と学生時代の私なら一笑に付しただろう。新自由クラブや民社党のような中途半端な政党に肩入れするのはノンポリよりもダサい。「政治の季節」が去った後の七〇年代後半のキャンパスにも、そのくらいの気分は残っていた。

だが、左翼にも右翼にも加担しない「非自民」の野田は、就職活動中に知った松下政経塾に新しさを感じて応募し、大学卒業と同時に一期生として入塾する。その後は同じ一期生の選挙を手伝うなどし、一九八七年、千葉県議に当選。二期務めた後、九三年、細川護熙ひきいる日本新党から衆院選に出馬して初当選。新進党を経て民主党に合流し、落選経験など経ながら現在にいたる。

この経歴から浮かび上がるのは、「純粋培養政治家」という、これまでにはなかったタイプの政治家の顔である。一度も就職した経験がなく、大学卒業と同時に「政治家養成機関」ともいえる松下政経塾に入塾していきなり政治家になった野田。世襲政治家である安倍晋三や麻生太郎でさえサラリーマン経験や経営者経験があり、また従来の自民党政治家の多くが官僚経験や代議士秘書経験を経て政界に進出したことを思うと、この経歴は注目に値する。野田の特徴は昭和三〇年代以降に生まれた初の首相で、松下政経塾の一期生で、また同塾が生んだ初の首相だという点なのだ。

国会に集う「松下家」の養殖ドジョウたち

松下政経塾の功罪は出井康博『松下政経塾とは何か』に詳しい。

松下幸之助の私塾であった松下政経塾は、ＰＨＰ研究所同様、政治に関与したいと望んだ晩年の幸之助がいずれ新党を立ち上げたいという妄想を具現化した機関だった。

全寮制で養成期間は三〜五年（野田の時代は五年。現在は四年）。授業料は無料。塾生には毎月二〇万円が支給されるかわりに他の学校や職業との両立はできない。専任の講師もいなければ、カリキュラムもなく、在塾中は自衛隊への体験入隊のほか、武道、華道、茶道など日本の伝統文化を学び、あとはひたすら論文作成やディスカッションなどに励む。

自主性を重んじるといえば聞こえはいいが、政治に対するスタンスは独特といえるだろう。現役塾生や卒業生の選挙は全力でバックアップする。初期の塾生には、新自由クラブや日本新党との親和性が高い者も多く、政治結社というより選挙結社の趣きだ。

そして『民主の敵』と併読すると、野田自身が松下幸之助を「わが師」と呼んでいるように、幸之助の影響を彼が強烈に受けていることも随所にうかがえるのである。

冒頭にあげた時代小説に対する思い入れもそう。坂本龍馬に代表される「幕末の志士」に心酔するのもそう。その志やよしだが、「幕末の志士」の多くがそうだったように、要は「政権交代」が目的のすべてで、その先はない。個人史に置き換えれば、「政治家になる」ことが目的化しているために、その先のビジョンは「中庸」でよいのである。

権力は必ず腐敗する。だから政権交代が必要だ、という論理は一応筋が通っている。金権政治と世襲政治家が嫌いという指向も理解できなくはない。でも、それだけだ。野田にとって「政治」はどこまでも永田町の内側で完結する出来事で、社会問題に無関心だったことは、彼の経歴にも現れている。「非自民」と「反自民」は別物なのだ。

野田が愛読書にあげた『たそがれ清兵衛』は、風采が上がらないが、じつは剣の達人で……という下級武士八人を主役にした短編集である。もし野田がここに反応したのだとすると「ドジョウのふりをしているが、じつは私は金魚です」がドジョウの真意ということになるけれど、さすがにそれは調子がよすぎる。『たそがれ清兵衛』に登場する剣豪たちはみな、政争に巻き込まれることを嫌い、自分の暮らしを守ることにのみ腐心するタイプの人物だ。「ノーサイド」を掲げ、党内の融和に腐心する新首相らしい選択ともいえる。

松下政経塾出身の国会議員は、いまや三八名を数える。紆余曲折のあった団塊世代の政治家が表舞台を退いた後、国政の中枢についたのは、松下家の「養殖ドジョウ」ともいえる純粋培養政治家（たち）だった。それが幸なのか不幸なのかは、いまのところまだ不明だが。

(2011.10)

『民主の敵――政権交代に大義あり』野田佳彦、新潮新書、二〇〇九年　初当選以来「非自民」を貫いてきたと自負する首相が野党時代に政治理念を語った本。世襲議員があふれ官僚組織を腐敗させた自民党政治は同党が下野した一九九三年に終わった、政権交代が必要だと訴える。当時の野田は目立たなかったが、次期リーダーの期待は高かったのかも。論理がシンプルな分、話はわかりやすい。

『松下政経塾とは何か』出井康博、新潮新書、二〇〇四年　「地盤・看板・カバン」を持たない若者を政治家にしてやろうと松下幸之助が一九七九年にはじめた松下政経塾は、九三年衆院選で一気に一五人の塾生を国政に送った後、急激に選挙の予備校化する。前原誠司、山田宏、中田宏ら二期生を中心に論じた本書では野田は脇役扱いだが、塾の特異な性格と功罪が浮かび上がる。

『たそがれ清兵衛』藤沢周平、新潮文庫、一九九一年　「うらなり与右衛門」「ごますり甚内」「ど忘れ万六」など、風采の上がらぬ下級武士らが主役の短編集。表題作は藩の権力闘争に巻き込まれた男が上司の命で筆頭家老を上意討ちにする話。家老が回漕問屋と結託してのし上がるさまは現代の金権政治っぽいが、主人公は病妻の介護を第一に考える人物だ。ここに「侍の矜持」を見るのはどうなの？

震災後を語る人びと①言論編

石原慎太郎『新・堕落論』が売れているらしい。

サブタイトルは「我欲と天罰」。「我欲と天罰」と聞いて思い出すのは、二〇一一年三月一四日の定例記者会見で、石原都知事が述べたという東日本大震災に関する次のような発言だ。

「日本人のアイデンティティーは我欲。この津波をうまく利用して我欲を一回洗い落とす必要がある。やっぱり天罰だと思う」。

同じ会見で「(日本人は)我欲に縛られて政治もポピュリズムでやっている。それを(津波で)一気に押し流す必要がある。積年たまった日本人の心の垢を」とも述べたという石原。

当然ながら「天罰とは何事だ」という声があがり、翌日、知事は「言葉が足りなかった。撤回し、深くおわびする」と謝罪、ひとまず一件落着となった。しかし、彼の天罰発言に共感した人もいたのだろう。『新・堕落論』の好調な売れ行きが、その証拠。ともあれ読んでみることにした。

震災で補強された「私の主張」

『新・堕落論』の立場は序章で明言されている。

〈私たちはこの災害を機に、根本的な反省に立って、この日本を、芯の芯から改造し立て直さなくてはならないと思います。さもなければこの国は津波が去った後の瓦礫のまま腐って朽ち果てるでしょう〉。

震災を機に日本をリセットしようという意味で、これは一応「復興を語る本」だったのだ。しかし、そこは石原慎太郎である。常識的な復興論であるはずがない。

〈未曾有の地震と津波がもたらした、計上の及ばぬ被害の復元復興について思い計る作業に並行して、私たちはもう一つ別の復元復興を志さなければならない〉というのが彼の主張の骨子であり、「もう一つ別の復元復興」とは〈六十五年前の敗戦の後今日まで続いてきた平和がもたらした、日本という国、日本人という民族の本質的な悪しき変化、堕落の克服と復興〉を指す。

で、ここから先は「悪しき変化と堕落」の実例が語られる。

いわく、日本人ほど「我欲」にとらわれた民族は世界中になく、我欲の正体とは〈金銭欲、物欲、性欲です〉。それをさらに具体化するものとして〈昨今のテレビ番組の中での、温泉案内、料理番組、美食ガイド、そしてくだらぬお笑い番組の氾濫にはうんざりさせられます〉。いわく、「我欲」の最たるものは〈死んだ親の弔いもせずに遺体を放置したまま、その年金を詐取する家族〉であり、それは〈日本人という民族の本質的な堕落としかいいようありません〉。いわく、〈国家が滅ぼされるのは嫌だが、それを防ぐための手立てに核の保有は嫌だ〉というのは面妖な話であって、〈核の保有は、（略）経済、軍事を含めた有効な外交のために必要な手立て、インフラなのです〉。

さすがは鉄の心臓と脳みそを持った石原慎太郎。雨が降っても槍が降っても大地震が起きても大津波が来ても、彼はブレない。

チャラチャラしている若者たちも、「消えた高齢者」問題も、核アレルギーも、増税を嫌う世論も、すべては日本人の「我欲」に原因がある。その風潮をつくったのは、敗戦国として押し付けられた

〈忌まわしき〉憲法であり、アメリカに依存しきった〈腐った〉戦後体制であり、権利を教えて義務を教えなかった〈歪んだ〉教育である。ついてはアメリカへの依存から脱却し、核保有に向けた議論をスタートさせ、財政再建のために増税を敢行し、たるんだ若者たちを鍛え直すべく労役〈軍役・警察・消防・海外協力隊など〉につかせろ。以上が彼の主張のほとんどすべてだ。

なんじゃ、そりゃ、震災がなんで核保有論に結びつくのさ、なんて整合性を問うたところで、石原慎太郎の鉄の脳みそには通じない。震災に遭遇し、多少の加筆はしたとしても、基本的にこの本は震災前から進行していたはずで、大きな修正を加える必要性を彼は感じなかったのであろう。換言すれば、震災は石原にとってそれほど大きな問題ではなかったのだ。

けれどもそれは石原慎太郎だけの話なのだろうか。

一見「復興を語る本」に見えるが実際は……という例はほかにもあって、たとえば池上彰『先送りできない日本』。この本ができるまでの経緯は巻頭言で明かされている。

〈このところの日本は、いろいろな面で行きづまっていました。行きづまりの原因は、これまでの政治が、さまざまな課題を先送りしてきたことにあります。もう日本に先送りは許されなくなったのです。そのことを理解していただこうと、本書を書き進めていたところへ、この大震災でした。状況は大きく変わりました。今までは、自分たちの変革を、できずに先送りを続けてきました。この震災を機に、もはや先送りは許されません〉。

もちろん、そこはニュース解説の王者である。どこまでも大風呂敷を広げる『新・堕落論』とはちがい、説明は丁寧、主張の内容も意表を突くものではない。しかし、「〝第二の焼け跡〟からの再出発」という大仰なサブタイトルのわりには構えが小さく、そこで提言されているのは、震災前の民主党の政策〈あるいは民主党が主張したくても公然とは主張できずにいた政策〉と大差ない。

いわく、日本もＴＰＰに参加して農業にも健全な競争を持ちこむべきである。いわく、中国をはじめとするアジア各国との友好関係を築かなければ日本は国際競争に負ける。いわく、借金をこれ以上先送りはできないのだから消費税を上げろ……。非現実的な石原本に比べると、本書の主張は現実的である。だが、小風呂敷（？）すぎて気が抜ける。

池上彰がいうには、そもそもマスコミの論調も国民の気分も、震災前から「借金財政の痛みを引き受けるのは仕方ない」という方向に傾いてきた。〈その上に、この大震災です。いまこそみんなで痛みを分かち合おうという世論の高まりがあります。いまなら国民は、震災で亡くなったり財産を失ったりした人たちのことを思いながら、痛みを甘受する用意ができています。／後は、政治家が勇気を持って、国民に呼びかけられるか、なのです〉。この論法は、震災をバネに先送りしてきた案件を一気に片付けろ、という震災利用論といえなくない？

そうなのだ。主張の内容こそちがえ、「震災で私の主張は補強された。いまこそ私の主張を採用せよ」という姿勢において、この二冊はいい勝負なのである。

震災後も変わらぬエネルギー政策

その点、震災後に筆をとったらしき寺島実郎『世界を知る力――日本創生編』は、事後の反省が薄い（ように見える）石原本、池上本に比べれば、まだ実の多い本ではある。

とりわけ一九二三年の関東大震災と二〇一一年の東日本大震災との「奇妙な符合」を取り上げた第三章は示唆に富む。明治維新から五六年目の関東大震災と、敗戦後六六年目の東日本大震災。両者は明治の殖産興業、あるいは戦後の経済的な繁栄という「達成感と疲労」がにじみ出た時期に起きた。〈未曾有の混乱を前に、維新の激動期よりも後に育った世代が、「どうでもいいから誰か何とかしてくれ」という短絡な思考状態に陥った。その間隙を縫うようにして、力を信奉する人びとが勢力を伸ばしてきたのである〉という指摘は、その後の日本が急激に戦争へと傾斜していったことを思えば、とうてい他人事ではすまされない。「この機に乗じて」組が台頭してきたとき、この国が妙な方向に舵を切らないとも限らないのである。

ただ、具体的な復興策はおそまつだ。いかに〈わたしは、日本の第一次産業の近未来モデルは、最大の困難に直面した東北地方から誕生すると考えている〉といわれようと、就職難に苦しむ若者たちを対象に農業でも漁業でも都市デザインでも自由に働けるプロジェクトを立ち上げれば〈復興は無味乾燥なものではなくなく〉り〈その過程こそが、日本創生を意味するかもしれない〉と提案されようと、寺島実の主張は最終的には空疎に見える。

地域産業を創生させて「食材王国」を目指し、これを起爆剤として「産業の空洞化」に立ち向かえと本書は主張するが、そのわりに当面のもっとも深刻な課題である福島第一原発事故の処理についての有効な処方箋を彼は一切示さない。エネルギー政策に関しても、〈「原子力などやめてしまえ」という潮流〉に反し〈「開かれた原子力」という観点〉に立った原子力との共存を主張するのみ。脱原発は〈「どうでもいいから誰か何とかしてくれ」という短絡な思考〉だと決めつける。

そして話を戻すなら、エネルギー問題に対する姿勢は先の二冊も大同小異、というかもっと軽い。石原は〈原子力という人類にとって画期的な技術を、管理も含めて自らのために完璧にものにすることなしに廃棄するのは愚かなことでしかない〉と言い放ち、パチンコと自動販売機を制限せよという得意の論理を展開するのみ。池上は〈これから原子力発電所を新しく建設するというのは、まず現実問題として無理でしょう〉と述べながらも、その後の話題は減った電力量をどうするかという方向に流れ、原子力に対する著者自身の考えは曖昧なまま。

彼らはたぶん、原発事故に対するショックが、持論を曲げなければならないほどには大きくなかったのであろう。だからこそ、嬉々としてそれぞれの文明論を開陳しながら、いままで通り日本人の道徳の劣化を嘆き（石原）、いままでと同じような経済政策を示し（池上）、いままでの延長線上のエネルギー政策を語る（寺島）。この機に日本は変わるべきだという主張に反して、転換を嫌う言論界の人気者たち。すごいなあ、自分によっぽど自信があるんだね。しかしもちろん、みんながみんなこうではない。彼らとは逆の急進的な転換論者も存在する。それについてはまた次回で。

(2011.11)

『新・堕落論――我欲と天罰』石原慎太郎、新潮新書、二〇一一年　「平和の毒」「仮想と虚妄」の二章仕立て。元祖『堕落論』の坂口安吾、トインビー、ボードレールまで、引用が多く高級な本に見えるが、要は「爺の繰り言」本。核保有論や徴兵論など過激な主張の割に危険な匂いがしないのはあまりに荒唐無稽なせいか。都知事ならぬ作家としての痛烈なる「遺書」（帯）ととるべきだろう。

『先送りできない日本――〝第二の焼け跡〟からの再出発』池上彰、角川oneテーマ21、二〇一一年　「第2章　TPPでどうなる、日本の農業」「第4章　世界が知恵を絞る巨龍との付き合い方」など、震災後、国際社会で日本が生き残るための経済政策を語る、いわば今様「開国」論。肝心なところで「結局何？」と思わせるのは、オピニオンリーダーではなく解説者としての矜持のせいか。

『世界を知る力――日本創生編』寺島実郎、PHP新書、二〇一一年　「第1章　歴史意識を深めるということ」はドラマの主人公「南方仁」や新渡戸稲造を例に引いた「みんなのつながり」論。「第2章　日本人の魂の基軸とは」は親鸞から漱石まで動員した共鳴力の話。リベラリズムの論客だった著者だが、「戦後の日本は無魂洋才」と嘆きアメリカからの自立を主張するあたり石原慎太郎と近い。

震災後を語る人びと②脱原発編

3・11以後に出版されたおびただしい震災・原発関連書籍は、じつはみんな同じことを主張している。すなわち、この機に変わらなければ日本には後がない！

危機感だけは全員共有しているのである。

その背後に「震災前の日本だってすでに疲弊していたんだし」という認識がある点も共通している。しかしながら問題は「変わらなければ」という際の、変化の度合いとその深さである。「どの時点まで遡って再生の道を探るか」によっても話は大きく変わってくる。

前回に続いて、言論人たちが語る震災からの復興論。第二弾は主として「脱原発」を基調にした日本再生論である。はたしてリベラルまたはレフトウィングに属するだろう論者たちの主張は？

近代史を語る人、人類史を語る人

金子勝『「脱原発」成長論』から読んでみよう。

市場任せの新自由主義経済を一貫して批判してきた経済学者らしく、金子はまず「失われた二〇年」の話からはじめる。

一九九〇年代初めのバブル崩壊時、危機管理能力の欠如を露呈させたのは、金融市場の中核にいる大手銀行と大蔵省（現・財務省）であった。〈経営者と官僚たちは責任逃れに終始し、巨大なリスク（金融市場のシステミック・リスク）が発生しつつあるにもかかわらず、その実態を隠蔽した〉。一方、3・11で危機管理能力の欠如を露呈させたのは、経済界の中心にいる東京電力とその既得権益を保護する経済産業省（原子力安全・保安院を含む）や原子力安全委員会であった。地震当日からメルトダウンがはじまり、じつは水素爆発が引き起こされていたのに、彼らは〈「燃料棒は部分的に露出しているが、冷却され続けている」とひたすら言い続け、情報隠しを繰り返してきた〉。「失われた二〇年」の起点となったバブル崩壊後の状況と、福島第一原発の事故後の対応は酷似している。こうした「政官財の無責任体制」に対する根本的な反省がない限り、日本の再生はありえない。——それが本書の基本的な主張である。

バブル崩壊も原発事故も、あまりの深刻さゆえに関係者は有効な手を打てずにいる。それは従来のマクロ経済学の限界を超えてしまったのだ、と金子はいう。ではもう再生の道はないのか。

本書が提唱するのは産業構造の大胆な転換だ。

莫大なリスクとコストを伴うことが明らかになった原発を止め、太陽光、風力、地熱、小水力、バイオマスなどの再生可能エネルギーへ、エネルギーを転換すること。地球温暖化対策をはじめとした新技術と環境産業の創出によって、新しい雇用と市場をつくりだすこと。「中央集権メインフレーム型」から「地域主権ネットワーク型」へと経済のシステムを転換させること。

これ自体は特に珍しい提言ではないものの、金子の強みは震災前から同様の主張をし続けてきたことだろう。〈長い歴史を振り返れば、経済の基盤をなすエネルギーの変化は「産業革命」をもたらす〉。そして彼がいうように、たしかに〈福祉国家の原型となった重要な諸制度は、戦争、大恐慌、大災害など、社会が危機に陥ったときに、人々が英知を絞〉った結果、生まれてきたのである。

中沢新一『日本の大転換』はどうか。風呂敷を広げられるだけ広げてみました、という意味で、これは現在、もっとも過激かつ誇大妄想的な一冊である。

〈巨大津波が引き起こした原発事故は、はからずも私たちの前に、新しい知の形態の出現を促すこととなった。（略）地球科学と生態学と経済学と産業工学と社会学と哲学とをひとつに結合した、新しい知の形態でも生まれないかぎり、私たちがいま直面している問題に、正しい見通しをあたえることなどは、できそうにない〉。ここまでは、まあ理解できる。しかし、中沢新一のおっちょこちょいパワーはこの後、全開となる。〈私はその新しい知の形態に、「エネルゴロジーEnergology＝エネルギーの存在論」という名前をあたえようと思う。エネルゴロジーの先駆形態を、マルクスやバタイユやハイデッガーの仕事のなかに見出すことができる〉。

「新しい知の形態」の提唱者たる中沢は、こうして（文明学者A・ヴァラニャックの説に依拠しながら）人類の歴史を振り返るにいたる。人類が経験したエネルギー革命の歴史には七つの段階があった。第一次革命は、火の獲得と利用。第二次革命は、農業と牧畜の発達。第三次革命は、金属の利用と発達。第四次革命は、火薬の発明。第五次革命は、石炭の利用と蒸気機関の確立。第六次革命は、電気と石油の利用。第七次革命は、原子力の利用とコンピュータの開発。

見たまえ諸君、第一次から第六次までのエネルギーは、すべて原子の外殻を形成する電子の運動から取り出されていたのである。生態圏の活動は元来そういうものだったのだ。しかるに、第七次革命だけは原子核の内側に踏み込んで、核分裂や核融合を起こさせた。どうだ諸君、これによって生態圏の中には存在しない「外部」が持ち込まれたのである！

宗教学者・中沢新一らしい論理が炸裂するのはここからだ。アニミズムや多神教においては、神は動物や人間の男女など自然界（生態圏）に属するものの形をとる。それに対して一神教は思考の生態圏の外部に超越的な神を出現させた。つまり〈生態圏に「外部」を持ち込もうとするその思考方法〉において、原子力とは「一神教（ユダヤ教）的な技術」なのだ。

「原子力＝一神教」論を発明した中沢は、原子力と資本主義の類似にも言及する。「市場メカニズム」の原理で動く資本主義は、核分裂と同じく人間社会とは異質な要素を孕んでいる。また、成長を続けなければ衰退や停止に向かう点で、資本主義は原子炉とよく似ている。つまり福島第一原発の事故は〈たんに原子力発電所が機能不全に陥ったのではなく、資本主義システムに組み込まれた原子の「炉」が、破綻したのである〉。かくして中沢は宣言する。〈第八次エネルギー革命は、一神教から仏教への転回として理解することができる〉。おおー、脱原発は、脱一神教だったのかっ！

上からの脱原発、下からの脱原発

ああ、驚いた。まるで新宗教の教祖が語るスピリチュアルな脱原発論だな。

とはいえ、興味深いのは、宇宙規模の風呂敷を広げる『日本の大転換』の中沢新一も、落としどころは金子勝が出した結論と重なっている点だろう。

「太陽の贈与性」という用語を使って中沢が説く「第八次エネルギー革命」も、要は原子力から太陽光に代表される再生可能エネルギーへの転換である。（自然を制圧する）西欧型の文明から（自然と共生してきた）日本型の文明へという中沢が描くビジョンも、中央集権型（一神教的？）の経済から地域分散型（多神教的？）の経済へという金子のビジョンと親和性が高い。

片や経済、片や哲学。片やン十年、片やン万年。異なる地点から出発し、別の回路で事態にアプローチした金子勝と中沢新一の結論が同じであること。それは「脱原発」が単なる思いつきではなく、いわんや電力量の多寡の問題などではないことを示していよう。

最後にもう一冊、山本義隆『福島の原発事故をめぐって』を見ておきたい。山本はまず「原子力の平和利用」の名目ではじまった戦後の原発開発が、じつは核武装への欲望（原子力の軍事利用）と分ちがたく結びついていたことを批判する。

そして『磁力と重力の発見』（みすず書房、二〇〇三年）の著者らしく一六世紀以降の近代科学史を概観しながら、3・11は〈自然にたいして人間が上位に立ったというガリレオやベーコンやデカルトの増長、そして科学技術は万能という一九世紀の幻想を打ち砕いた〉と述べるのだ。

〈これまですべての兵器が技術者や軍人によって経験主義的に形成されていったのと異なり、核爆弾はその可能性も作動原理も百パーセント物理学者の頭脳のみから導きだされた。原子炉はそのバイプロダクトである。（略）その結果は、それまで優れた職人や技術者が経験主義的に身につけてきた人間のキャパシティーの許容範囲の見極めを踏み越えたと思われる〉。

山本義隆は金子勝のように具体的な復興のビジョンを示しはしないし、中沢新一のように「革命」を語ったりもしない。しかし次の一言は、ある意味「革命」よりも重い。

〈日本人は、ヒロシマとナガサキで被爆しただけではない。今後日本は、フクシマの事故でもってアメリカとフランスについで太平洋を放射性物質で汚染した三番目の国として、世界から語られることになるであろう。この国はまた、大気圏で原爆実験をやったアメリカやかつてのソ連とならんで、大気中に放射性物質を大量に放出した国の仲間入りもしてしまったのである〉。

そうだった。日本はもう「唯一の被爆国」ではなく、地球に対する「加曝国」なのだ。この事実に即して〈（日本は）率先して脱原発社会、脱原爆社会を宣言し、そのモデルを世界に示すべきであろう〉と結論する本書が、どちらの方向を向いているかは明らかだろう。

問題は現野田政権にまるでその気がないことだ。突発的に「脱原発」を表明した菅直人が首相の座から追われた後、この国はなし崩し的に原発依存の国へと逆戻りしているかのようだ。

しかし、金子や中沢が主張する中央集権型から地方分散型へという流れは、じつはもうはじまっているようにも思うのだ。政府の方針がどうであれ、定期点検中の原発の再稼働に対する地域住民や自治体の抵抗はなお強い。重要なのはそこである。「上からの命令で一気呵成に脱原発を」という（中央集権的な?）発想を捨て、下、すなわち地域や個人あるいは自治体ごとに独自の路線を目指せばいいではないか。上からの指示を待つ態度は、そもそも「革命」とは呼ばないのだ。

(2011.12)

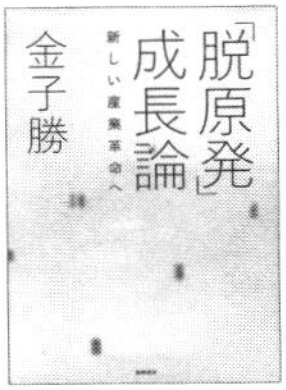

『「脱原発」成長論――新しい産業革命へ』金子勝、筑摩書房、二〇一一年　世界金融、エネルギー、地球温暖化という三つの危機を切り抜け、フクシマ後の経済を立て直すには〈再生可能エネルギーへの転換を契機とするイノベーションと新たな成長軌道の創出しかない〉（「はじめに」）。金融危機部分の記述が長いが、電力行政の今後をはじめ、具体的な処方箋を示した部分も多く、参考になる。

『日本の大転換』中沢新一、集英社新書、二〇一一年　〈「自然エネルギー」をビジネスの話で終わらせてはいけない〉という思いから生まれた〈原子力発電をめぐる論争に、たんなる経済計算の視点を超えた、エネルゴロジー（エネルギーの存在論）の視点を導き入れる試み〉（「あとがき」）。著者が一〇月に立ち上げた「緑の党」の荒削りのマニフェストというだけあり、熱いパトスにあふれる。

『福島の原発事故をめぐって――いくつか学び考えたこと』山本義隆、みすず書房、二〇一一年　〈現在生じている事態は、単なる技術的な欠陥や組織的な不備に起因し、それゆえそのレベルの手直しで解決可能な瑕疵によるものと見るべきではない〉（「はじめに」）。「日本における原発開発の深層底流」「技術と労働の面から見て」「科学技術幻想とその破綻」の三章仕立て。静かな怒りが伝わる。

震災後を語る人びと③文学編

3・11は、作家や詩人、文芸評論家らにも大きな衝撃を与えた。震災から半年以上が経過して、関連した評論や創作も続々と出版されはじめている。

しかし、3・11を「文学的／文化的」に論じることなど可能なのか。

具体例をあげれば、たとえばこんなふうになる。

〈戦後の日本がアメリカに輸出した〝文化〟は、何だろうか？　私が思いつくのは、「ゴジラ」と「アトム」と「ＡＫＩＲＡ」と、「ナウシカ」を代表とする宮崎駿のアニメーション映画である。（略）すべて「原爆＝核」に関わっている。アメリカにとって、いや日本を除く全世界にとって、日本という国は、〝原爆が落ちた国（原爆を落とされた国）〟ということに特異性があるのであり、日本から学ぶべきものは、何といってもその〝被爆＝被曝〟の体験から生まれた文化、いわば「原子力（原爆、放射能）による被害の文化」なのである〉（川村湊『原発と原爆』）。

引用しちゃったついでに、この本からはじめようか。

『原発と原爆』は、右のような認識にもとづいて、核（原発と原爆）に関連した戦後の作品（マンガ、映画、アニメ、小説など）を分析し、その背後に隠された核（原発と原爆）に対する日本人のメンタリティを探った評論である。現在のところ、もっともよくまとまった3・11後の文芸評論だ。

「ゴジラ」と「アトム」が描く核

核の両側面ともいうべき悪玉としての「ゴジラ」と善玉としての「アトム」。一九五〇～六〇年代に子ども時代をすごした人なら、この意味は説明されなくてもわかるはず。

北大平洋上でのアメリカの水爆実験の結果、古生代の眠りからよみがえった肉食怪獣ゴジラが日本を襲い、強大な破壊力で東京を壊滅的な状況におとしいれる。東邦映画の「ゴジラ」第一作が公開されたのは一九五四年だった。一方、手塚治虫のマンガ「鉄腕アトム」が少年雑誌に登場したのは一九五二年（アニメの放映が開始されたのは一九六三年）。主人公のアトムは「電子脳」と「超小型原子力エンジン」を備えた「正義の味方」のロボットだ。

「放射能の恐怖」を体現していた「ゴジラ」と「原子力の平和利用」を象徴していた「アトム」。だが、ことはそんなに単純でもないと川村はいう。「ゴジラ」はシリーズ化されて作品数が増えるにつれ、放射能への恐怖というレゾンデートルを失っていく。「アトム」も当初は原子力の光と影に敏感だった。影の部分を完全に失ったのは、テレビアニメ化された後だというのだ。「ゴジラ」や「アトム」から核への恐怖というモチーフが消えていくのと反比例して、原発推進への動きは活発化する。商業主義に取り込まれたサブカルチャーは、いわば「国策に屈した」のである。

こうして七〇年代に商用原発が次々稼動をはじめるなか、八〇年代には「ＡＫＩＲＡ」と「ナウシカ」が登場する。両者は「核戦争後の世界」をシンボリックに描いた作品だった。

一九八四年に公開された宮崎駿の長編アニメ「風の谷のナウシカ」は「火の七日間」と呼ばれる最終戦争後を描いている。人が棲む「風の谷」の近くには、「腐海」と呼ばれる広大な森が広がり、放射能を連想させる猛毒の「瘴気」を発して人々の生活をおびやかしている。一九八二年に連載がはじまった大友克洋のマンガ「ＡＫＩＲＡ」の舞台は近未来の二〇一九年。核爆弾が落とされた東京一帯は立ち入り禁止区域となり、市街地に「爆心地」と呼ばれる巨大なクレーターを抱えている。だが両作とも被爆の現実を伝えているとはいいがたい。放射性物質の気の遠くなるような半減期を思えば、現実は「腐海の森の自浄作用」という希望で終わる「ナウシカ」のような具合にはいかないだろうし、「ＡＫＩＲＡ」にいたっては破壊と崩壊のカタルシスがあるだけで、目に見えない放射能の恐怖は視野の外にあるのだ。いやはや！

『原発と原爆』では、このほか、井伏鱒二『黒い雨』や中沢啓治『はだしのゲン』から近年の原発クライム小説、さらには八〇年代初頭の「反核運動」における知識人の発言までが検討にかけられる。サブカルチャーが国策に屈し核の恐怖を失ったとしたら、文学は核（原爆）を情緒的に描く、あるいは家族の物語や復讐の物語に転換させることで、真の敵が何かを見失わせる結果になった。

読者は思い知らされるだろう。大国の水爆実験に揺れた一時期を除き、サブカルチャーも文学も、放射能の恐怖あるいは核の暴走に対してはおそろしく鈍感だったんだ、と。

私自身もあのとき「ゴジラって原発のことだったんだ！」と思ったことを思い出す。制御不能におちいり、有害な物質をまき散らす巨大な原子炉。破壊された建屋に立ち向かう自衛隊や消防隊。固唾をのみ、敵が制圧されるのを祈る市民。まるで怪獣映画だよ。

「ゴジラ」も「アトム」も作品の外に飛び出して、いまや私たちの精神生活に深く根をおろしている（アトムの末裔ともいえるマンガのキャラクターが電力会社や原発のＰＲに一役買っているのはご承知の通りである）。私たちの精神は、核を情緒的に描いた物語（サブカルや小説）に予想以上に毒されている。そして本書が図らずも発しているのは「いい加減なことを書くと、数十年後、君はこんなふうに評されるのだぞ」という、同時代の表現者に対する脅し、というか警告である。

長崎の原爆で妻を亡くし、自らも被爆した医師・永井隆の記録文学『長崎の鐘』（一九四九年）を指して川村はいう。〈永井隆の言説（言動）は、原爆の投下を肯定するとともに、原子力をも肯定する考え方の下地となった〉。作品の評価は後世の歴史で変わるのだ。

核心を回避する安易な結末

ということで、3・11後の文学。震災や原発事故に取材した長い作品が登場するのはまだ先だとしても、すでに小説もいくつか発表されている。

福井晴敏『震災後』はなかでも異色の一冊だ。二〇一一年六月上旬〜一〇月末発売の「週刊ポスト」に連載されたこの小説は、東京のサラリーマン一家を主役に、二〇一一年三月一一日から九月一一日までの半年間を、現実にほぼ沿う形で描いている。

主人公の野田圭介は、メーカーに勤務する平凡なサラリーマン。中学生の息子と小学生の娘がいる。同居する野田の父は退官した防衛庁の元幹部で、ガンであることを隠している。一家は五月の連休を利用して被災地へボランティアに出かけるが、そこで厳しい現実を目の当たりにした息子の弘人は、東京に戻ってから「フクシマ・ベビー」と称する悪質なデマ画像をネットでバラまく連中に手を貸してしまう。驚く野田に弘人はいった。「未来を返せ！」。

二〇一一年九月一一日、中学校で開かれたPTA主催の臨時集会で、野田は脱原発を訴える大演説をぶつ。〈人間には過ちを正す力があります。石油依存の代替えとしての原発、それもダメになったなら次の手を考えるまでのことです〉。潮騒のように広がる拍手。会場に広がる一体感。弘人の目は濡れているように見えた……。

なんと感動的な、そして安易な結末だろう。「父と子の絆」という物語に収斂していく点で、『震災後』は過去の「よくある文学」の轍を踏んでいる。主人公は死の床にある父と心を通わせ、息子との絆も取り戻し、脱原発への夢も語れて満足だろうが、現実には何の影響もないのである。希望の見える結末に読者が「癒される」分、むしろ有害かもしれない。

では、こっちはどうだろう。一部で話題を呼んだ(あるいは物議をかもした)高橋源一郎『恋する原発』である。初出誌「群像」への掲載が一度見送られた(後に掲載)という事情もあり「そんなに過激な内容なのか」という期待が渦巻いた。

ふたを開けてみたら、それはAV監督の「おれ」が「恋する原発」と題された大震災のチャリティーAVを作るまでの、バックステージを描いた作品だった。そして驚くべき(または予想された)一致。この小説もラストシーンの日付は二〇一一年九月一一日なのだ。

〈フクシマ第一原発前特設会場に人びとが集まってくる。なぜ9月かって?／そりゃあ、8月は野外セックスには暑すぎるからだ……〉。かくして世界中の有名人を含む一万組二万人のカップルがチャーターされたバスで集まり、演壇に上がった「おれ」の指揮で一糸乱れぬセックスをはじめる……。ダイインのセックス版？ というか『震災後』の、これはほとんどパロディだ。

しかし「放射能の恐怖」を回避しているという川村湊の指摘に従えば、『恋する原発』のラストも甘いといわざるをえない。この状況であれば、集まった二万人にはセックスをしながら急性被曝で壮絶な死を遂げていただかなくちゃダメでしょう。このシーンが物語を無化する仕掛けだってことはわかるよ。でも、これでは責任の所在がまたもやウヤムヤになるだけだ。

『震災後』と『恋する原発』の作風は正反対である。にもかかわらず人が集まり、抗議にも似た行動でカタルシスを得るという結末は同じ。核を描いた過去の文学と同じように。

もちろん、すべての震災後文学がこうだというわけではない。古川日出男『馬たちよ、それでも光は無垢で』（七月発売／新潮社）は、作家が震災後の福島に赴き、何かを描こうとしながら「描けない」ことを描いた作品。川上弘美『神様２０１１』（九月発売／講談社）は、デビュー作『神様』（単行本一九九八年／中央公論社）を３・11後に設定し直すことで、川村がいう「放射能の恐怖」を浮かび上がらせることに成功している。だが、これらはまだ習作の段階である。安易に希望を語らないこと。物語の罠にハマらないこと。「３・11後の文学」はそこからはじまるのではないか。

(2012.01)

『原発と原爆――「核」の戦後精神史』川村湊、河出ブックス、二〇一一年　著者が同年四月に出した前著『福島原発人災記――安全神話を騙った人々』（現代書館）は原子力ムラへの怒りに任せた告発調の本だったが（しかし、そのスピード感にこそ意味があった）、こちらはきちんとしたサブカル＆文芸評論。「ゴジラ」「アトム」「ナウシカとAKIRA」そして「『原発』の文学史」と続く四部構成。

『震災後――こんな時だけど、そろそろ未来の話をしようか』福井晴敏、小学館、二〇一一年（→小学館文庫）　初出は「週刊ポスト」の連載。帰宅難民、計画停電、瓦礫整理のボランティアなど、現実にあわせ物語は進行する。事件をすぐフィクションにした近松門左衛門風の試みとしては理解できるが、主人公は単純、妻、父、息子も類型的。あくまで東京目線の安易な筋の運びが気になる。

『恋する原発』高橋源一郎、講談社、二〇一一年　巻頭にいわく。〈これは、完全なフィクションである。（略）そもそも、ここに書かれていることが、ほんの僅かでも、現実に起こりうると思ったとしたら、そりゃ、あんたの頭がおかしいからだ〉。「ともかく応答しよう」「不謹慎なことを書こう」という切実さは伝わる挑発的な問題作。下ネタ満載だが、隠れテーマは死者への追悼？

「戦争文学」の語り方、論じ方

昨二〇一一年の出版界のトピックのひとつは「集英社創業八五周年記念企画」と題された「コレクション　戦争×文学」(全二〇巻+別巻一)の刊行がはじまったことだろう。五人の編集委員は全員戦後生まれ(浅田次郎、奥泉光、川村湊、高橋敏夫、成田龍一)。既存の作品の中から、短編小説、エッセイ、詩歌などを各巻につき二〇編ほど選んで収録したアンソロジーである。

これまでの感覚で「戦争文学」といったら、先の戦争(アジア太平洋戦争)に取材した文学を指すことに、ほぼ相場は決まっていた。しかしながら、このシリーズは、日清日露戦争から、アジア太平洋戦争、朝鮮戦争、ベトナム戦争、そして9・11後の「変容する戦争」までを視野に入れ、『冷戦の時代』『イマジネーションの戦争』なんていう「なるほど、それもたしかに戦争だ」な巻があったり、テーマ別に編集された『女性たちの戦争』『戦時下の青春』といった「そうだな、それを忘れちゃいかんよな」な巻があったりする。

従来のテーマを踏襲したかに見える巻も、これまでの視点とはやや異なる。『ヒロシマ・ナガサキ』(第一九巻)には、原民喜や林京子のような「いわゆる原爆文学」のみならず、青来有一「鳥」や田口ランディ「似島めぐり」のような戦後世代による「記憶の中の原爆」を描いた作品、一九五〇年代の水爆実験に取材した小田実の作品、また自身の被爆体験をつづった美輪明宏の自伝的なエッセイ（初出は『紫の履歴書』だ！）なども収録。「戦争」と同時に「文学」の幅も広げる試みに見え、なかなか刺激的である。

こういうシリーズが出るってことは、二〇世紀までの図式ではもう「戦争」が語りきれなくなったことを意味していよう。震災にばかり目が行きがちだが、二〇一一年は文学における「戦争の語り方」が変わった年として記憶されるかもしれない。同様の問題意識に基づいた本がほかにも出ているからだ。

二〇〇〇年代の「戦争文学」

陣野俊史『戦争へ、文学へ』には「『その後』の戦争小説論」という副題がついている。「その後」とは一九九一年の「湾岸戦争後」の意味で、取り上げられているのは主として戦争体験のない世代による、九〇年代以降の「戦争小説」だ。

巻頭で陣野は〈一九九一年以降の「戦争小説」史を考えてみるとき、いささか驚くのはやはり九〇年代の戦争小説の少なさである〉と述べる（傍点原文ママ。以下同）。〈九五年に阪神淡路大震災とオウム真理教による地下鉄サリン事件が起こり、この年、敗戦後五十年をきっかけに、戦争小説はいったんの区切りを経験し、以後、別のフェイズに移行した感が強い〉。しかし、同時に彼はこうもいうのだ。二〇〇〇年代に入り、9・11とアフガンやイラクへの空爆の後は〈湾岸戦争のときとはまったく異なった形で事態は推移する。作家は沈黙しない。二〇〇一年の「9・11」から二〇〇三年のイラク空爆開始を経て（つまり二、三年の準備や連載期間を挟んで）、二〇〇四年〜二〇〇五年の新しい戦争小説は豊かだ。質、量、ヴァリエーションともに、圧倒的な戦争小説が書かれた〉と。

陣野が取り上げる「戦争小説」は多岐にわたる。岡田利規「三月の5日間」、前田司郎『恋愛の解体と北区の滅亡』のようなイラク空爆に取材した作品。架空の戦争を描きながらも「9・11後」を意識させる吉村萬壱『バースト・ゾーン』や三崎亜記『となり町戦争』。阿部和重『シンセミア』のように渋谷を舞台にした戦争小説もあれば、奥泉光『神器』や古処誠二『メフェナーボウンのつどう道』のように太平洋戦争を素材としつつも新たな視点を示した作品もあれば、青来有一『爆心』のように現代の日常の中に原爆体験を織り込んだ作品もある。

中には「これが戦争小説かな」な作品も含まれているものの、〈前田司郎の小説が、テレビ画面で戦争を描く小説であり、吉村萬壱の小説が突如テレビ画面の中に入り込んだ小説であり、村上龍の小説［『半島を出よ』］が最初からテレビ画面など無視して、すべてを描くことを目的とした小説であるとすれば、これ［三崎亜記『となり町戦争』］は、もう一つの態度、テレビ画面を消して戦争を描く小説である〉といった指摘には頷くところが多い（［　］は斎藤補足。以下同）。星野智幸『俺俺』は大岡昇平『野火』への返答だ、といった達見もちりばめられている。

なーんだ、戦争体験者が減って戦争は風化するするといわれてきたけど、そんなことないじゃん。個人の「体験」は集団としての「経験」に昇華されているじゃないの。

と思ったのだが、次の瞬間、不安になった。ここにあがった作品（いずれも二〇〇〇年代を代表する純文学作品である）をどのくらいの人が読んでいるだろう。著者も述べているように「戦争文学」の前に「文学」が共有されているとはいいがたい、この現実。

では、人々が共有する戦争文学（的なるもの）とは何だろう。答えは決まっている。映画、マンガ、アニメーションなどのサブカルチャーだ。

高井昌吏編『「反戦」と「好戦」のポピュラー・カルチャー』は、そちらの問題意識に根ざした、八人の研究者による論文アンソロジーである。〈ジャーナリズムや論壇では、これまで多くの知識人がアジア・太平洋戦争、あるいはヨーロッパ戦線なども含めた第二次世界大戦について語り、自分の見解を述べ、ときには論争を重ねてきた〉が、〈他方で、戦争の記憶は、映画やマンガなど、大衆の娯楽的メディアによっても広く語り継がれてきた〉。〈すなわち、［戦争は］厳粛な主題でありながらも、娯楽や慰安のなかに組み込まれ続けてきたのである〉という見解はまったく正しい。

この本が扱う「戦争」がアジア太平洋戦争（第二次世界大戦）に限定されているのはやや不満だが、登場する作品はポピュラーなものばかりである。高木敏子『ガラスのうさぎ』、野坂昭如『火垂るの墓』、こうの史代のマンガ『夕凪の街　桜の国』などを原作としたアニメや映画。映画の「ひめゆりの塔」と沖縄観光資源としての「ひめゆり祈念館」。映画の「二十四の瞳」と小豆島観光資源としての「二十四の瞳映画村」。以上が銃後を舞台にし、戦争への忌避感をモチーフとした「反戦的」なメディアだとしたら、ミリタリーへの親和性を内在した「好戦的」なメディアとして俎上にのせられるのは、第二次大戦下のヨーロッパを舞台にした恋愛を描く少女マンガの数々、兵器のプラモデル、戦艦大和を題材にした特撮映画の数々と広島県呉市の「大和ミュージアム」など。

これらを見ると「戦争文学」が日々更新されている一方で、古典的な（または旧態依然とした）「戦争の物語」も相変わらず生産され続けており、しかもそれらは文字情報から映像へ、さらにはテーマパークへと、より大衆性を強めているように見える。戦争文学は、あるいは戦争の語り方は、一筋縄ではいかないのだ。

戦争体験を持たない、二つの世代

「戦争×文学」シリーズの編者でもある成田龍一は、鼎談集『戦争文学を読む』（朝日文庫、二〇〇八年／単行本は『戦争はどのように語られてきたか』朝日新聞社、一九九九年）の中で、先の戦争の語り方には三つの時期があったと述べている。第一期は一九四五年〜六〇年代後半で、この時期は「被害者意識」に軸足を置いた語り方が主流だった（『二十四の瞳』や『ビルマの竪琴』はこの時期の作品）。第二期は六〇年代後半〜八〇年代後半で、侵略戦争を起こした側の「加害者性」が発見された。第三期は九〇年代以降で、「戦争の語り方」それ自体が問われるにいたった。第一期は戦中世代、第二期は少国民世代、第三期は戦争体験を持たない戦後世代が主たる担い手だったといってもいい。

その伝でいくと「9・11後」は第四期かもしれないが、その前に私は別の課題に気づいてしまったのである。戦争体験のない戦後世代も、親の戦争体験を一次情報として聞かされた第一世代（一九四五〜六〇年代生まれ？）と、学校教育やメディアを通して再編された戦争しか知らない第二世代（一九七〇年代以降生まれ？）に分かれているんじゃないか。

そう考えたのは『「反戦」と「好戦」のポピュラー・カルチャー』に微妙な引っかかりを覚えたからだ。たとえば坂田謙司は戦艦などの兵器のプラモデルには「人の死」が不在であることを批判的に検証しているが（「プラモデルと戦争の知」）、んなこたぁ、いわれなくてもわかっている。〈「人の死」の存在を戦争における自明の前提として、われわれは戦争の「知」を得てきた〉と坂田は書く。しかし、われわれにはそんなのべつに「自明」じゃなかったよ、と五〇代以上の人はいうだろう。戦争や兵器を「かっこいい」存在として扱う文化があることを、坂田はわざわざ指摘してみせるが、人を殺す道具とわかっていても兵器を「かっこいい」と感じる感受性を持ってしまう自分たち、について深く考えないと、この件を考察したことにはならない。

この本の著者たちは生年を伏せているので（それもどうなの）、年齢は不明である。しかし、論の進め方から考えて、学校教育やメディアを通じて（まさに「人の死」を教えるための）「反戦平和教育」を受けた第二世代が中心なのではないかと推測される。戦後も六〇年以上が経過すれば「戦後の戦争体験」が世代によって異なるのも当然なのだ。ただ、そうなると、戦争をめぐる言説が第一世代と第二世代で共有できるのか、という懸念が生じる。

「戦争×文学」シリーズや『戦争へ、文学へ』は戦後第一世代によって編まれた本だ。第一世代の私が反応するのは当たり前なのだ。しかし、第二世代はどうだろう。陣野俊史が取り上げた新しい「戦争小説」の多くが第二世代によって書かれていることも視野に入れつつ、今日、ナショナリズムに傾斜しがちなのがこの世代であることを思うと（と勝手に決めつけるが）、彼らに響く「戦争の語り方」の開発こそが、じつは求められているような気もするのだ。

(2012.02)

『コレクション　戦争×文学』（全二〇巻＋別巻一）集英社、二〇一一〜一三年　「現代編」「近代編」「テーマ編」「地域編」で構成。収録作品は時代も種類も書き手も多種多彩。第一回配本の『ヒロシマ・ナガサキ』の解説（成田龍一）は三月の震災にふれ、〈比喩的にいえば原子爆弾とは制御機構の故障した発電所のようなもの〉という加藤周一の言葉を引く。「核の原点」を読むにも最適。

『戦争へ、文学へ――「その後」の戦争小説論』陣野俊史、集英社、二〇一一年　「湾岸戦争・『9・11』・イラク空爆」「戦後生まれ作家による太平洋戦争」「原爆体験と引揚者の『その後』」の三部構成で九〇年代以降の戦争小説を論じる。「終わりに」執筆中に震災に遭遇し本書の読解の道筋が〈決定的に変質させられた〉というが、「自然災害と戦争の比喩的関係」は3・11でも証明された感あり。

『「反戦」と「好戦」のポピュラー・カルチャー――メディア／ジェンダー／ツーリズム』高井昌吏編、人文書院、二〇一一年　銃後を連想させるメディアに注目した「悲哀のカタルシス」、ヒロイズムや戦闘への好奇心を示すメディアに注目した「ヒロイズムへの共感」の二部仕立て。映画やアニメのほかツーリズムにも対象を広げる。「反戦」と「好戦」は単純に二分できないが、視点はいい。

橋下徹が迷惑なんですけど

あの人については、あんまり考えたくないのよね。それが私の気分だった。よって、テレビのニュースに「あの人」の顔が出てくるだけで、いちいちチャンネルを替えていた。

そうもいってはいられなくなったのは、二〇一一年一一月二七日の大阪ダブル選挙の頃からである。ご存知のように、この選挙では橋下徹前大阪府知事ひきいる「大阪維新の会」が圧勝し、橋下徹が大阪市長に、前大阪府議の松井一郎が大阪府知事に当選した。

わっ、ほんとに彼らが勝っちゃうの？　大阪府民、大阪市民は、ほんとにそれでいいのっ！と叫びたい気持ちを片方では持ちつつも「いいやべつに、大阪の話だし。ああいう人を勝たせたのは大阪の自業自得だし。あとで後悔しても知らん」式の、冷めた気分だった。

ところが、市長選当選後の「あの人」はハシャギまくっているわ、同じ穴のムジナらしき石原慎太郎東京都知事、河村たかし名古屋市長、「みんなの党」なんかはもちろん、既成政党までがベンチャラを使いだすわ、維新の会が主催する政治塾とやらには三〇〇〇人以上が押し掛けるわ……。そうこうしているうちに大阪市議会では「君が代起立条例」が可決成立し、このまま行くと府と市の両方で「教育基本条例案」（「教育行政基本条例案」＋「府立学校条例案」）および「職員基本条例案」も可決しそうな勢いという。考えたくもないけれど、この勢いを放っておいたら、似たような動きが各地に飛び火し、国政を左右するところまで行きかねない。

しかし、いまいちわからないのは、橋下徹が何を目指しているのか。そして大阪市民（府民）は何ゆえ彼を支持するのかだ。小泉政治の地方版のような緊縮財政。安倍晋三にも似た復古調の教育政策。文化音痴がなさしめる文化事業の切り捨て。職員、教員、議会、府下の市長らとの対立。それのいったいどこがいいわけ？　しゃーない。橋下関連本を読んでみることにした。

見えるのは「手段」と「構想」だけ

橋下関連本の中でも目立つのは批判本の数々だ。

「緊急出版」「独裁者の野望と矛盾を衝く」などの言葉が表紙に躍る『橋下主義（ハシズム）を許すな！』（内田樹・香山リカ・山口二郎・薬師院仁志／ビジネス社）。多数の論客や大阪府民の反橋下論を結集させ、ダブル選挙後に出版された『ハシズム！　橋下維新を「当選会見」から読み解く』（第三書館）。一見中立的、総論としては親橋下にも見えながら、四年間の橋下府政にやんわり疑問を呈した『橋下徹　改革者か壊し屋か』（吉富有治／中公新書ラクレ）。

なかでも特に激烈なのは『「仮面の騎士」橋下徹』である。プロローグの書き出しは〈いよいよ独裁者が、その正体を現しました〉。それもそのはず。著者の「大阪の地方自治を考える会」は、二〇〇九年の市長選で維新の会の候補に敗れた木原敬介（前・堺市長）、二〇一一年の市長選で同じく維新の会に敗れた阪口善雄（前・吹田市長）ら、橋下府政と直接対決してきた面々である。

橋下前知事（現在は大阪市長だが、現時点で検証できるのは四年間の大阪府政なので、あえてこう呼ぶ）の何が問題なのか。批判本から浮かび上がるのは主として次の二点である。

第一の焦点は、やはり「手法」だ。ファシズム（ハシズム）、ポピュリズム、ワンフレーズポリティクス、独裁、強権、朝令暮改。橋下式の手法は、さまざまな言葉で批判されてきた。「独裁」という決めつけも、単なるレッテル貼りとはいいきれず、橋下前知事自身が口にした「今の日本の政治で、いちばん重要なのは独裁。独裁と言われるくらいの強い力だ」という言葉に由来する。府知事就任直後の挨拶で「あなたがたは破産会社の従業員です」と述べたのは有名な話。強圧的な「橋下語録」は枚挙にいとまがない。

部下であるはずの府職員を「敵」と見定め、自身に反対する人々は「抵抗勢力」と決めつけて、徹底抗戦のポーズを取る。同じ手法が、親橋下派にとっては勧善懲悪、救世主、強いリーダーシップと映るわけだが、具体的な影響をひとつだけあげれば、橋下府政になってから府職員の自殺者が増加していることだろう。『仮面の騎士』によれば、二〇一一年三月の時点で一年間余に七人。自殺した参事の「仕事上の課題・宿題が増え続け、少しも解決しません。頑張っても頑張っても出口が見えない。もう限界です。疲れました」という遺書からも、府職員の惨状がうかがえよう。

第二の焦点は、将来を見据えた、いいかえれば府民の直近の生活とは関係のない「構想」である。老朽化した府庁舎の咲洲庁舎（旧WTC＝大阪ワールドトレードセンタービルディング）への移転問題。カジノの誘致。前知事の最大の目玉商品「大阪都構想」。いずれも橋下府政になって急浮上した案件である。府庁舎移転に関しては、大震災後、旧WTCに防災対策上の重大な欠陥があることがわかって頓挫した（が、そのときにはすでに府の財産として取得され、二〇〇〇人が新庁舎に移転していた）というお粗末なオチまでついている。

「大阪都構想」はさらに空疎だ。彼が都構想にこだわるのは、大阪府と大阪市の二重行政による無駄をなくし、経済を活性化させるためだというが、『仮面の騎士』は、都構想は府民に何も利益をもたらさないばかりか、この騒動で大阪府政は一〇年以上は停滞するといいきっている。

〈強引な〉手法と〈派手な〉構想。メディアが飛びつくのは当然だろう。しかし「手法」と「構想」の話ばかりが先行し、肝心の府政に関する四年間の実績があまり話題にならないのは、実績で評価されるべき自治体の長としては異常なことだ。『改革者か壊し屋か』や『仮面の騎士』によれば、知事選時の公約も多くは無視され、府政に関する問題も山積みらしい。

前知事が「一一年ぶりに黒字に転じた」と胸を張る財政再建には数字上のトリックがあり、じつは「見せかけの黒字」であるうえに、歳出カットは以前から進められており、〈橋下知事でなく太田前知事のままでも大阪府の「赤字脱却宣言」はなし得たということです〉（『改革者か壊し屋か』）。人件費の大幅カットの結果、府の職員と教員の給与は全国四六位となり、就職希望者は激減。私立も含めた高校授業料の無償化に踏み切る一方、学力によって学校ごとの配分金に差をつけるなどとブチ上げた結果、入学希望者は私学に流れて四十数校の府立高校で定員割れ（『仮面の騎士』）。「民間ではあり得ない」は橋下前知事の口癖だが、民間の経営者としても、優れている感じはあまりしないのである。

「実績」のすべてはイベント

以上のような橋下府政を概観すると、「細かいことはどうでもいいから、もっとドーンとデカいことをやろうぜ」、それが橋下の希望のようだ。『体制維新——大阪都』は橋下前知事自身が大阪都構想について語った本だが、そこでも橋下は明言している。

〈僕は知事になったとき、現行の体制を変えることが使命だと考えました。それが政治家にとって、一番大事な役割と考えたのです。政策は専門家でもつくれる、むしろそのほうがいい政策が出てきます。行政を進めるのは役人。しかし、国であろうと地方であろうと、政治行政の仕組みすなわち体制、システムを変えるのは政治家にしかできません。／体制の変更とは、既得権益を剝がしていくことです。いまの権力構造を変えて、権力の再配置をする。これはもう戦争です〉。

こういうのはさ、自治体の長が考えることではないわな。クーデターっていうのだよね、ふつうは。にしても、自分たちの利益に反するこのような人物を、なぜ人々は支持するのか。

理由はカール・マルクス『ルイ・ボナパルトのブリュメール18日』に書かれていた。「ナポレオンの甥」であることだけを売りに、労働者や農民の熱狂的な支持を得て大統領になったルイ・ボナパルト。三年後、彼がクーデターで議会を解散し、新しい憲法を制定し、国民投票を経て帝政を復活させるに至ったのは、そもそもは共和制下での普通選挙によってであった。

民主的な手段によって専制君主が生まれたのは、一九世紀中盤のフランスだけではない。この本の解説で、柄谷行人は戦前の日本におけるファシズムも、ナチズムも、同様の図式、すなわちボナパルティズムだと述べている。一九三〇年代の日本でも普通選挙後にファシズムは台頭した。制限選挙では各階級の代表が選ばれる。が、普通選挙では〈「代表するもの」と「代表されるもの」には必然的な関係はありえない〉。つまり人気投票化しちゃうのだ。

「ナポレオンの甥」以外の武器を持たないボナパルトはあらゆる者を代表しなければ人心を掌握できないが、それは不可能なので、万民を相手にしたイメージ戦略に訴える。〈ボナパルトはメディアによって形成されるイメージが現実を形成することを意識的に実践した最初の政治家だといってもよい〉と柄谷は述べ、さらに付け加える。〈ボナパルトの実際のクーデタさえも、軍事的であるよりも、そのような〝イベント〟としてなされたといってよい〉。

ボナパルティズムが出現したのは、深刻な不況の時代だった。既成政治に対する不信が募り、戦争の危機も迫っていた。リーマンショック後の深刻な不況と、政権交代後の民主党に対する失望と、大震災後の社会不安が重なった現在の日本とも著しく合致する。橋下政治の台頭も一種のボナパルティズムだとすれば、問題は「個人の資質」ではなく、歴史の反復といえよう。

大阪都構想は「国際間の都市競争」に大阪が勝つための策だという。競争に勝ち、企業誘致や観光で利潤を上げ、しかるのちに市民サービスを向上させるのだそうだ。大阪府民、大阪市民は、その日が来るまで、ノホホンと待つ気でいるのか。自治体は民間企業じゃないのである。いいかげんに目を覚まさないと、大阪は日本中に恨まれることになるだろう。

(2012.04)

『「仮面の騎士」橋下徹——独裁支配の野望と罠』大阪の地方自治を考える会、講談社、二〇一一年
「大阪維新の会　独裁への危険な本質」「変遷から白紙撤回へ『大阪都構想』の真の狙い」「橋下知事の『大阪府政・四年間』を斬る！」など。橋下を知り尽くした面々が執筆者のため恨み骨髄だが府政の内実は俯瞰できる。広域自治体の長は「政治家」ではなく「行政家」であるべきとの指摘は重い。

『体制維新——大阪都』橋下徹＋堺屋太一、文春新書、二〇一一年　「なぜ『大阪都』が必要か」「改革と権力闘争」「『独裁』マネジメントの実相」など、橋下自ら政治ビジョンを語った書。都構想もさることながら、彼が実績を誇示するのは御堂筋の歩行者天国イベント、御堂筋イルミネーション、水都大阪ライトアップ、都会のど真ん中の砂浜、大阪マラソン……。イベントばかりなのが笑わせる。

『ルイ・ボナパルトのブリュメール18日［初版］』カール・マルクス＋柄谷行人付論／植村邦彦訳、平凡社ライブラリー、二〇〇八年　原著は一八五二年刊。国民投票で皇帝となったルイ・ボナパルト時代の政治をマルクスが同時進行で追う。〈中庸でグロテスクな一人物が主人公の役を演じることを可能にする事情と境遇を、フランスの階級闘争がいかにして創出したか〉を証明した書。

世界史本が売れている理由は何?

世界史ブーム、だそうである。ちょっと広告くさいけど、たとえば新聞のこんな記事。〈上下巻で30万部を突破したのは、カナダの歴史家、W・H・マクニールの「世界史」（中公文庫）。原書は1967年発行で、2008年に文庫化された。「世界で40年以上読み継がれている名著」というキャッチコピーで東大の大学生協で人気に火がつき、一般書店にも広がって、この1年で急速に売り上げを伸ばした。／5大陸で異なる発展を遂げた人類史を描いた「銃・病原菌・鉄」（草思社）も2月の文庫発売から上下巻で25万部。いずれも購買層は30〜50歳代で、文庫で読める手軽さがブームに拍車をかけている〉（読売新聞二〇一二年三月一七日夕刊）。

そういえば、高校の教科書をベースにした『もういちど読む山川世界史』もよく売れているらしい。が、右の記事も〈購入の中心層は中高年で、今になって世界史の本を手にするのは、流行の「学び直し」に目覚めたのか。それとも日々変わる世界の政治情勢に対する関心からか——〉と書くだけで、「なぜいま世界史なのか」という疑問には答えていない。

『世界史』も『銃・病原菌・鉄』も上下二巻の大著である。文庫だから手軽、ともいえないけどな。まあいいや。ともあれ話題の『世界史』を読んでみた。

大ヒット「世界史本」二冊の対決

一見よくある世界史の概説書に見えるけど、マクニールの『世界史』は、世界史を国際的な交流の歴史としてとらえようとしている点に特徴がある。西欧文明と新大陸の先住民との衝突、東西文化の出会い、地域間格差への目配り……。ただし、ヨーロッパ中心の記述なのはいかんともしがたく、すべてが急ぎ足なため、ぶつ切りの感は否めない。一方の『銃・病原菌・鉄』は、同じく地域間格差に注目しながらも、『世界史』とは記述の仕方が大きく異なる。

どこがどうちがうのか、二冊を読み比べてみよう。

たとえば食糧生産について。狩猟採集から農耕や牧畜に移行したことによって、その後の人類は大きな発展をとげた。――世界史のどんな本にも出てくる、人類最初のエポックである。

『世界史』のその部分はこんなふうにまとめられている。

〈原始の狩猟民の集団が、南アメリカの南端にあるティエラ・デル・フェーゴ島に到達したばかりのころ、中東一帯で新しい人間生活のスタイルが確立した。メソポタミアの北および東の丘陵地帯に位置した少数の人間社会が、植物を栽培し、家畜を飼育して自分たちの自然環境を作り変えはじめたのは、おそらく紀元前八五〇〇年ないし七〇〇〇年のことであったろう。小麦と大麦が最も大切な穀物であり、羊と山羊が最も数的に多い家畜だった〉。

南米と中東の発展段階の差がさりげなく織り込まれている点に注目したい。

ちなみに『山川世界史』ではこう書かれている。

〈最初の農耕・牧畜生活は、西アジアからはじまった。地中海東岸から北イラク・イラン西部にかけての地域には、野生の麦類や、家畜として飼うのに適した野生のヤギ・羊・豚などが存在した。そのため西アジアの人びとは、この有利な条件を利用して、前9000年ころから他にさきがけて、麦の栽培と食肉用の家畜の飼育をはじめるようになった〉。

いかにも教科書的だよね。しかし、よく考えると、なぜ他の時代ではなく紀元前八五〇〇年頃だったのか、なぜ他の地域ではなく西アジアだったのか、なぜ他の植物ではなく大麦や小麦だったのか、なぜ他の動物ではなく羊や山羊だったのか、といった根本的な疑問を、マクニールも日本の教科書もそれ以上は追究しようとしないのだ。

『銃・病原菌・鉄』がページを費やすのは、こうした「根本的な謎」についてである。「食料生産にまつわる謎」と題された第2部以下、じつに上巻の三分の二がこの話に当てられている。

メソポタミアの肥沃地帯で紀元前八五〇〇年頃に食料の生産がはじまった理由として、ダイアモンドはまず、この時期に気候の変動などなんらかの理由で獲物となる大型哺乳類が激減したこと、またそれと同時期に栽培可能な野生植物が増えたことをあげている。いうならば偶然の産物である。なぜ西アジアだったかについても、地理的、生態的な要因が大きい。この地域が植物の栽培に適した地中海気候に属していたこと、農作物に適した野生種が豊富に分布していたこと。この地域にはまた家畜化に適した哺乳類も多数分布しており、食糧生産に適した条件が整っていた。

以上のことからいえるのは、『世界史』が歴史的な事実だけを記しているのに対し、『銃・病原菌・鉄』はそこに至るまでのプロセスを徹底して洗い出そうとしていることである。二〇歳年上のマクニールに対し、ダイアモンドはまるで挑戦状を叩き付けているかのようだ。

歴史を動かしたのは地理と生態

別の箇所を読んでみよう。時代は大きく飛んで大航海時代。多くの概説書が「近代の幕開け」と規定している時代である。『世界史』では下巻のトップが「西欧の優勢」と題されたこのトピックだ。

〈アメリカ大陸においては、スペインの征服者のメキシコ到達（一五一九－二一年）およびペルー征服（一五三一－三五年）が、アメリカの住民の諸文化に、急激なそして取りかえしのつかない災害をもたらした。アステカおよびインカ政府の完全な崩壊は、新しい陸上帝国の建設に道を開いた。（略）アメリカの原住民たちは、驚くべき従順さをもってスペイン人の指導に屈した〉。

要は「進んだヨーロッパ」が「遅れたアメリカ」を征服したという話である。

ついでに『山川世界史』も覗いてみると……。

〈スペイン王室が探検に続いておくりこんだ「征服者たち」（コンキスタドレス）は、先住民の知らない火砲や馬をもった少数精鋭の軍隊で、たちまちこれらインディオの諸国家をほろぼした。コルテスが１５２１年にアステカを破ってメキシコを征服すると、つづいて33年、ピサロがインカ帝国をほろぼし、今日のペルー・ボリビア地域一帯を獲得したのである〉。

固有名詞や年号中心の記述であるあたり、より教科書的だが、マクニールの書き方と大差はない。しかし、ではなぜスペインはインカに勝利したのか。ひいてはなぜヨーロッパは南北アメリカより「進んで」いたのか。

スペインの勝因として、ダイアモンドがあげるのは、鉄（武器や防具の原料）、馬（機動力の源）、そして病原菌（！）である。当時の南北アメリカはスペイン人が持ち込んだ天然痘が大流行。インカ帝国でも天然痘で王位継承者が死亡するなどし、王位争いから内戦に発展していた。つまり〈もし天然痘の大流行がなかったらインカ帝国の分裂は起こらず、スペイン側は一致団結したインカ軍を相手にしなければならなかったのである〉。

これだけでも「そうだったんだ！」だけれども、話はここでは終わらず、彼はヨーロッパには存在した鉄と馬と病原菌に対する免疫が、なぜ南北アメリカには存在しなかったかを再び先史時代に遡ってひもとき、すべては地理的、生態的な差異に起因するのだと結論づける。

栽培に適した植物や家畜化しやすい大型哺乳類に恵まれたユーラシアに対し、南北アメリカには栽培や家畜に適した野生動植物の種類が限られていたこと。東西に横長のユーラシアは、緯度や生態系の差がさほど大きくなく、技術や文化の伝搬が容易であったのに対し、南北方向に縦長で、しかも途中でぎゅっとくびれている南北アメリカ大陸は、砂漠やジャングルによって地理的に分断されていたこともあり、食料生産や技術の伝播にハンディがあったこと。病原菌をめぐる状況のちがいも、食料生産のちがいから説明がつく。いち早く動物を家畜化したユーラシアの人々は免疫を養うことができたが、南北アメリカにはそれがなかったのだと。

マクニールとダイアモンドの間にどんな関係があるのかはわからない。しかし、訳者のあとがきによれば、マクニールは〈現代アメリカでもっとも尊敬されている歴史学界の長老のひとり〉である。後発のダイアモンドが意識していなかったわけはないだろう。

勝手な想像をめぐらせると、七八年に出版された『世界史』の第三版を読んだダイアモンドは、〈事実として言えるのは、アメリカ大陸住民の所有していた文化や技術・技能の水準が、旧大陸で達成された線には決して追いつかなかったということである〉ってな記述を読み、「なんだこの鼻高々なヨーロッパ中心主義はよお」と思った。そこで〈ユーラシア大陸と南北アメリカ大陸は、食料生産の面で大きく異なっていた。両大陸の社会のちがいは、この差が究極の要因となって出現したものである〉と先史時代に遡って大々的に主張する『銃・病原菌・鉄』を執筆するに至った。

一方、『銃・病原菌・鉄』の出版当時、第四版を準備中だったマクニールは「人類の交流史に着目したのはワシのほうが先じゃ」とばかり、最新版では、ダイアモンドが無視した二〇世紀以後にたっぷりページを割いた。見てきたわけじゃないので、わかりませんけどね。

思えば八〇年代以降、先住民の立場から歴史を問い直すなど、世界の歴史認識は大きく変わったのである。そのもっともラジカルな解釈の例が『銃・病原菌・鉄』だとすれば、『世界史』は新しい正典たろうとしつつも、いまいち西欧中心主義から抜けきれていない本。『山川世界史』は、これらのオコボレを頂戴した本、かな。『銃・病原菌・鉄』や『世界史』の第四版が出版された九〇年代は、ベルリンの壁崩壊（一九八九年）からソ連の解体（一九九一年）へと至る経緯を目撃し、世界中がポスト冷戦という「歴史の転換」を意識した時代だった。ひるがえって今日の日本。震災と福島第一原発の事故後、識者はこぞって「歴史の転換」をいい立てている。だから世界史本ブーム？ んなわけないか。んなわけないいね。

(2012.05)

『世界史』上下、W・H・マクニール／増田義郎＋佐々木昭夫訳、中公文庫、二〇〇八年　原著初版は一九六七年刊。本書は七八年の第三版以来二〇年ぶりの改訂第四版（九八年刊）。「ユーラシア大文明の誕生とその成立」「諸文明間の平衡状態」「西欧の優勢」「地球規模でのコスモポリタニズムのはじまり」の四部仕立てで世界史を俯瞰する。地域間交流に重きをおいた史観はダイナミック。

『銃・病原菌・鉄――一万三〇〇〇年にわたる人類史の謎』上下、J・ダイアモンド／倉骨彰訳、草思社文庫、二〇一二年　原著は一九九六年刊。分子生物学、病理学、文化人類学、言語学などの知見を動員して人類史の謎に迫った本。地球上の地域間格差はなぜ生まれたかを中心にスリリングな論理を展開。書名は旧世界が新世界を植民地化するに至った理由に由来する。ピュリッツァー賞受賞作。

『もういちど読む山川世界史』五味文彦＋鳥海靖編、山川出版社、二〇〇九年　かつての高校の教科書『世界の歴史（改訂版）』を一般読者向けに作り直した通史。元版が何年版かは不明。「社会主義圏の崩壊」「深刻化する中東問題」など二〇世紀末までを収め、半分以上が近現代で古代と中世はかなり駆け足。『詳説世界史B』で学んだ世代がノスタルジーを求めて手に取ると落胆するかも。

「創作」と「盗作」の狭間で

あらゆる作品は資料なしには成立しない。論文はもちろん、評論、ノンフィクション、評伝、小説……いずれも同じだ。しかし、たとえば「資料」が限定的で、完成した作品が「資料」と酷似していた場合、オリジナリティの問題はどうなるのだろう。

この問題をいまさらながらにあぶり出したのが、猪瀬直樹『ピカレスク　太宰治伝』（小学館、二〇〇〇年）だった（注・この時期の猪瀬はまだ都知事ではなかった）。

太宰治『斜陽』が彼のファン太田静子の日記を下敷きに書かれたのは有名な話である。しかし、太宰と静子は『斜陽』執筆中に親密な関係となり、静子の妊娠で『斜陽』自体も影響を受ける結果となった。ならば太宰の師匠筋にあたる井伏鱒二『黒い雨』はどうか、と猪瀬は問う。

広島の原爆に取材した『黒い雨』は井伏鱒二の代表作であり、いまも日本文学の最高傑作のひとつとされている。だが『黒い雨』にも種本となったノートがあった。井伏の郷里（広島県福山市）に近い町に住む、被爆者の重松静馬が残した日記である。

『黒い雨』が一九六六年の野間文芸賞を受賞した際、「受賞のことば」で〈ルポルタージュのようなものだから純粋な小説とは云われない〉と書いた井伏が、日記その他の資料を具体的に明かしたのは後年の自選全集においてだった。井伏には、口には出せぬ屈託があったのだろう、その際にも〈この作品は小説ではなくドキュメントである〉と記している。実際、『黒い雨』の三分の二はこの日記ほかの資料に依拠していると猪瀬は述べ、両者の記述を比較したうえで断じるのだ。〈こういうやり方を、一般的にはリライトと呼ぶのが正しい〉。

井伏が資料の存在を公表した後も〈井伏独特の謙遜、あるいは韜晦と受け取られ〉、大きな問題には発展しなかった。『黒い雨』の元になった日記は後に『重松日記』（筑摩書房、二〇〇一年）の書名で出版されて比較が可能になった。半世紀近く前は著作権への意識が低かったのだ。

しかし、似たような現象が現在も起きているとしたらどうだろう。

石原慎太郎『再生』と〝参考文献〟

石原慎太郎『再生』の初出は「文学界」二〇一〇年三月号。この作品は巻末に断り書きがついている。〈本稿は福島智氏の学位論文「福島智における視覚・聴覚の喪失と『指点字』を用いたコミュニケーション再構築の過程に関する研究」から多くの部分を脚色引用し、光成沢美氏の著書『指先で紡ぐ愛』、ならびに生井久美子氏の『ゆびさきの宇宙』を参考にさせていただきました〉。

『再生』の初出当時、朝日新聞の文芸時評を担当していた私は、「脚色引用」という表現になんとなくひっかかった。それで資料にあげられた三冊を読んでみたのである（福島論文は福島氏ご本人のご好意に甘えて貸していただいた）。福島論文は後に『盲ろう者として生きて――指点字によるコミュニケーションの復活と再生』（明石書店、二〇一一年）の表題で単行本化されている。

福島智は一九六二年生まれ。九歳で失明し、一八歳で失聴して全盲ろう者となった。『盲ろう者として生きて』（「福島智における～」）は、東大先端科学技術研究センターで障害学やバリアフリー論を講じる福島の学位論文。視聴覚を失った彼が指点字という方法でコミュニケーションを回復するまでの過程が、自身や母の日記、関係者へのインタビュー、恩師との対話の記録などを介して記されている。そして『再生』はこの論文を下敷きに書かれた小説である。そう、両者の関係は『重松日記』と『黒い雨』の関係に酷似しているのだ。

では中身はどうか。任意の箇所を比較してみよう。視聴覚を失った一八歳の「私」が盲人バレーの試合に出かけ、孤独の中で「もう帰ろう」と思っていた、その次のシーンである。

〈「暇そうだね」その時、後ろから肩越しに手が伸びてきて、クラスメートの一人が指点字で話しかけてきた。私の内部が、ぱっと明るくなった。私の世界に〝窓〟が開いたのだ。窓の向こうに、この現実世界が広がっていた。／「うん、まあ、眠くてね、昼寝してたんだよ」いつもの軽口を叩きながら、私は彼女のひとことが涙が出るほど嬉しかった〉。

右は『盲ろう者として生きて』の中に引用された一節で、もともとは福島自身が一二年前の出来事を振り返って一九九三年発行の雑誌に書いた手記である。そして左が『再生』の中の一節。

〈その時誰かの手が伸びてきて私の肩に触れ、相手が指点字で、／「暇そうだな」／と話しかけてきました。／その瞬間、真っ暗だった私の部屋に突然窓が開いて明りがさしこんだような気がしました。とじこめられていた壺の蓋が開いたのです。／「ん、まあ眠くってな、昼寝してたんだ」／軽口で答えながら私はものすごく嬉しかった〉。

指点字で話しかけてくる相手が小説では女子から男子に変わっているが、それ以外は、シーンも会話もほとんど同じ。というか『再生』に登場する逸話の八割方は福島の論文に依拠しており、成人後の逸話はやはり参考文献にあげられた別の二冊のノンフィクションから採られている。日記や対話を引用しながら論文の形にまとめられた『盲ろう者として生きて』を『再生』は一人称の告白体で再構成しただけ、といってもいいほどなのだ。

いや、再構成した「だけ」ではないな。再構成の過程で矮小化し、通俗化させた、というのがより正しい。福島の論文にはなくて『再生』で「創作」されたエピソード、それは少年時代に感じた性衝動や、大学進学後の性体験の話である。盲ろうの青年にコミュニケーションの扉を開かせた女性との関係を〈あの時私は生まれて初めて一人の男として女性の乳房に触れ、それを握りしめ愛玩しました〉なんていう安っぽいレベルに落とし込んでしまう『再生』のやり方は「再構成」という方法以上にタチが悪い気もするが、突っこみだすとキリがないのでここでやめる。

じつはもう一冊、資料と創作という観点から見ておきたい作品が存在するのだ。

青木淳悟『私のいない高校』と〝原書〟

青木淳悟『私のいない高校』の初出は「群像」二〇一一年二月号である。この作品にも断り書きがある。〈この作品は『アンネの日記　海外留学生受け入れ日誌』（大原敏行著　東京新聞出版局／一九九九年）の内容に多くを負っています。同書を一部参照しつつ、全体をフィクションとして改変・創作したものです——著者〉。

初出誌で『私のいない高校』を読んだ私は『再生』のときと同様、参考資料とされる『アンネの日記』を読んでみた（この本は自費出版のため入手困難で、著者である大原氏ご自身の手をわずらわせることになった）。平凡な高校生活を描いた『私のいない高校』には独特のシュールな雰囲気が漂っている。ゆえに資料に当たれば創作の秘密の一端が見えるかも、と思ったのだ。

ところが読み比べてみると、予想以上に類似した部分が多い。

『アンネの日記』はブラジルから来た留学生アンネのようすを中心に、彼女を迎えた女子高校の日々を当時の担任教師が書き留めた教務日誌。『私のいない高校』はカナダから来た留学生ナタリーを迎えた女子高校を描いた作品である。『アンネの日記』の舞台は一九九七年、後者は九九年という設定だが、留学生の母語がポルトガル語である点など、設定や逸話はほぼ同じ。一部を比較してみよう。以下は修学旅行の際の平戸（長崎県）での場面である。

〈平戸城、オランダ橋、カトリック教会などを紹介しておいたが、三十人ほどの生徒としか会わなかった。そのうち二十人ほどがコンビニに入ったり、レコード屋に入ったり、市役所のイスで休む者であった。／二年前にきた時は（略）生徒を送り出してからタクシーで平戸城に向かうと（略）どこへ行っても生徒に会ったが、今回はそれを感じられなかった〉（『アンネの日記』）。

〈平戸城─オランダ橋─ザビエル記念教会と市内の主要な見学地を巡回するにつけ、出会う生徒が少な過ぎるのではないかとする他二人の訴えに担任も同意せざるを得なくなった。（略）タクシーで見回る間に消息の知れた生徒はせいぜい二、三割に過ぎず、しかもそのうちの多くは市の中心街をうろついているところを、あるいは担任が資料を探しに訪れた市役所のロビーでソファーに座ってくつろぐところを目撃されていた〉（『私のいない高校』）。

内容もだが、注意すべきは文体である。『私のいない高校』は、表題通り「私のいない文章」が特異なスタイルとして評価された。だが、それをいうなら『アンネの日記』も「私のいない文章」で書かれている。修学旅行のルートを変更する、ある場面は膨らませ、ある場面は削るなどの改変は行われているが、それでも類似は否めない。この文体は「教務日誌」という資料の形式が生んだスタイルじゃないのか。大目に見ても、青木の功績は文体の「発明」ではなく文体の「発見」だろう。

しかし『私のいない高校』は絶賛され、二〇一二年の三島由紀夫賞を受賞した。この結果にいちばん戸惑ったのは作家本人だったかも。受賞記念エッセイで〈本作品については、原書（こう呼ばせてもらおう）たる教務日誌『アンネの日記　海外留学生受け入れ日誌』の読解を通して、それとの対話から創作されたものだといわなければならない〉(「新潮」二〇一二年七月号)と青木は書く。井伏鱒二の言葉と同様の屈託を感じるのは深読みのしすぎだろうか。

「盗作」という言葉を、私はここまで極力、使わないできた。事実、『黒い雨』とちがい、『再生』も『私のいない高校』も資料が明記され、またそれぞれの著者とも友好的な関係にある以上、盗作騒ぎに発展することはないだろう。しかし、少なくとも三島賞の選考委員は資料に目を通しておくべきだった。青木淳悟は二〇〇三年のデビュー当時から「小説らしい文体」を拒否し、際立った個性を発揮する前衛的な若手作家として注目されてきた。であればこそ、作家のためにも賞のためにも、オリジナリティの点で疑問が残るこの作品の受賞を、私は素直に喜べないのだ。

(2012.07)

『黒い雨』井伏鱒二、新潮文庫、一九六六年　姪の矢須子は八月六日に広島市内にいたため原爆症の噂が立ったが、五年経っても健康だ。縁談相手を納得させるため主人公は自分と姪の当時の日記の清書を始める……。〈被爆という世紀の体験を日常性の中に文学として定着させた記念碑的名作〉(文庫カバー)だが、実在の日記に相当部分を依拠。表題も連載時は「姪の結婚」だったいわくつきの名作。

『再生』石原慎太郎、文藝春秋、二〇一〇年　〈目が見えず、耳も聴こえない／おしよせる孤独と絶望、あるいは自殺――。実話に基づいた、感動の再生のものがたり!〉(帯)。五〇〇頁超の福島智の論文からエッセンスを集め一五〇頁に圧縮した実録小説。女性への意識や障害者としての絶望など、創作部分に思い込みに基づく差別意識が垣間見える。奇跡を感じさせる元の論文のほうが感動的。

『私のいない高校』青木淳悟、講談社、二〇一一年　特異な文体で女子高校の日常を描き、〈〝物語〟の概念を覆す、本邦初「主人公のいない」青春小説!〉(帯)として三島賞を受賞。〈教師の網羅的に全てを見渡す眼差しと、それをただぼんやりとなぞる留学生の眼差しという二重視点は、画期的な発明〉(平野啓一郎)と評価されたが、実在の高校の教務日誌を元にしている点は無視された。

あの日の官邸は「無能」じゃなかった

東日本大震災、および東京電力福島第一原発の事故から一年半が経過した。七月末には、民間、国会、政府による事故報告書も出揃って、事故直後の様相も明らかになりつつある。報道で知る限り、事故直後の関係者に対する評価はいずれも厳しい。

「事故は自然災害ではなく明らかに人災だった。政府、規制当局、東電には人々の命と社会を守るという責任感が欠如していた」と述べた国会事故調（黒川清委員長）。「菅前首相ら政府首脳による現場への介入が、無用の混乱と危険の拡大を招いた可能性がある」と指摘した民間事故調（独立検証委員会・北澤宏一委員長）。「事故が深刻化した背景には、東電の初動対応に不手際があり、政府の避難指示や情報発信などで被災者の立場を踏まえていなかった」とする政府事故調（畑村洋太郎委員長）。

要するに、政府も関係当局も東電もみんなダメだった、という話である。「そりゃそうでしょよ」と私たちは考える。だってひどい対応だったじゃないの、あのときは、と。

だが、ちょっと待て。あれだけの事故を考えるのに「みんなダメだった」という感想で終わりではあまりにも雑だ。たとえば事故直後の官邸内では何が起こっていたのか。当時の菅直人首相や枝野幸男官房長官は何を考え、関係者はどう動いたのか。危機管理上、ここは重要なポイントである。

これについては、すでに大鹿靖明『メルトダウン――ドキュメント福島第一原発事故』（講談社、二〇一二年)、田坂広志『官邸から見た原発事故の真実――これから始まる真の危機』(光文社新書、二〇一二年)などでも一端が明かされているが、ここへ来て官邸内部からの証言ともいうべき本が数冊続けて出版された。今回はそれらを読んでみよう。

緊迫する官邸、使えない官僚&専門家

まず、木村英昭『官邸の一〇〇時間』。三月一一日から一五日までの間に、福島第一原発をめぐって官邸ではどんなやりとりがあったのかを、関係者の証言や彼らのノートからジャーナリストが克明に再現した、これは迫真のドキュメンタリーである。本書を読んだ人は、リーダーとしての資質まで論難された菅直人と官邸チームに、報道されていたのとはいささかちがったイメージを持つはずだ。逆に「そこまで使えなかったのかい」と感じさせるのは、原子力・安全保安院(官僚組織)、原子力安全委員会(専門家集団)、そして東京電力本店である。

もちろんそれは、あくまで「官邸の中枢部」から見た風景であって、保安院には保安院の、東電には東電の言い分があるだろう。しかし「緊迫する官邸と使えない官僚&専門家」という印象はもう一冊の本を読んでも変わらないのだ。福山哲郎『原発危機　官邸からの証言』。こちらは菅内閣の官房副長官として事故直後の一部始終を体験した、官邸内の当事者による著書である。

具体的に見てみよう。三月一一日からの数日間にはいくつもの重大な局面があった。冷却に必要な電源車の手配、格納容器の圧力上昇にともなう一号機のベント、避難区域の設定、首相の現地視察、一号機の水素爆発、同機への海水注入、計画停電……。その間、私たちはヤキモキしながらニュースを見守っていたわけだが、たとえば一一日午後一一時、「電源車は福島第一原発に届いたがケーブルの長さが足りない」という事態をめぐって官邸はぶち切れていた。

下村健一内閣審議官（肩書きはいずれも当時）の証言を引きながら、『官邸の一〇〇時間』はこのように書く。

〈「どうすればいい？」／菅は保安院、安全委員会、東電の専門家に尋ねた。／誰も菅に目を合わせず、黙っていた。／堪りかねた下村が声を発した。／「発電機が着いたらそれをつながなきゃいけないことぐらい先に言って下さいよ。（略）あなたたち専門家なんですから。何が必要か、確認を部下に取るとか、そういうことを頼むからやって下さいよ」／専門家は沈黙を守った〉。

質問しても答えない。指示しても動かない。必要な情報は上がってこない。「情報を共有したい」といえば「官邸の指示待ち」と曲解して流れが止まる。一事が万事、この調子。

官邸の過剰な介入で中断したと非難を浴びた一号機のベントや海水注入の遅れについても、事実は報道と多少異なるようで、詳細は省くが、ベントも海水注入も「早くやれ」といい続けたのは官邸だった。東電と外部スタッフに対する不信感を募らせた菅は、ついに「セカンドオピニオン」と称して、母校・東工大の人脈を頼りに信頼できそうな学者を官邸に呼び寄せるにいたる。『原発危機』の帯から引用すれば、〈官邸の「過剰な介入」がなければ日本は崩壊していた！〉かもしれない。

一一日から一五日までの「初動」の段階を見る限り、官邸の内部は完全に「メルトダウン」していた。あの数日間、政府・保安院・東電の会見を私たちは何度見たかしれないが、まさか裏で三者の連携がとれておらず、それぞれが勝手な情報を出していたとだれが想像しただろう。東電の会見で政府がはじめて計画停電について知ったとか、ＳＰＥＥＤＩの存在を文科省が官邸に伝えなかった（米軍には求めに応じてデータを送っていたのに）とか、呆然とする話は枚挙にいとまがない。

最大のピンチは、一五日未明の出来事だった。前日、東電の清水正孝社長は政府中枢部の何人かに電話をし続けていた。訴えの内容は「現場から撤退したい」。撤退とはすなわち責任放棄、敵前逃亡。

コントロールできなくなった原発が放置されることを意味する。

現場の人的被害が出ることを恐れた官邸内の全員が「撤退もやむなしか」のムードに傾きかけていたとき、「撤退なんてあり得ないだろう」といいきったのが菅だった。

〈撤退なんかしたらどうするんだ。1号機、2号機、3号機が全部やられるぞ。燃料プールまであるぞ。あれを放っておいたらどうなる。そんなことをしたら福島、東北だけじゃない。東日本全体がおかしくなるぞ。厳しいが、やってもらわざるを得ない〉（『原発危機』）。

それを聞いて〈みんな我に返ったように総理の判断にうなずいた〉と福山は書く。〈菅内閣への評価はいろいろあり得るが、あの瞬間はあの人が総理でよかった〉とは枝野幸男の弁（同前）。細野豪志も『証言』という本で〈個人を犠牲にしてでも国家を守らなければならないという判断を、総理は瞬時に下した〉ことを指して、〈私は菅総理の英断だったと考えています〉と語っている。

この後、菅は清水社長を呼びつけ、東電社員に檄を飛ばすべく官邸のメンバー全員で東電本店に乗り込むのだが、まあそのへんのヒーロードラマめいた展開は省略しよう。

こんな国では原発は無理

あまりに官邸寄りの見方だ、政治家の証言など信用できるか、という意見もあろう。たしかにその通りかもしれない。ただ、取材者や当事者による「身びいき」の部分を割り引いたとしても、これらの本は出版する価値があった。個人の「資質」に混乱の原因を求めても、今後への教訓は引き出せないからである。

ではこの件から学べる教訓とは何だろうか。

第一に、この国の官僚機構と電力会社は、あれほどの危機に直面してもこの程度なのだ、という事実の「重さ」である。タテ割り行政の弊害、官僚の無能さ、専門領域にとじこもる科学者の無責任ぶりは想像以上だが、それはおそらく保安院や安全委員会に限らない。電力会社の場合は、官僚的な体質に加えて金銭(コスト)がからむ分、さらにタチが悪い。

である以上、だれが首相でも事態は同じか、あるいはもっと悪くなっていただろう。これまで私は何度も政治家の著書を取り上げてきたが、それらの中で、政治家という政治家が硬直化した官僚組織の体質を嘆いていたことを思い出す。平時はまだしも有事において、それは文字通り国家存亡の危機にかかわる。しかし、それが日本の官僚機構と電力会社の現実なのだ。

第二に、有事における情報の出し方の問題である。「健康にただちに影響が出ることはない」と繰り返した枝野官房長官の会見は政府への不信を募らせる結果となったが、それが「故意の隠蔽」だったら逆に話は簡単なのだ。菅と枝野は菅の厚生大臣時代にタッグを組んで、薬害エイズ事件を明るみに出した間柄である。情報の重要性を彼らは(他の政治家よりは)熟知していたはずである。それでも混乱の中で、正確な情報だけを提示しようとした結果は、あれだった。他の内閣だったら、はたしてもっと迅速かつ的確に必要な情報を出せただろうか。はなはだ疑問だ。

第三に、ジャーナリズムの問題である。新聞やテレビもまた「大本営発表」と批判されたように、必要な情報を迅速かつ的確に出せなかった点においては政府と同罪だった。保安院や東電の会見は見る人をイライラさせたが、同時に感じたのは「専門的な知識のある記者はいないのか」ということだった。〈専門用語の混じった記者会見に戸惑い、付いていくのが精いっぱいだった〉と『官邸の一〇〇時間』で木村記者は明かしている。日本の事故報道はすぐ「責任者探し」「悪者探し」に走るが、それは専門性の薄さとも表裏一体に思われる。

以上から導き出せる結論は、ひとつしかないだろう。

こんな危なっかしい国は、原発なんか持っちゃダメなのだ。

政権末期の菅直人が急に脱原発を唱え、浜岡原発の再稼働にストップをかけたり、全原発のストレステストを命じたりしたのは、この経験があったからではあるまいか。

南海トラフ巨大地震の可能性が取りざたされているけれど、官僚組織、電力会社、科学者、記者の体質が変わらない限り「人災」は必ずまた起きる。問題は原発の物理的な安全性だけではない。人的要因こそが「人災」の元凶なのだ。

(2012.10)

『官邸の一〇〇時間——検証 福島原発事故』木村英昭、岩波書店、二〇一二年　朝日新聞の連載「プロメテウスの罠」の第六部「官邸の五日間」に大幅加筆したルポ。関係者への取材と菅直人、福山哲郎、下村健一らのノートを元に、事故直後から事故対策統合本部の立ち上げ（一五日）までを描く。各事故調のふがいなさへの義憤からか〈ファクトだけで構築する〉というわりにはドラマチック。

『原発危機　官邸からの証言』福山哲郎、ちくま新書、二〇一二年　当時の官房副長官が自らのノートを元に当時を振り返った記録。同心円状の避難計画、枝野の記者会見、議事録未作成問題など後に批判が集中した事案に対する反論は、当事者目線でリアル。菅に怒鳴られ「やる気が失せた」と述べた東電を「幼稚なメンタリティー」と断じ、最後に脱原発構想を語る。全体に率直で好感度は高い。

『証言　細野豪志——「原発危機500日」の真実に鳥越俊太郎が迫る』細野豪志＋鳥越俊太郎、講談社、二〇一二年　当時の首相補佐官で事故対策統合本部の長として東電本店に常駐した細野のインタビュー。他二冊と事実関係は同じだが、現役閣僚として語れない点があるのか聞き手が悪いのか、肝心なところで歯切れが悪い。東電への気遣いが感じられるのはミイラ取りがミイラになったせい!?

「領土問題」の懸念は国内にあり

領土問題をめぐる争いが深刻化しつつある。もっかの焦点はいうまでもなく竹島（韓国名は独島《ドクト》）と尖閣諸島（中国名は釣魚諸島）だ。ここ数年くすぶり続けていた両案件ではあるが、二〇一二年に限っていえば、竹島問題は韓国の李明博《イ・ミョンバク》大統領の、尖閣諸島については石原慎太郎東京都知事の幼稚な「跳ねっ返り」がコトを荒立てたといえるだろう。

李大統領が竹島に上陸したのは八月一〇日だった。後に発言の趣旨はちがうと述べたものの、上陸直後には「天皇が韓国に来たいなら韓国の独立運動家に心から謝罪せよ」とも発言。日韓の友好的な雰囲気に水をさす結果となったのはご存じの通りである。

現在もっとやばい状態になっている尖閣諸島については、四月一六日、石原都知事がワシントンで「東京都が尖閣諸島を購入する」と発表したのが騒動の発端だった。一四億円の寄付金が集まったと胸を張る石原の挑発にまどわされ、日本政府までがおたついて、約二〇億円で尖閣諸島（のうちの魚釣島、北小島、南小島の三島）を買い取るといいだす始末。

かくして日中台の「活動家」が競って尖閣に上陸。中国では反日デモが頻発。日中国交回復四〇周年の年だというのに、文化交流や経済にも影響が出はじめている。

あっちを見てもこっちを見ても、ろくでもない指導者ばっかり！　ただでさえ、東日本大震災からの復興と福島第一原発の事故処理で手一杯なはずの日本。領土問題なんかかかずらわっているヒマやカネがどこにあるのか理解に苦しむ。よりにもよって、なぜいま領土問題なのか。関係書籍の中から、数冊の新書を読んでみた。

「固有の領土」の根拠は危うい

保阪正康『歴史でたどる領土問題の真実』は「なぜいま領土問題か」を考えるうえで、ドキッとするような話からはじまる。〈領土問題の歴史をふり返ると、一方の国が国威を失ったり、国力が落ちたときは、必ず相手側の国に暴論や偏狭な論が起こる〉というのである。

それは現代でも同じで、たとえば東日本大震災に際して、香港のある新聞は〈この大震災により日本の国力は弱まっているのだから、尖閣諸島について従来のわれわれの主張を確固とするために（略）領有権を具体的な形で示してはどうか〉、つまり〈軍事的に制圧してしまえ〉という論を表明した。〈むろんこれは中国社会での世論の一部〉にすぎないと断りつつ、〈弱っているときは相手を叩けとの論であることに変わりはない〉と保阪はいい、打算にまみれたこのような感覚を「帝国主義的感情」と呼ぶ。〈歴史をふり返れば、日本もまた相手国の国力が弱まっているときには、感情や打算を前面に打ちだしての国境論争、領土問題があった〉のだ、と。

日本の領土がもっとも広かったのは台湾、樺太、朝鮮、南洋諸島などを支配下に収めた一九四三年。同年刊行の地図の解説には誇りと自信があふれていた。しかるにその二年後、敗戦で、いわゆる「内地」以外のすべての領土を日本は失った。〈「領土の拡大」に託した一等国の夢は、歴史の流れの中では白昼夢と同じである〉という指摘は、領土問題を俯瞰するには重要な視点である。

こうして本書は、明治期から太平洋戦争後までの領土拡大とその崩壊の過程をたどり、敗戦後の日本の領土問題を規定している四つの枠組み（カイロ宣言、ヤルタ会談、ポツダム宣言、サンフランシスコ講和条約）から、北方領土、竹島、尖閣諸島、それぞれの事情を解説していく。

歴史を見れば、領土問題を語るときの定型句である「固有の領土」という概念もきわめて危ういことがわかる。現在は日本の領土として疑問の余地がない沖縄県も、かつては琉球王国という独立国だった。ここに侵攻して保護下に置いたのは薩摩藩だが、琉球と清国の間にも深い関係があり、日本に編入されるまでには複雑な経緯があった。他の領土とて同じである。

竹島は一九〇五年、先占の原則に基づき（だれの領土でもないので）、閣議決定によって島根県に編入された。日本が竹島を「固有の領土」とする根拠はここにある。しかし、四五年の戦争終結以降、韓国はサンフランシスコ条約を盾に自国の領土だと主張し、五四年以降は、韓国の武装要員を常駐させる、学術調査団を送る、建物を建設するなど、韓国が実効支配を行ってきた。日本政府の抗議は聞き入れられず、これを立ち退かせるのは容易ではない。戦後一貫して、竹島（独島）はトラブルの種だったのである。

一方、尖閣諸島は一八九五年に沖縄県に編入された。当時の中国（清国）から抗議がなかったこともあり、日本の実効支配も確立していた。ところが一九七一年、周辺に石油資源が見つかった頃から、中国は領有権を主張しはじめる。日本が「沖縄に属する」と主張する島は、中国にとっては「台湾に属する島」であり、台湾は自国の領土だとする中国の見解からいえば「中国の領土」なのである。沖縄返還の際に、アメリカが尖閣諸島の所属先を明らかにしなかったことが今日の紛争の元凶だともいわれるが、しかし日中両国はこの問題を「棚上げ」にすることで、紛争を回避してきた。

日中国交回復交渉の過程で、当時の周恩来首相は「中国の領土だが、いまは問題にしない」という趣旨の発言をし、鄧小平もそれを踏襲。漁業などで衝突が懸念される場合は、日中漁業協定で「お互いが自国の漁船だけを取り締まる」との合意もできていた。無用な衝突は避けようという知恵が、この時代の両国の間にはまだあったわけだ。

その両国がなぜいま、対決的な姿勢に転じつつあるのか。

これについては孫崎享『日本の国境問題』に詳しい。

中国が強硬姿勢に転じた背景には、二〇一〇年に中国のGDPが日本を抜いたことが関係していると孫崎はいう。〈中国には今「日本何するものぞ」という高揚感がある。「本来中国に属すべき島が、これまで不当に日本領になってきた、これを取り返したい」〉。他方、日本には〈「中国は力をつけてきたから、かさにかかって、不当に領土要求を行っている」という感覚がある〉。互いのライバル意識が、ここには関係しているというのである。

日本政府の対応もまずかった。二〇一〇年九月の中国漁船衝突事件の際、菅直人内閣は「尖閣諸島をめぐる領土問題は存在しない」「国内法にしたがって粛々と対処する」と述べた。これは日中漁業協定に反し「棚上げ」の合意を破ったのに等しい。「棚上げ」の廃止を望む中国の国粋主義者にとっては渡りに船で、「ならばわれわれも国内法で」といわれかねない口実を与えた。

いやはや。歴史的経緯に加えて、曖昧な条約、対抗意識、国内事情。〈ことほどさように領土問題は感情的であり、打算的〉(『歴史でたどる領土問題の真実』)なのだ。

石原や安倍がいちばん危うい

以上二冊は二〇一一年の本なので「尖閣購入問題」への言及はないが、以上のような経緯を考えれば「二〇億円で尖閣諸島を買う」などという話がいかに挑発的な行為か、容易に想像がつく。火に油を注ぐがごとし。チンピラ同士のケンカじゃあるまいし、いちいち因縁をつけあってどうすんだ。

さて、この問題、武力衝突にいたらずに収拾するにはどうしたらいいのだろう。望ましい方向性は決まっている。歴史に学べば、領土を力づくで奪ってもプラスになることは何もない。保阪と孫崎の提言の内容は多少異なるが、互いの損得を考えれば、あくまでも冷静に、平和的な解決に努めるしかない、という点では一致している。〈相手の主張を知り、自分の言い分との間で各々がどれだけ客観的に言い分があるかを理解し、不要な摩擦はさけること〉（『日本の国境問題』）。基本は結局それなのだ。

ただ、ここへきて日本国内にも新たな懸念材料が出てきた。九月二六日の自民党総裁選で安倍晋三が勝ったことだ。なぜ五年前に一度失敗した人がいけしゃあしゃあと総裁の座に返り咲くのか。それだけでも呆れてものがいえないが、問題は、安倍が領土問題に関しては極右に近い強硬論者で、しかもこのまま行くと彼が次期首相になる可能性が高いことである。総裁選の最中に「尖閣諸島には零細漁民のための船だまりの設置などを検討する」と述べ、先頃も「政権を取ったら海保、防衛予算を増やし、断固として島を守るとの意思を示す必要がある」とブチあげた安倍新総裁。彼の最終的な野望が改憲にあることは明白だが、では領土問題に関してはどうか。

田母神俊雄『騙されるな日本！』はおそらく安倍の考えに近い本といえる。石原の「尖閣購入発言」を実効支配強化策のひとつとして称揚し、二年前の漁船衝突事件に対する民主党政権の対応を孫崎とは逆の理由で批判する田母神の論理は単純。〈領海に侵入してくる外国船は基本的に沈めればいい〉である。〈こんなことは外国では常識で、実際そういう厳しい対応をした例はいくらでもある。そうなれば侵入するほうも命懸けだ。誰だって命は惜しいのだから、今の日本のように年がら年中不審船が領海内をうろちょろしている状況などすぐになくなるのである〉。

こんなネジが右に巻き切れた人物の戯れ言など放っておけ、という意見もあろうが、この人が「安倍晋三総理大臣を求める民間人有志」の一人として発起人に名を連ね、場合によっては安倍のブレーンを務める可能性もあることを思えば、看過できない。

領土問題の半分は高揚する国内の世論をいかに鎮めるか、にかかっている。〈ナショナリズムの感情がごく狭い範囲で昂揚したときに、領土問題がもっとも大きなエネルギー源になる〉（『歴史でたどる領土問題の真実』）。〈国境紛争は内政の動向と関連する。その時には、この緊張で誰の立場が強くなるか、その人物が結局は緊張を煽っていないか見ることが重要になる〉（『日本の国境問題』）。

まさに石原や安倍のことじゃないの！　外敵以上に国内の火種を心配しなければならない徒労感とアホらしさ。当分これが続くのかと思うと頭が痛い。

(2012.11)

『歴史でたどる領土問題の真実——中韓露にどこまで言えるのか』保阪正康、朝日新書、二〇一一年
昭和史の泰斗による領土問題論。軍事力と「皇道文明」に支配された昭和前期、領土拡充の夢を見た明治期など、歴史を俯瞰することで広い視野を与える。日ロは歴史、日韓は条約、日中は資源。領土問題に三か国共通の方程式はなく、別々の交渉が必要だとの説に納得するところ大。

『日本の国境問題——尖閣・竹島・北方領土』孫崎享、ちくま新書、二〇一一年
『戦後史の正体』の著者による戦後の領土問題論。戦争の多くは領土問題から起きている。両国が納得できる状況をつくれない間は、紛争に発展しない仕組みや合意をつくれと主張する。日米同盟は役に立たない、中国の軍事力に日本は対抗できないなど、リアリストとしての観点から解決方法を提示しているのが新鮮。

『騙されるな日本！——領土、国益、私ならこう守る』田母神俊雄、ベスト新書、二〇一二年
在任中に日本の公式見解とちがう歴史認識の論文を発表し解任された元航空幕僚長による領土&国益論。尖閣諸島はより強固な実効支配を、竹島は「韓国の弱みをつかむ」ことで実効支配を奪取せよ、そのために日本の核武装が不可欠と主張。単純なだけにわかりやすく「騙される」人も多そうなのがイヤ。

炭鉱が物語るエネルギーの近代

最近の私の関心事のひとつは炭鉱と石炭である。石炭！　なぜに？　とみんないぶかる。炭鉱は過去の遺物、石炭は終わったエネルギー。みんなそう思っているのだろう。

ところがどっこい、あにはからんや、石炭は過去のエネルギー源ではない。

資源別の日本の電力は、天然ガス二七％、石炭二四％、石油一八％、原子力三一％、水力九％、残り一％が風力や太陽光などの再生可能エネルギーでまかなわれている（二〇〇九年度）。電球が四つあったら、うち一つは石炭で灯っている計算である（注・二〇一四年発表の二〇一二年度の統計では、天然ガス四二・五％、石炭二七・六％、石油一八・三％、原子力一・七％、水力が八・四九％、その他一・六％）。

日本は大量の石炭を消費している世界一の石炭輸入国。主な用途は発電と製鉄で、年間およそ一億八〇〇〇万トンの石炭を、オーストラリアなどから輸入している。では日本国内の石炭は枯渇したのかといえば、そんなことは全然ない。世界の石炭の可採埋蔵量（採掘可能な場所にある埋蔵量）は九〇〇〇億トンといわれるが、一方、日本国内の石炭埋蔵量は約二〇〇億トン。現在の消費量で推移した場合、あと一〇〇年はいける計算だ。

それなのに、なぜ日本は石炭の採掘をやめてしまったのか。理由は簡単。コストが合わなくなったのだ。最盛期には一〇〇〇近くあった炭鉱の多くは七〇年代以降、次々と閉山に追い込まれ、いまも現役の坑内掘炭鉱は釧路コールマイン（北海道）の一鉱のみという寂しさだ。

石炭は国内ではたしかに「終わった産業」である。しかし近頃、炭鉱に新しい光が当たっているのもまた事実。今年出版された関連書籍から「いったいどこが？」を探ってみよう。

「負の記憶」と一体化した炭鉱

吉岡宏高『明るい炭鉱』は、人々が炭鉱に抱いている印象を巻頭で端的に説明してみせる。〈彼らの日常は情熱的だが刹那的で、貧しいが人間的である。しかし、ある日突然、ドカンと一発爆発があると、それまでの日常は暗転し、涙と怒号の混乱が押し寄せる。やがて時とともに、一時の喧噪が忘却の彼方に押しやられ、後に残るのは遺族と失業者、陥没した地面。そして、いちはやく忘れ去りたい、悲しく辛い「負の記憶」しかない……〉。

事実、このくらいが炭鉱に対する多くの人々のイメージだろう。しかし、と吉岡はいうのである。〈それは歴史のある一時期、ある地域の断片的な姿でしかない〉のだと。

本書は北海道の炭鉱町で育った著者の吉岡が〈これまで世に知らされてきた「負の遺産」だけが、炭鉱の姿ではない〉という思いをこめてつづった、もうひとつの炭鉱史である。

北海道三笠市の北海道炭礦汽船（北炭）幌内炭鉱の職員だった父。その父を含めた自身の家族の歴史をひとつの軸にしながら、本書が描き出すのは、石炭の基礎知識から、炭鉱の仕事の実際、炭鉱町の暮らし、エネルギー政策の転換にともなう炭鉱の衰退、そして炭鉱の未来像までを含んだ、いわば「オールアバウト炭鉱ガイド」である。

炭鉱労働というと、二〇一一年にユネスコの世界記憶遺産に登録された山本作兵衛の記録画にあるような、上半身裸の男女が手掘りで石炭を掘っては運び出している図だけれど、それは炭鉱労働の一断面にすぎない。作兵衛が描いた北九州の筑豊炭田は中小の零細炭鉱が三〇〇近く点在する地域であり、「狸掘り」と呼ばれる古い採掘法が遅くまで残っていた。だがそれはむしろ例外で、日本の炭鉱の多くは技術革新を重ね、特に戦後は大型採炭機や運搬機の導入によって大きく変わった。

炭鉱の何がすごいって、まず圧倒されるのはその規模である。

坑道に出入りするには、斜坑（坂を斜めに上り下りする坑口）と立坑（エレベーターで垂直に上り下りする坑口）とがあるが、たとえば北炭幌内鉱立坑の深さは海面下一〇〇〇メートル以上。東京スカイツリーと東京タワーを重ねた高さよりもっと深い。その下に広がる坑道は、下手すると切羽（石炭を掘る最前線）に着くまでトロッコ列車で一時間もかかるという規模。アリの巣のように三次元に張り巡らされた坑道は、巨大な地下帝国を思わせる。

地下が地下なら地上も地上。各地の炭鉱のまわりには、必ず鉄道が敷設され、炭鉱町が生まれ、何千世帯もが住まう炭鉱住宅をはじめ、学校、病院、劇場、映画館、あらゆる施設が築かれた。日本の炭鉱労働従事者は最盛期には四五万世帯（一時的に炭鉱にかかわった家族を入れれば一〇〇万世帯はいたのではないかと吉岡は述べる）。そんな炭鉱町が、日本には山ほど存在した。

ただ、この繁栄がずっとは続かなかったのが炭鉱の悲劇である。

一九六〇年代中頃に導入された重装備機械採炭によって採炭能率は飛躍的に向上したが、皮肉にも、その頃から国内炭は国際価格競争に勝てなくなる。一九五五年には政府が「スクラップ（閉山）・アンド・ビルド（生産集約）」政策に転換。六三年には原油の貿易も自由化された。こうして明治の殖産興業や戦後復興を支えた国内炭は七〇～八〇年には用済みになっていた。〈日本は、国内炭をあっさり見限って、海外の石油に転換した〉のである。

閉山は当然ながら大量の失業者を出すが、それ以前に行われたのが、大幅な合理化（リストラ）である。熊谷博子『むかし原発　いま炭鉱』はその波をもろにかぶった九州・三池炭鉱の記録である。著者の熊谷はドキュメンタリー映画「三池　終わらない炭鉱《やま》の物語」の監督。本書が特に多くのページを費やすのは、労働運動史に残る一九六〇年の三池闘争と、六三年の爆発事故についての証言である。当事者自らが語る労働や運動の体験談は生々しい。

四五〇〇人規模の人員削減からはじまった三池闘争には全国から支援者が集まり、一方、財界は総力をあげて会社側を応援し、ことは「総資本対総労働」の様相を呈するまでに至った。三池労組は無期限ストに突入するも、組合員の生活は逼迫し、会社との妥協を図る第二組合（三池新労）に流れる組合員が続出するに至って、同じ炭鉱で働く仲間たちの間にも大きな亀裂が生じた。

闘争が事実上の敗北で終わった三年後の六三年、三池炭鉱を襲ったのが炭じん爆発事故である。死者四五八人、急性一酸化炭素（CO）中毒に認定された労働者は八三九人にのぼる。「助かってよかった」と安堵したのもつかの間、COで脳細胞を破壊された状態で帰ってきた夫たち。妻たちがCO特別立法の成立を求めて坑内の座り込みを決行する場面は、本書のクライマックスである。

栄光の歴史と負の歴史

こんなことばっかりいってると、だから炭鉱は「負の遺産」なんじゃん、と突っ込まれそうだな。しかし、ここで考えるべきは「負の遺産」とは何かである。

『明るい炭鉱』と同様に、熊谷博子も「負の遺産」という言葉にこだわる。

「三池には負の遺産があまりに多すぎる。閉山もしたし、すべてを忘れて次へ行ったほうがいい」。炭鉱町で生きてきた年配男性のそんな言葉を聞いて彼女は衝撃を受ける。〈あれが「負の遺産」⁉地元では炭鉱が残したものはそう思われているのか？〉。

労使の対立や落盤事故だけではない。歴史を遡れば、囚人労働、中国人や朝鮮人の強制労働など、炭鉱はまさに「負の歴史」を背負っている。吉岡は〈炭鉱遺産は市民から「ゴミだ、廃墟だ」と言われ続けてきた〉と述べている。「暗いイメージ」を払拭するために〈空知の行政は、自らの歴史を否定して覆い隠し（略）税金を費やして過去の遺産を壊し続けたのである〉。

しかし、貴重な遺構を壊し、国の補助金で大型リゾート施設の建設に走った結果、残ったのは負債の山だけだった。足もとにある由緒正しい備前焼をただ古いというだけで捨て、百円ショップの安物のカップを買いまくったようなものだと、吉岡の批判は手厳しい。

すでに風化しつつある炭鉱の記憶。では、どうすればいいのだろう。吉岡や熊谷を突き動かしたのは、文献の歴史ではなく、産炭地域にわずかに残った炭鉱遺産の数々だった。立て坑、巻き上げ機、ホッパー（石炭の貯蔵庫）、大煙突……。そう、石炭遺構は美しいのだ。

徳永博文『日本の石炭産業遺産』は、日本全国の石炭遺産に特化した希有なガイドブックだが、そのあとがきで、徳永は万感の思いをこめて述べる。〈炭鉱そのものがなくなった今、そのマイナスイメージの社会・歴史をだれが伝えるのであろうか〉と。

炭鉱と石炭は日本のエネルギー政策の原点である。しかし、七〇年代にはお払い箱となり、入れ替わるように浮上したのが原子力発電所だった。福島第一原発はじめ一〇基の原発が建つ福島県浜通りは、かつては常磐炭鉱で栄えた地区だ。閉山で失業した炭鉱労働者の中には、原発労働者に転じた人も少なくない。近代日本の産業を支えた栄光の歴史と、負の歴史の両方を背負った炭鉱。その遺構には「近代」そのものが宿っているといっても過言ではない。

〈炭鉱は文化を生み出したが、原発は文化を生み出さなかった〉と熊谷は書く。炭鉱は遺構を残したが、仮に全原発が廃炉になっても、原発は「備前焼」にはなりえまい。

「原発を廃炉にすると大量の失業者が出る」とかいう話を聞くと「ならば炭鉱はどうなのさ」と私は問い詰めたくなる。大量の失業者を出すことも辞さず、炭鉱を閉山に追いやった政府。炭鉱は平気で閉山にしたくせに、原発を廃炉にできないとはいわせない。

鉄道や工場や団地が趣味（萌え！）の対象になるなら、炭鉱だって同じである。白状すれば私自身、三池にも筑豊にも夕張にも常磐にも行ってしまった。炭鉱は想像力を刺激する。それは単なる廃墟ではない。炭鉱遺産の向こうに広がる、消えた産業、消えた町、消えた労働者……。たとえ往時の繁栄は戻らなくても、炭鉱には未来がある。それは近代日本の姿を明日に伝える生きた教材なのだ。

(2012.12)

『明るい炭鉱』吉岡宏高、創元社、二〇一二年　炭鉱町で生まれ育った著者（一九六三年生まれ）が、土門拳『筑豊のこどもたち』や五木寛之『青春の門』とはちがう炭鉱の姿を描く。本人が威張るほど「明る」くはないが、掘進→採掘→運搬→選鉱といった労働手順、職員と坑員の関係、空知（北海道）と筑豊（福岡県）の差異など、炭鉱のイロハが学べる。炭鉱観光の可能性にも言及。

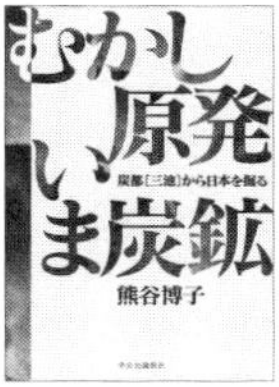

『むかし原発　いま炭鉱――炭都［三池］から日本を掘る』熊谷博子、中央公論新社、二〇一二年　三池炭鉱のドキュメンタリー映画を七年かけて撮った著者（一九五一年生まれ）が、映画では描ききれなかった細部を書き込んだノンフィクション。元炭鉱労働者やその妻たちへの聞き書きが中心で全貌を知るにはやや物足りないが、当事者による闘争や事故の詳細は臨場感にあふれて読み応えあり。

『日本の石炭産業遺産』徳永弘文（文・写真）、弦書房、二〇一二年　福岡県志免町（志免鉱業所竪坑櫓という有名な遺構がある）の教育委員会で学芸員を務める著者（一九六七年生まれ）が、自ら歩いてまとめた石炭遺産ガイド。櫓、ホッパー、炭住、事務所棟、鉄道関連施設など、全国の遺構をほぼ網羅し、すべて写真つき。もう少し詳細な地図がほしいところだが、炭鉱ファンには必携の書。

安倍復活

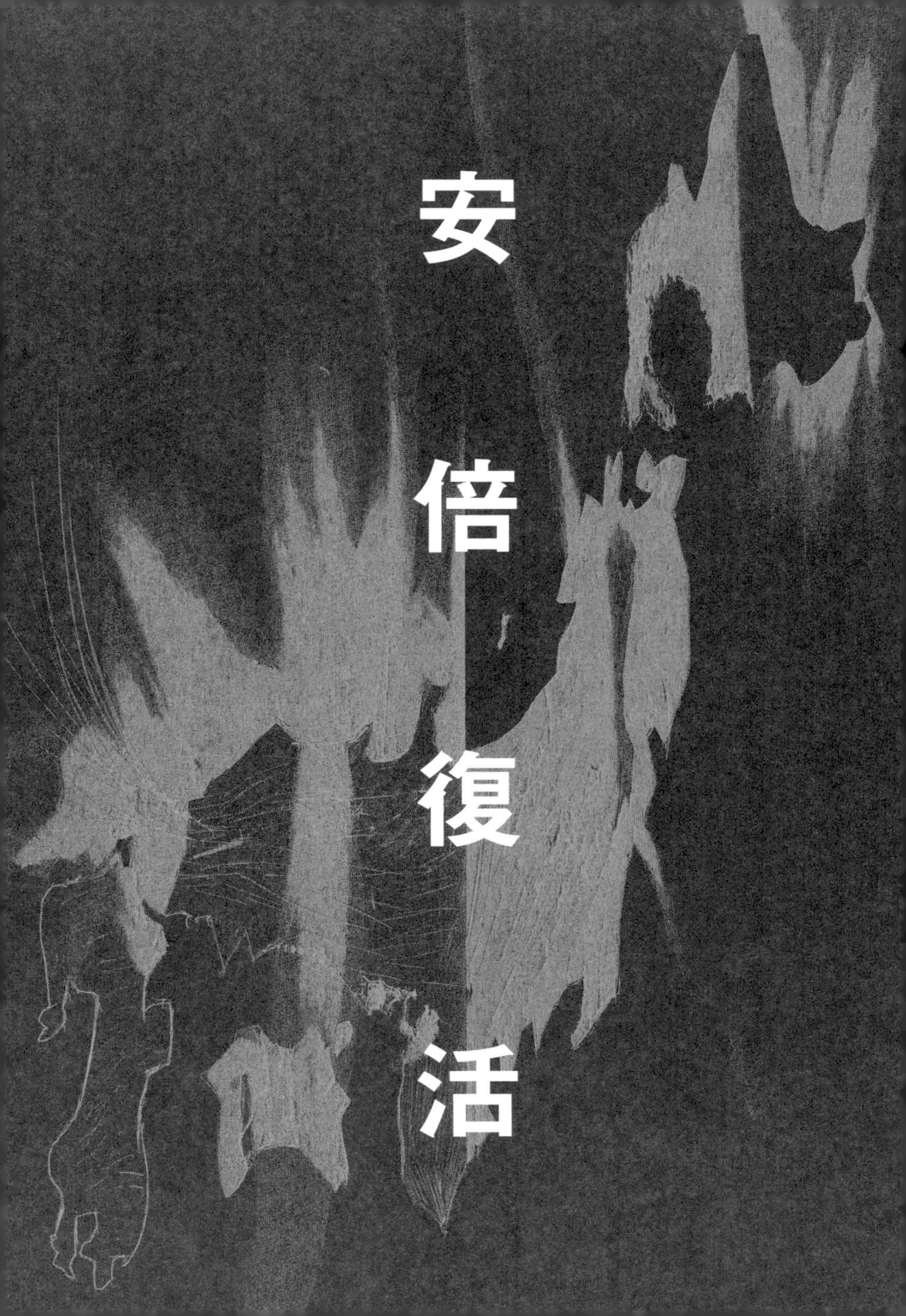

デモ（だけ）で社会は変わるのか

なにかこう、すっかり敗戦気分の二〇一三年が幕を開けた。

昨年一〇月の自民党総裁選で「えっ、安倍晋三⁉　まさかそれはないでしょ」と驚き呆れたのもつかの間、一二月一六日の衆議院選挙でこの国の有権者は安倍自民党を選んだ。

選挙後の議席数（カッコ内は改選前）は、自民二九四（一一八）、公明三一（二一）、民主五七（二三〇）、維新五四（一一）、みんな一八（八）、未来九（六一）、共産八（九）、社民二（五）、国民新一（二）、大地一（三）、無所属五（一〇）。

どうですか、この結果。単に自公が圧勝しただけではない。躍進した三党についての私の率直な印象をいえば、改憲して自衛隊を国防軍にすると公言するいまの自民党も、核武装論者の石原慎太郎と橋下徹を2トップとする維新の会も、「小さな政府」を目指すみんなの党も、「保守」よりさらに右寄りの「右派政党」だ。民主党でやっと旧来の自民党に近い「保守政党」くらいの感じだが、その民主党にすら有権者は引導を渡したのである。「リベラルの砦」「卒原発」を掲げ、有象無象を集めて選挙戦に打って出た嘉田由紀子率いる未来の党は、付け焼き刃政党らしく選挙後に空中分解。何の新味もないのだから当然といえば当然だが、共産党と社民党も議席を減らした。

自民党は敵失で勝っただけだとか、極端な結果が出る小選挙区制がよくないのだとか、違憲状態にある一票の格差の問題とか、五九・三二％という戦後最低の投票率（〇九年は六九・二八％）とか、言い訳はいろいろあるにせよ、ともかく左派ないしリベラル勢力は壊滅的な完敗を喫したわけである。こうなると3・11で日本は変わるといっていた人々の言説も、脱原発デモの盛り上がりに社会の変化を見る見方も、すべて虚しく感じられる。

この結果をどう考えればいいのか。日本の民主主義はどこへ向かおうとしているのか。折よく（というべきか）二〇一二年に出版された何冊かの本が「それ系の問題」を扱っていたことを思い出した。はたしてそれらは、有効な指針を示してくれるだろうか。

対決型の政治はもう古い？

まず五〇代論客の代表として、小熊英二『社会を変えるには』を読んでみよう。

〈社会を変えたい、と思う人は多いでしょう。しかし、実際には変えられると思えない。そもそもどうしたら「社会を変える」ことになるのかわからない。選挙で投票をしても、自分が政治家に当選しても、それで変えられるのだろうか〉。

こんな書き出しではじまるこの本は、まず現代社会の特質から説き起こす。

ものづくり中心だった「工業化社会」（東京五輪からバブル期くらいまで）においては、商品も働き方も家庭のありようも画一的だった。農民や自営業者や企業主は保守政党、労働組合は労働政党を支持し、労働政党が中心になって福祉制度が整えられ、その財源は安定雇用と高賃金から得られる税収入でまかなわれた。しかし、一九九〇年代半ば以降の「ポスト工業化社会」では、情報技術が進歩してグローバル化が進み、先進国では製造業が減って、単純事務労働や単純サービス労働は短期雇用の非正規雇用者に移行する。働き方が多様化した分、組合活動は衰退し、保守政党（自民党）も労働政党（社会党）も基盤を失って弱体化し、浮動票が増えて政治は流動化する。社会がこのように変わった以上、社会運動の方法も変わって当然。ざっくりいえば、それが小熊の見解だ。

かつての社会運動は、共産党や社会党に投票する、その指導下でデモや組合活動をやる、議会政治には反映されなくても示威行動としての署名集めやデモをやるといった選択肢しかなかった。しかし「保守と革新」という枠組みが意味を失ったポスト工業化社会では、超党派や無党派の動きがむしろ活発になり、投票やデモ以外に運動の選択肢も広がる。かくて小熊は述べるのだ。

〈トップダウンで政治家や専門家がぜんぶ決めるのも、労働者階級が資本家と闘うというのも、もう成り立たない。サブ政治の領域までふくみこんだ、参加型・対話型の民主主義を作るしかない。ＮＰＯなどの対抗的専門家をはじめとして、公開と対話を要求していくしかない〉。別の見方をすれば、それは代議制の中に直接民主主義の要素を取りいれることでもあるのだと。

組織から個へ。固定から流動へ。対決から対話へ。お任せ型から参加型へ。総論としてはよくわかるし、分析自体は「その通り！」と思わせられる。

しかし、現実に立ち戻って今度の選挙の結果を思うと、とてもそんな楽観的な気分にはなれない。だって現に今度の選挙の結果を見れば……という話は後回し。

四〇代論客の代表、湯浅誠『ヒーローを待っていても世界は変わらない』はどうだろう。タイトル通り、これもまた民主主義と社会運動のスタイルを模索した本。特におもしろいのは「付録」として巻末に添付されたウェブ掲載資料だった。

〈現実的な工夫よりは、より原則的に、より非妥協的に、より威勢よく、より先鋭的に、より思い切った主張が、社会運動内部でも世間一般でも喝采を集めることがあります。そうなると、政治的・社会的力関係総体への地道な働きかけは、見えにくく、複雑でわかりにくいという理由から批判の対象とされます〉。

しかし、〈自分と異なる意見に対して攻撃的に反応する〉という姿勢は何も生まない。社会運動がとるべき方向性は〈バッシング競争で負けないためにより気の利いたワンフレーズを探すことではなく、許容量を広く取って理解と共感を広げていくために、相手に反応して自分を変化させ続けていくこと、政治的・社会的な調整と交渉に主体的にコミットすること、そして自分という存在の社会性により磨きをかけていくことではないかと思います〉。

湯浅が批判するのは「誰か決めてくれよ。ただし自分の思い通りに」という態度であり、代替案として提唱するのは、やはり「対決から調整へ」「攻撃から共感へ」という方向性だ。

三〇代論客の代表、荻上チキ『僕らはいつまで「ダメ出し社会」を続けるのか』になると、この方向性は「ダメ出しからポジ出しへ」「クレクレ型からコレヤレ型へ」と表現され、「左派／右派」という旧来の二分法自体が既成の「言論パッケージ」「思考の癖」としてダメ出しの対象になる。〈これまでは「政治家に圧力をかけて、間接的に政治を動かしていく」というのが、社会運動の定番だったのですが、これからは、ＮＰＯや社会起業家を支援することで、もう一歩踏み込んだ形で、僕らも政治に参加することがますます重要になっている〉と荻上はいう。〈僕らの側も、「圧力団体を作り、族議員や特定政党に訴えかける」という手法だけではなく、他の政治参加のレパートリーを増やしていく必要が生じてきます〉。政権が短期化し、政権交代の可能性も常に存在しているからこそ、左右にこだわらない超党派の議員に働きかけて何らかの法案を通すことだって可能なのだ、と。

安倍政権誕生からわかること

トップを変えても容易に社会は変わらない。そのことを私たちは民主党政権の三年半で学んだ。自民党が大勝した二〇〇五年の郵政選挙も、民主党ブームにわいた二〇〇九年の政権交代選挙も、今回の民主党懲罰選挙も、すべて同じ（無責任な）熱狂の産物だといわれたら「たしかにね」と応じるしかない。橋下徹のように言葉巧みに人心を掌握するヒーローが「左派」から出るのを願うのが無理な相談だということは、未来の党の嘉田由紀子（元）代表の件でわかったし、小沢一郎のような根回し型の政治がもう通用しないことも、同じく未来の党の一件ではっきりした。熱狂頼みの政治はそもそも危うい。必要なのは政策を実現させる小さな知恵の積み重ね、一人の強いリーダーではなく無数のコーディネーター、多様な政治へのアプローチなのだろう。

とはいえ、楽観的とも思えるこれらの本が、民主党政権時代の二〇一二年に書かれたことも無視できない。いまや状況は大きく変わった。私はやはり考えざるを得ない。組織的な行動がいかに古い方法でも、議会制民主主義にいかに限界があっても、それに代わる案がない以上、人々の声を政策に反映させるには、議会の構成員を変えることが必要なのだ。

現にたとえば、同じように「社会を変えたい」と目論んだであろう橋下徹は、個から組織へ、流動から固定へ、対話から対抗へという、彼らが提唱するのとは逆のコースで（いいかえれば古い方法論で）維新の会を立ち上げ、国政で一定以上の発言力を持つところまで行ったのだ。皮肉な言い方をすれば、人々が脱原発デモの可能性とかいって浮かれている間に、である。

一方、議会の構成員を思い通りの形にまんまと変えた安倍自民党は、デモに集った人々をあざ笑うかのように、政権奪取早々、原発の再稼働や新増設に意欲を見せ、教育の改変や軍備増強や社会福祉の切り捨てや改憲をちらつかせている。みなさんの関心事は結局カネでしょといわんばかりに「アベノミクス」と称する金融緩和策を前面に出す政府。それを肯定的に報じるメディア。

〈「どうせやるならデカいこと」、多く人たちが持つ発想です。／しかし私は、だから、ダ、メ、なんだと思っています〉（『ヒーローを待っていても世界は変わらない』、傍点原文ママ）という認識はたしかに正しい。しかし、暫定的にであれ「デカいこと」をブチ上げて選挙に勝った側はいうだろう。だから君たちはダメなんだ。あれだけの人を集めて、その力を結集できない脱原発デモ（に象徴される社会運動）ごとき屁でもない。一生群れて踊ってろ、と。

今度の選挙結果は彼らが提唱する方法論の限界を図らずも露呈したのではないか。「お任せ型から参加型へ」は政治参加の第一歩としては正しい。デモも正しい。しかし重要なのは、デモを議会に結びつける第二歩目だ。代議制を笑う者は、代議制に泣くのである。

(2013.02)

『社会を変えるには』小熊英二、講談社現代新書、二〇一二年　現代社会の特質を述べ（第1章）、戦後日本の社会運動を振り返り（第2章・第3章）、民主主義の思想史を古代ギリシャから辿り直し（第4章・第5章）、今後の展望を語る（第6章・第7章）。著者は一九六二年生まれ。過去の運動を批判的に分析した部分は説得力大。民主主義の教科書としては有効だろう。

『ヒーローを待っていても世界は変わらない』湯浅誠、朝日新聞出版、二〇一二年（→朝日文庫）反貧困ネットワークの活動、民主党政権時代の内閣府参与の経験を軸に、「第1章・民主主義とヒーロー待望論」「第2章・「橋下現象」の読み方」「第3章・私たちができること、やるべきこと」の三章で明日の民主主義を展望。著者は一九六九年生まれ。地に足のついた草の根民主主義を語り有益。

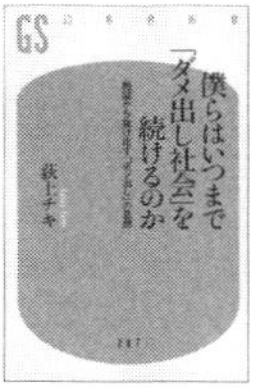

『僕らはいつまで「ダメ出し社会」を続けるのか――絶望から抜け出す「ポジ出し」の思想』荻上チキ、幻冬舎新書、二〇一二年　僕らはどうして、第1章「「ここ」に流れ着いたのか」第2章「間違えた議論をするのか」第3章「「国民益」を満たせないのか」、僕らはどうやって、第4章「バグを取り除くのか」第5章「社会を変えていくのか」。著者は一九八一年生まれ。まさにタイトル通りの本。

会津藩士の娘がヒロインになるまで

会津を私がはじめて訪れたのは一一歳、小学六年生のときである。なんのことはない、小学校の修学旅行先が会津若松だったのだ。

磐梯吾妻スカイライン、猪苗代湖、檜原湖、五色沼、野口英世の生家、鶴ヶ城……。とりわけ印象的だったのは白虎隊で知られる飯盛山だ。戊辰戦争の中でも特に激戦だった会津戦争に出陣した一〇代半ばの少年たち。会津軍の負けが込み、命からがら飯盛山まで逃げ延びた白虎隊の十数名は、眼下に赤々とした炎を見る。「お城が燃えている……」。彼らは自刃する道を選んだ。

あどけない顔の少年たちが互いの腹を刺し違える姿を描いた絵は、悲劇というよりひたすら不気味だった。しかも彼らが見た炎は城下の火災。落城はただの勘違いだった。

六年生の私は「バカだなあ」と思い、「あわてる乞食はもらいが少ない」という諺を思い出した。お土産に買った白木の木刀（全員が買っていた）とともに残る会津の思い出。炎の逸話は後世の作り話らしいが、白虎隊の悲劇は以来、私には「あわてる乞食」の別名である。

ということで本題。二〇一三年一月からスタートしたNHK大河ドラマ「八重の桜」である。会津藩の藩士の娘に生まれた山本（新島）八重の生涯を追った物語。カラー写真満載のムック、評伝、小説、八重をダシにしただけの本。大河ドラマの便乗本は毎年ゴマンと出版されるが、特に今期はすごかった。主人公がこれまであまり知られていない人物だったせいかもしれない。

これだけ類書があるとなれば、読んでみるしかないでしょう。はたして山本（新島）八重とはどんな人物だったのか。

四つの顔をもつリアル戦闘美少女

もし一冊で八重の全貌を知りたければ、おすすめは『新島八重　おんなの戦い』だ。

著者の福本武久は、八重のことなど誰も知らなかった一九八三年に『会津おんな戦記』（筑摩書房）と題する小説を発表した、八重発掘の功労者である。当時を振り返って福本は書く。〈八重は悪妻伝説にまみれ、埋もれていた。それは当時の社会通念に塩漬けされた人間像でしかなく、現代の視点からゆけば、たいへん魅力ある人物に思え、八重の復権をと思い立ったのだった〉。

が、実際には、この小説はさほど話題になることはなく（現在は新潮文庫『小説・新島八重　会津おんな戦記』として発売）、それからさらに三〇年、八重は歴史の中に埋もれ続けたわけである。なぜだったのだろうか。という話は後回しにして、ひとまず八重の人生を見ておこう。

山本八重は一八四五年（弘化二年）、会津藩士・山本権八と妻さくの間に、五人目の子どもとして生まれた。彼女に大きな影響を与えた兄の覚馬は八重より一七歳年上だった。山本家は武田信玄に仕えた山本勘助につながる家系ともいわれ、八重の祖父から三代にわたって会津藩の銃術・砲術の指南役を担っていた。

八重には四つの顔があったという。〈烈婦といわれた会津若松時代は「さむらいレディー」というべきか。新島襄とともにすごした時代は「洋装・洋髪のモダンレディー」、社会活動につくした時代は「日清・日露のナイチンゲール」、そして茶人としてすごした晩年は「女流茶道家」である〉。

付け加えれば、NHKが喧伝している「ハンサム・ウーマン」（夫となった新島襄が八重との結婚を知らせる手紙の中で使った言葉）、「幕末のジャンヌ・ダルク」（会津戦争の際、八重は男装し、銃を持って戦った）なんていう呼び名も。なんともキャッチフレーズの多い人生である。

四つの顔のうちの第一の顔は会津時代の八重である。

もともと男勝りだった八重は、兄の覚馬の下で砲術を習っていたが、会津戦争の際には男装し、最新式のスペンサー銃を持って入城した。もっとも彼女自身は、鳥羽伏見の戦いで戦死した弟・三郎の仇をとるという意識が強かったらしい。弟の形見の戦闘服を身につけ、自ら山本三郎と名乗っての籠城。だが、女であることがバレて前戦から外され、城主・松平容保の姉である照姫の指揮下で六〇〇人の女たちとともに負傷兵の救護に当たった。集中砲火をあびながらも天守閣が炎上しなかったのは、砲術の心得がある八重らの指示で焼弾を的確に処理できたためという。会津藩が戦に敗れ、開城したのは一八六八年（慶応四年）。ときに八重は二四歳であった。

第二の顔は京都時代の八重。会津戦争で父を失った山本家。夫の川崎尚之助とも生き別れになった。八重は母や兄嫁らとしばらく農村で暮らしていたが、兄の覚馬が京都で要職についたことを知り、母と姪を伴って上洛する。新島襄と結婚したのは一八七六年（明治九年）。八重三一歳、襄三四歳のときだった。襄は密航で渡米した傑物だが、アメリカで洗礼を受け、帰国後は京都で学校を開きたいと考えていた。結婚に際して八重も受洗、二人の結婚生活は洋館に洋装というスタイルでスタートした。夫を「ジョー」と呼ぶなどして当時の八重は悪妻と呼ばれたが、襄と覚馬らが設立した同志社では、自らも礼法の教師として教壇に立っている。

しかし、結婚から一四年後、病気がちだった襄は四八歳で永眠する。翌年に兄の覚馬も他界。ひとりになった八重は、日本赤十字の社員として社会奉仕活動にいそしみ、日清戦争・日露戦争の際には篤志看護婦を率いて救護活動に参加。この功で二度の叙勲も経験している。これが第三の顔。晩年の八重が裏千家の茶道にハマった第四の顔はちょっとしたご愛敬としても、〈キリスト教への入信、新島襄との結婚、そして襄の死後は社会活動に身を投じていったのも、すべては、あの籠城戦の壮絶な体験が心理的なバネになっていたにちがいない〉という福本の評価は「なるほど」だ。

しかし、これほど多様な顔を持つ女性が、ではなぜ歴史に埋もれていたのか。なんたって「幕末のジャンヌ・ダルク」だ。リアル戦闘美少女なのである。もっと早く注目され、たとえば『キュリー夫人』や『ナイチンゲール』みたいな子ども向けの伝記のシリーズに入っていてもおかしくないのに、と思いません？

偉人伝に入らなかった「忠君愛国の乙女」

いやいやいや、歴史的なヒーロー、ヒロインへの道は、それほど甘くないのである。八重もしかりで、彼女を偉人伝の系譜にのせるのはどだい無理があった。

彼女はたしかに多様な顔を持っていた。だがそれは「小ネタの合わせ技」によってはじめて結ぶ像ともいえる。小説や評伝の主人公には十分でも「偉人」とは呼びにくい。京都時代も山本覚馬や新島襄の側にいただけ。いかに若き日の彼女が銃を持って戦い、後半生は看護婦として活躍したとしても、歴史に名を残す業績を残したとまではいえまい。

もうひとつのネックは、彼女がまさに「幕末のジャンヌ・ダルク」だった点である。本家本元のジャンヌ・ダルクは戦前の日本の伝記シリーズでは非常な人気者だった。理由はいわば国家の都合。祖国フランスを救った「忠君愛国の乙女」と解釈されたからである。

そして、だからこそ、ジャンヌ・ダルクは戦後の伝記シリーズから外された。「女だてらに銃を持つ」というジェンダー規範の問題というより、戦争や軍事が忌避されたこと、また主君のために命を張るというありようが警戒されたのではないかと思われる。

櫻井よしこ『日本人の魂と新島八重』を読めば、八重の行動がいかに「忠君愛国」ともマッチするかが理解できよう。櫻井が八重を評価するのは、会津戦争に際して〈会津藩の武家女性に死を恐れる者は誰一人としていないのです〉という点であり、〈会津藩の武家女性は皆、主君である容保・照姫のために自分に何ができるかを考えてそれぞれの選択をしたのです〉という点である。八重の社会奉仕活動を語る際には〈弱者救済という人類普遍の価値観は、会津藩が藩ぐるみ敬愛して止まなかった天皇家の価値観と重なっています〉と付け加えるのも忘れない。

同じ女性を評して福本が〈「女こども」とひとくくりにされ、女が人間であることをみとめられていなかった時代にあって、八重は自立したアクティブな女性として、果敢に颯爽とかけぬけていった〉と書くところを、櫻井は次のように評する。〈武士の理想とするところは、己の都合を超えることです。武士は死ぬべきときには必ず死ななければならず、生きるべきときには必ず生きなければならないのです〉。〈八重は女性ながら、かたちの上だけではなく、本当の意味で武士道を実践した人ではないでしょうか〉。

そう、八重を「武士道の実践者」「忠君愛国の乙女」と見なせば、彼女は戦前の軍国主義下のアイドルでもおかしくなかった。が、そうは問屋が卸さなかった。会津藩は官軍に楯突いた賊軍だからである。八重中心に会津戦争を描けば、薩長土肥が「敵」になってしまう。加えて八重は敵国の宗教と文化に身を売ったキリスト教徒だ。そんな「売国奴」をだれが評価できますか。

NHKが今期の大河ドラマに新島八重を抜擢したのは、東日本大震災で被災した東北へエールを送るためという。しかし、それが可能になったのは、制作者や視聴者の歴史意識が薄れ、「賊軍」という会津蔑視の感情（思えば白虎隊に対する私の感情もそれに近かったかも）も、「忠君愛国」という戦前の価値観への警戒心も過去のものとなったからだろう。ドラマでは「私《わだす》も、兄様みでぇに、鉄砲さ撃ってみでぇ」「んだけんじょ、鉄砲は強《つ》ぇんだべ?」というように、八重ら会津藩の人々は、みな会津弁を話している。このような東北弁も、過去にはズーズー弁と呼ばれ、差別の対象であった。会津があらゆるバイアスから解放され、他と変わらぬ一地方と認識されて、はじめて可能になった会津藩士の娘の物語。まさかとは思うが「忠君愛国」が復活しないことを願うばかりだ。

(2013.03)

『新島八重　おんなの戦い』福本武久、角川oneテーマ21、二〇一二年　八重の存在をいち早く世に知らしめた先駆者による、ニュートラルかつコンパクトな評伝。戊辰戦争にいたるいきさつ、会津藩独特の身分制度や教育制度、会津戦争での凄惨な生き死になども要領よく解説。大山（山川）捨松、若松賤子ら、会津戦争を間近に見た他の女性らのエピソードも興味津々。一冊だけ読むならこれ。

『日本人の魂と新島八重』櫻井よしこ、小学館１０１新書、二〇一二年　自らも会津藩と同じく戊辰戦争で敗れた長岡藩の出身ゆえ、会津藩の無念はよくわかる、と語る著者の本。八重の人生は〈私たちが今こそ見習いたい「日本人の生き方」の、ひとつのお手本でもある〉など、折りにふれて登場する道徳的な説教がうっとうしい。もっかいちばん売れている大河ドラマ便乗本。

『八重の桜』山本むつみ作＋五十嵐佳子ノベライズ、ＮＨＫ出版、二〇一二年　ＮＨＫ大河ドラマ「八重の桜」の完全小説版。一話一章で構成。全四冊のうちの一巻目（一三章まで）では、まだ会津戦争さえはじまっていない。脚本を下敷きにしただけあり、会津のお国言葉による会話がふんだんに出てくる点が、他の評伝とは一線を画している。大河ファンやドラマを見逃した人にはいいかも。

スポーツ界の暴力容認構造に喝！

二〇一三年一月から二月にかけ、教育界とスポーツ界をゆさぶった暴力の問題。経緯をざっと振り返っておくと……。

発端は一月八日、大阪市教育委員会が、大阪市立桜宮高校のバスケットボール部に所属する同校体育科二年生の男子生徒が、前年一二月二三日に自殺したと発表したことだった。死の前日、彼はバスケ部顧問の男性教諭から平手打ちなどの体罰を受けていた。その後の調べで、以前から彼は集中的な体罰を受けており、学校側が対処を怠っていたことなども判明。

ことは橋下徹大阪市長が桜宮高校体育科の入試中止を打ち出すところまで発展したが、その渦中でもうひとつ別の暴力事件が明るみに出た。

一月三〇日、全日本柔道連盟（全柔連）が、柔道女子日本代表選手の合宿で暴力行為があったと発表したのだ。そもそもは前年の一二月、選手一五人が園田隆二監督などを告発する文書をＪＯＣ（日本オリンピック委員会）に提出して発覚した事件だったが、全柔連もＪＯＣも事実を把握しながら適切な対応をしておらず、柔道界の旧弊な体質をあぶり出す結果となった。

二つの事件は私たちに「スポーツと暴力」という命題を改めて突きつけた。スポーツの現場では体罰（暴力）が日常的に起きているらしいこと。だが、指導者たちの間では、それが特に重大な問題と認識されていないこと。体罰容認派の多さはしかし、毎日新聞がこの二月二日・三日に行った世論調査の結果にも現れている。体罰を「一切認めるべきでない」は五三％、「一定の範囲で認めてもよい」は四二％。男性に限れば「認めてもよい」が五四％で、「認めるべきでない」の四三％を上回る（女性は「認めるべきでない」が六二％、「認めてもよい」が三二％）。

日本人はなぜこうなのか。スポーツと暴力に特化した本はいまのところあまり見つからないのだが（この問題がさほど注目されてこなかった証拠ともいえる）、関連する何冊かを読んでみた。

「精神の鍛錬」と「絶対服従」が命

戸塚宏＋田母神俊雄『それでも、体罰は必要だ！』は、戸塚ヨットスクールの校長（一九八三年、訓練生の死亡事故で逮捕された）と、元航空幕僚長（二〇〇八年、民間の懸賞に応募した論文が問題となり更迭された）の教育をめぐる対談である。

読むべき箇所の少ない本で、書名のわりに体罰について語った部分も少ないものの（にしても田母神ってのはどんなテーマでもしゃしゃり出てくる御仁だな）、二人とも体罰肯定論者ないし体罰推進論者であり、そういう人の意識の一端は垣間見ることができる。

出てくる話は、〈私が考える罰の目的というのは、相手の進歩を助けることなんです〉（戸塚）とか、〈先生のいうことを聞かないからビンタする、というのはほんらい当然の行為として認められるべきです〉（田母神）とかいった抽象論ばかり。ここからわかるのは、体罰肯定（推進）論者にはこれといった論理がない、という事実に尽きる。

にもかかわらず彼らが体罰を信仰する理由は単純。体験的な裏付けがあるからだ。

〈ちょっと自慢話をさせていただきますと〉と前置きし、〈約三十年前、私をはじめ戸塚ヨットスクールの十五人のコーチが全員逮捕されたわけですが、十五人とも自信満々でしたよ。自分たちのやり方は間違っていない、と日々実感していたからだと思うんです。現実に更生して日常生活に戻っていく生徒が多数いる。こうした成果をつねづね目にしているものですから、「我々のやり方は正しい」と自信満々でした〉と語る戸塚。

〈自衛隊の場合でいいますとね〉と前置きし、〈入隊すると、新隊員教育というのが三カ月くらいあるんですが、これが終わると生徒の態度がガラリと変わるんですよ。（略）／それで夏休みに実家に帰るでしょう。息子の変わり様に両親がビックリするんです〉と胸を張る田母神。

厳しく指導すれば相手は服従し、いうことを聞く。だれもが実感として知る事実だろう。ただし、注意すべきは、あくまでそれは「指導する側」の論理にすぎないということだ。

この件について「指導される側」の立場から「体罰に愛を感じたことは一度もありません」といいきったのは元プロ野球選手の桑田真澄だった。桜宮高校の事件後、朝日新聞などのインタビューに応じて「『絶対に仕返しをされない』という上下関係の構図で起きるのが体罰。（略）スポーツで最も恥ずべきひきょうな行為です」などと語った桑田の言葉を印象的に読んだ（聞いた）人は多いだろう。

現役引退後の二〇〇九年、桑田真澄は早稲田大学大学院スポーツ科学研究科に入学、一年かけて「野球道」を研究した。『新・野球を学問する』はその桑田と指導教員だった平田竹男の対談である。〈小学生のときから、グラウンドに行って殴られない日はありませんでした〉と語る桑田は、中学生の頃にはこれはおかしいと思いはじめ、高校生の頃には「この野球界を変えたい。なんとかしたい」と考えはじめたという。

興味深いのは、戦前の早稲田大学野球部監督であり、「一球入魂」という言葉や「千本ノック」の発案者として知られる飛田穂洲の話である。飛田は後に朝日新聞の記者となり、彼の評論が戦前戦後の日本野球界の教本とされた。その飛田を指して桑田はいうのだ。ベースボールを武道に通じる「野球道」にしたのが飛田だった。戦時中だったこともあり、飛田の野球道は軍部の圧力から「敵性スポーツ」の野球を守ることに貢献したが、反面、彼の影響で〈アマチュア野球界に軍隊のようなタテの規律が浸透していったのだと思います〉。

これに応じて平田は述べる。〈戦時下であったからこそ生まれた飛田の野球道が、現在の平和な日本でも生き続けていることが問題なんですね。（略）そういう意味では、野球には、まだ戦後民主主義が訪れていないということですね〉。

飛田の野球道を、桑田は「練習量の重視」「精神の鍛錬」「絶対服従」の三つにまとめている。さらに野球界ではまだ飛田の野球道が現役であることを証明するのが、桑田が修士論文用に行ったプロ野球の現役選手二七〇名へのアンケート調査である。

まず、驚くべき練習時間の長さ。中学の平均練習時間は平日で二・九時間、休日は五・八時間。高校は平日で四・五時間、休日は七・三時間。高校では休日は九時間以上練習したと答えた選手が七〇名以上もいたという（桑田自身は合理的な精神の持ち主で、高校一年で甲子園の優勝投手となった後、監督に練習時間は三時間にしましょうと要請。それがＰＬ学園の黄金時代を築いたという）。〈9時間以上って、死んでしまいますよ（笑）〉（平田）、〈これで文武両道は無理ですよね〉（桑田）である。

そして体罰について。「指導者から体罰を受けたことがある」のは中学で四五％、高校で四六％。「オーバーワークによるケガを経験したことがある」は中学が四二％、高校五一％。さらに「ケガを我慢してプレーを強要された経験がある」は中学で二五％、高校で三一％。

「精神の鍛錬」「絶対服従」がいかに猛威を振るっているかが手に取るようにわかる数字だ。にもかかわらず、体罰は「必要である」と「時には必要である」の合計が八三％に達したという事実。「野球道」は選手にとって、それほど内面化されているのだ。

勝利至上主義が暴力装置を生む

競技こそ異なるが、桑田が語る「野球道」は、桜宮高校バスケット部の体罰問題や女子柔道の暴力問題とも通底するところがある。

『近代スポーツのミッションは終わったか』の中で、西谷修が指摘するのも体育会などに対する軍隊の影響だ。日本では、身体的な力を発揮することを目標とする組織の中で、秩序や締め付けが必要だなどの論理の下で、リンチにも似た「いじめ」がよく起こる。〈その原型になっているのは日本軍だということですね〉。〈「人を鍛える」といったときに、内部で無条件の強制力が働く軍隊というのが、とくに日本軍の場合にひどい形で出た。それが外部に対する残虐行為にも繋がっていたわけですね〉。

こうした方法論は、むろんいまでは否定されている。稲垣正浩がいうように〈いま、強くなっている大学のスポーツ・クラブは、かつての体育会系の古い体質からとっくに脱出してい〉るし、〈近代的な、合理的なクラブの運営の仕方をしている〉。〈発想の転換ができなくて旧体制の体育会の体質のままやっているところは、どんどん時代から取り残されていきますし、同時に、そういうところで暴力の問題も発生しているように思います〉。

だが、と今福龍太は付け加える。古い体質が近代的な方法論にとって代わればいいというものでもない。〈一見スマートなふりをした勝利至上主義によってつくられるスポーツの暴力性〉こそ考えるべきではないか。〈競技スポーツが勝利を標榜することでひたすら構築してきた機構というか、暴力装置というものが、どういうものであるのか〉。問われるべきはそこなのだと。

桑田真澄の問題意識も、じつは勝利至上主義に根ざしている。〈ピラミッドの頂点であるプロ野球選手になるために、醜い争いをしている〉野球界に疑問があったと語る桑田。野球道の再定義として、彼が提唱するのは「練習量の重視」に代わる「練習の質の重視（サイエンス）」、「精神の鍛錬」に代わる「心の調和（バランス）」、「絶対服従」に代わる「尊重（リスペクト）」である。

いやー、なんだか急に論客になってしまった桑田真澄。

しかし、スポーツ界全体から見れば、彼のような「文武両道」型の指導者はまだ少数派だろう。日本人の四二%を占める体罰肯定（推進）論者は、桑田に対抗しうる論理を構築できるだろうか。バカヤロー理屈ではない、というのなら、それこそ軍隊式である。

(2013.04)

『それでも、体罰は必要だ！』戸塚宏＋田母神俊雄、ワック、二〇一〇年〈ヨットレースの世界で世界記録をうちたて、自身のスクールでは600人を超える問題児の更生に成功している戸塚氏。航空幕僚長として、約5万人もの部下の指揮をとってきた田母神氏。（略）〝あるべき教育の姿〟がここにある！〉（カバー）というが、中身は戦前の教育にも似た単純すぎるスパルタ教育のすすめ。

『新・野球を学問する』桑田真澄＋平田竹男、新潮文庫、二〇一三年〈知性派の大エース桑田真澄が「学問」という武器を得た！　早稲田大学大学院の指導教官との対話を通じて、科学的根拠に基づく野球指導の重要性を説く〉（カバー）。勉強しないことを誇る体育会的な気質に嫌気がさした平田と、野球は考える競技だから勉強は役に立つと語る桑田。文字通り「文武両道」な示唆に富む対談。

『近代スポーツのミッションは終わったか　身体・メディア・世界』稲垣正浩＋今福龍太＋西谷修、平凡社、二〇〇九年〈スポーツはいずこより来たりて、いずこへ向かおうとしているのか。《スポーツ史》、《文化人類学》、《思想・哲学》と、それぞれ立場の異なる3人が、《スポーツ》という共通の土俵で、徹底討論する〉（帯）。五輪は北京で国威発揚と過剰な競争原理の場に、など刺激的な鼎談。

日本の対米追従はいつまで続く

「日本ってどうしてこうなのかな」「そりゃあ敗戦国だからね」「アメリカの属国だってことだよね」「植民地というかね」くらいの無責任な会話なら、たしかに私もよくしている。「こう」とはすなわち「過剰なまでの対米追従路線」のことである。

どう考えても自国に不利益な政策を政府が推し進め、メディアもそれに乗る。イラク派兵しかり、郵政民営化しかり、普天間飛行場の移設問題しかり、TPPしかり。その背景に米国の意向があると考えるのはいまや「日本の常識」に近い。だってアメリカは世界の番長国家だし、日本はそのパシリじゃない？　とはいえそれはあくまで居酒屋談義レベルの話である。「米国陰謀論」ですべて片付くほど世界は単純ではない（はずだ）とも思ってきた。

ところが、こうした居酒屋談義にお墨付きを与える（？）かのような日米関係論の本が続々と登場している。一例が孫崎享『戦後史の正体』（創元社、二〇一二年）だろう。「米国の圧力」をキーワードに戦後の歴代首相を「対米追従」派と「自主」派に分け、米国に逆らった政治家はパージされたと述べるこの本は、岸信介を「自主派」に位置づけるなど（ウソ〜！）、陰謀史観の匂いが強く漂うが、これがベストセラーになったのも「過剰な対米追従路線」に不満な読者が多かったためだろう。右派、左派を問わず、不合理な日本の政策に不審の念を抱いている人は少なくないのだ。

いったい日本はなぜここまで対米従属的なのか。何冊かの本を読んでみた。

現在もまだアメリカ占領下!?

前泊博盛編著『本当は憲法より大切な「日米地位協定入門」』はくだんの『戦後史の正体』に続く創元社「戦後再発見」双書の第二弾。編著者は元琉球新報の記者である。

日米地位協定といわれても、多くの人は「米兵の犯罪を日本では裁けない協定のことだっけ」くらいの認識しか持っていないのではあるまいか。しかし、本書はいうのである。

〈みなさんよくご存じのとおり、一九四五年の敗戦から約六年半、日本は占領されており、占領軍（その実態は米軍）は日本国内で好きなように行動することができました。一九五二年四月に講和条約が発効し、日本は独立をはたしましたが、占領軍は新たに結ばれた日米安保条約のもと、在日米軍と名前を変え、日本に駐留しつづけることになりました。／その在日米軍が独立から六〇年たった今日でもなお、占領期とまったく変わらず行動するためのとり決め、それが「日米地位協定」（略）なのです〉。

頻発する米兵の犯罪はほとんど裁かれることがない。航空法で禁止された市街地上空でも超低空飛行訓練が行える。米軍基地内は環境保護法の規定外。税金も公共料金も払わない。逆に日本側が「思いやり予算」の名目で米軍の経費の一部を肩替わりする。地位協定の具体的な弊害は、枚挙にいとまがないほどだ。

実感として「そうだったのか！」だったのは、羽田空港から中国四国九州方面へ向かう飛行機が、離陸後に房総半島方面を目指し、東京湾上でわざわざ旋回して西を目指す理由である。こんな不自然なルートをとるのは、一都八県の上空が「横田ラプコン」と呼ばれる米軍の巨大な支配空域になっているためだという。〈横田、座間、厚木、横須賀と、都心から三～四〇キロ圏内に、まるで首都東京をとりかこむような形で米軍基地が存在しているのです。さすがにこんな国は、世界中さがしてもどこにもないでしょう〉。

二〇〇四年、沖縄国際大学に米軍ヘリが墜落した際、米軍は日本側の立ち入りを拒否した。野田佳彦首相（当時）は米軍のオスプレイの強行配備に対して「米軍にどうしろ、こうしろとは言えない」と述べた。巨大な治外法権の区域が日本には存在しているのである。

一九五二年にサンフランシスコ講和条約とセットで発効した日米安保条約と日米行政協定（日米地位協定の前身）。米軍立川基地を違憲と判断した一審の判決を最高裁が全員一致でくつがえした一九五七年の砂川裁判。日本の政府や司法が積極的に対米追従路線を強めていった密約の歴史にも驚くが、さらにショックなのは、ここまで追従的な国はほぼ日本だけという事実である。同じように米軍が駐留し、似たような地位協定を結びながら、韓国の議会やメディアは政府批判を辞さないし、フィリピンは一九九二年までに米軍を撤退させた。日本の占領政策を手本にしたとされるイラクでさえ、二〇一一年に米軍の完全撤退を実現させている。それなのに日本だけがなぜ？

国内に巨大な外国軍を駐留させ、治外法権を与え続けた結果、日本の法体系は破壊されてしまったからだと前泊はいう。〈憲法を頂点とする表の法体系の裏側で、米軍基地の問題をめぐってアメリカが日本の検察や最高裁を直接指示するという違法な権力行使が日常化してしまった。それが何度もくり返されるうちに、やがて「アメリカの意向」をバックにした日本の官僚たちまでもが、国内法のコントロールを受けない存在になってしま〉ったのだと。

政治家以上に官僚が「アメリカの奴隷」と化しているという恐るべき事実。

では政治家はどうなのか。「愛国心」とか「国益」とかいいたがる保守系の政治家ほど対米従属的だという矛盾。日本も独自の軍隊を持つべきだ（あるいは核武装すべきだ）と勇ましいことをいうわりに、アメリカにだけはみな簡単に屈服する。尖閣諸島には口出ししても横田基地の返還問題には手をつけなかった石原慎太郎前東京都知事もそう。自衛隊を国防軍にすると息巻きつつ、ＴＰＰの交渉参加をあっさり約束した安倍晋三首相もそう。

保守系政治家の立場から日本の過剰な対米追従路線を批判した小林興起『裏切る政治』は、この不可解な事態を「裏切りのシステム」と呼び、原因として四つの要素をあげる。

第一に一九九四年に導入された小選挙区制と政党助成金制度（「公認」と「金」に縛られた政治家が政権トップに異を唱えられなくなった）。第二に「日本の政治家や官僚に特有の忖度《そんたく》」（反米的とみなされた外務官僚は干される）。第三に「マスコミの不勉強」（記者クラブに縛られたメディアは官僚のいいなりで、反米的な記者は干される）。第四に「官邸（首相）の権限肥大化」。〈いまの日本にとって深刻なのは、このシステムの下では、首相１人の首根っこさえ押さえてしまえば、どんな政策でも意のままに通せてしまうということ、かつ首根っこを押さえる勢力が実際にいるということである。／その勢力とは、もちろんアメリカである〉。はあ、そういうことね。

乗った大船が泥船だったら

『裏切る政治』が「日本の属国化」の元凶として再三言及しているのは、関岡英之『拒否できない日本』（文春新書、二〇〇四年）が明らかにして有名になった「年次改革要望書」である。日本への要求を米国が具体的に記したこの文書は、二〇〇九年に政権交代して発足した鳩山由紀夫内閣が「対等な日米関係」を打ち出して一度廃棄されたが、二〇一一年、次の菅直人内閣で「日米経済調和対話」に衣替えして復活したという。

アメリカが日本を支配するための「憲法（に似たもの）」が日米地位協定だとしたら、年次改革要望書だか日米経済調和対話だかは「法律（に似たもの）」なのだろうか。である以上、日本が番長国家の支配を脱け出すのはもう不可能なのか。

とんでもない、番長国家が永遠に続くと考えることこそが間違いだ。そう主張するのが、チャルマーズ・ジョンソン『帝国解体』である。著者は米軍の巨大なネットワークを「軍事基地帝国」と呼び、それを知らないのはアメリカ人だけだと批判する。〈世界各地に七三七の米軍基地がある。イラクとアフガニスタン以外でも一三〇カ国以上にある米軍基地に、アメリカは五〇万以上の兵士、スパイ、委託業者、兵士たちの扶養家族などを配置している。それらの国の多くは独裁政権に統治され、一般市民は米軍が自国の領土に入り込むことについては何の発言権も持たない〉。

その例としてジョンソンは沖縄をあげる。〈レイプ、犯罪、事故、環境破壊の問題に対して、沖縄の人々は繰り返し抗議してきた。しかしこれまで米軍は日本政府と歩調を合わせて、抗議を無視してきた〉。これこそが〈帝国主義的な基地政策の顕著な例〉だと。

ただし、ここからが肝心。その帝国主義的支配も終焉に向かっているというのが本書の主張だからである。理由は二つ。第一に軍事費は破滅的な規模に膨れあがり、米国の財政がすでに破綻しつつあること。第二に、ブッシュ政権のアフガン、イラクへの攻撃以来、世界的な反米意識が高まっていること。世界に七〇〇以上ある基地を解体しない限り〈アメリカは想像よりずっと早く、帝国の過剰肥大、果てしなく続く戦争、そして破産という三つの壊滅的な結末を迎えることになるだろう〉。〈アメリカという経済大国がだれの目にも明らかな無能の姿をさらしながら、一方で覇権国家の役割を担うことは不可能である。帝国主義の歴史上、そのような体制は続いたためしがない〉。

この本は対米追従の根幹である「大国の威光」自体が危機に瀕していること、また当のアメリカ国内でも日本政府の従属的な態度を不可解とみなす知識人が少なくないことを教えてくれる。大船に乗ったつもりが、その船は泥船かもしれないのだ。ジョンソンはいう。〈自分の国に存在する米軍にうんざりしている国々に提案したい。手遅れにならないよう、いまのうちに基地からお金を取っておきなさい、と。もっと金を出すか、でなければ出て行けとアメリカに言うべきだ、と。私がそう勧めるのは、アメリカの基地帝国は近いうちにアメリカを破産させるからだ〉。

倒れない帝国がないことは、ローマ帝国、オスマン帝国、大英帝国、そして九〇年代のソ連崩壊でも立証済みだ。番長もろとも沈むのか、自国が浮上する道を探るのか。もうひとつ大きい視点で考えると、現在の日本がますますバカに思えてくる。

(2013.05)

『本当は憲法より大切な「日米地位協定入門」』前泊博盛編著、創元社、二〇一三年　編著者は琉球新報の元論説委員長。二〇〇四年に地位協定の裏マニュアルといわれる外務省の機密文書「日米地位協定の考え方」全文をスクープした取材班のひとり。沖縄からの視点を重視しつつも、これは日本全体の問題だ、この協定の改定なくして日本の独立はない、と説く。語り口は平易だが、中身は衝撃的。

『裏切る政治――なぜ「消費増税」「TPP参加」は簡単に決められてしまうのか』小林興起、光文社、二〇一二年　著者は郵政民営化に反対して自民党を追われ、野田内閣の消費増税案とTPP交渉参加に反対して民主党を追われた。鳩山元首相の失敗は閣内に政策を実現する人材がいなかったことと述べる。永田町と霞ヶ関の対米追従路線を鋭く批判。政治家の本とは思えないほど（?）おもしろい。

『帝国解体――アメリカ最後の選択』チャルマーズ・ジョンソン／雨宮和子訳、岩波書店、二〇一二年　著者は知日派の政治学者。前著『アメリカ帝国への報復』（集英社）が9・11を予言したとしてベストセラーになった。ブッシュ以降、大統領権限が肥大し議会が機能せず、オバマ政権のアメリカは帝国維持のため民主主義さえ失いかけているなど、指摘は重いが語り口は痛快。

永山則夫事件から見た加害者の「闇」

二〇一二年一〇月一四日に放映されたNHK・ETV特集「「永山則夫100時間の告白」封印された精神鑑定の真実」は衝撃的な内容だった。私が見たのは一〇月二一日深夜の再放送だったのだが、仕事をしながらのチラ見のつもりが途中から釘付けになってしまった。

その「ETV特集」が一三年二月、本になった。堀川惠子『永山則夫　封印された鑑定記録』である。著者は『死刑の基準――「永山裁判」が遺したもの』（日本評論社、二〇〇九年）などの著書もあるフリーのドキュメンタリー・ディレクター。『死刑の基準』は永山則夫の書簡や関係者の証言を通して逮捕後の永山像に迫った作品だったが、『永山則夫　封印された鑑定記録』ではそこに書かれなかった事件に至るまでの過程が明かされている。

『無知の涙』（合同出版、一九七一年／河出文庫）などでそれなりに知っているつもりだった永山則夫の肉声と、新たな取材で浮かび上がった知られざる真実。半世紀近く前の事件ながら、そこには日本の裁判のあり方から、犯罪報道、家族の問題にまでかかわる闇があったのだ。

事件の背後にあったPTSD

まず、ざっとしたおさらいから。永山則夫事件とは一九六八年の一〇月から一一月にかけ、東京、京都、函館、名古屋で四人が射殺された事件である。

「連続射殺魔事件」としてそれは世間を騒然とさせるが、半年後に逮捕されたのは射殺魔のイメージとはほど遠い一九歳の少年だった。当の永山則夫がかたくなに口を閉ざすなかで報道は過熱し、彼の貧しい生い立ちが知られるにつれ、動機は「金ほしさ」だということにされ、事件は「貧しさゆえの悲劇」として語られていく。獄中のノートをまとめた『無知の涙』はベストセラーになり、永山に同情する声も上がったが、一九九〇年に死刑が確定。九七年八月、死刑が執行された。

しかし、と堀川惠子はいうのである。

〈二一年もの歳月を費やして行われた裁判も、その解明には何の役にも立たなかった。法廷はもっぱら死刑判決を確定させるための手続きを踏むだけの場と化し、被告人を絞首台に送るに不必要な材料、具体的には「少年の犯行の動機」には深くふれようともしなかった〉。

解明されなかった事実とは、では何だったのか。

その手がかりが長く封印されてきた「石川鑑定」、すなわち精神科医・石川義博氏による精神鑑定の記録である。一審の公判中だった一九七四年に行われた永山の鑑定は二七八日間、鑑定書は二段組み一八二ページに及び、石川医師はしかも家族への聞き取りも含めた一〇〇時間分もの録音テープを保管していた。石川医師にこの録音テープを託された堀川は永山の生育史を丹念にたどり、「貧しさ」「金ほしさ」という事件観を覆す結論に達するのだ。

一九四九年、永山則夫は八人きょうだいの下から二番目(四男)として北海道網走市で生まれ、青森県板柳町で小中学校時代をすごした。賭博好きの父は永山が生まれてまもなく家出し、一家は母の行商で生計を立てるが、永山は母に愛された記憶がない。家族の面倒を見、唯一永山が慕っていた一九歳上の姉(長女)は心を病んで入院し、一方母は、永山が四歳のとき、一三歳の三女から幼い永山まで四人の子どもを網走に置き去りにして家を出た。厳寒の網走で四人の子どもは「乞食同然」の一冬をおくる。小学五年生のとき長女は退院したが、近隣の男性との間にできた子どもを七か月で堕胎させられ、再び精神を病む。堕胎した胎児を近所の墓場まで運んで埋めたのは永山だった。加えてリンチに近い兄（次男）の暴力。中学一年で知らされた野垂れ死にに等しい父の死……。

事実関係にばかり目が奪われるけれど、留意すべきは二点。ひとつは「虐待の連鎖」である。永山の母は、自らも幼くして母とその再婚相手の虐待を受け、厳寒の樺太で置き去りにされた経験を持つ児童虐待の被害者だった。もうひとつは、幼児期の虐待が当人の心（もっといえば脳）にもたらす深刻な影響についてである。上京後の永山は、極端な人間不信と被害妄想にとらわれ、仕事場からの逃亡と自殺未遂を繰り返すようになる。

石川鑑定は、当時ほとんど知られていなかったＰＴＳＤ（心的外傷後ストレス症候群）の概念を援用した日本ではじめての鑑定となった。鑑定書には次のように書かれている。

〈一部の脳波の発達が他に比べて何らかの原因で遅滞し、発達異常を来したものと考えられる。（略）これらは、被告人の脳にある種の脆弱性が存在することを示している。脳の脆弱性は人格の形成分化にさいして、生い立ちの劣悪な環境条件と共に生物学的にこれを既定し、また強い情動刺激を受けた場合、自殺念慮や抑うつ反応を強めたり、心身の病的緊張状態から衝動の爆発を惹起しやすくした可能性がある〉。

そして著者の堀川は付け加える。〈永山の口から語られる苦悩は、彼を包んだ「家族」との関係に密接にかかわっている。これから事件まで二年あまりの軌跡に耳を傾けてゆくと、あらゆる出来事の背景には、さらに母や兄たちの存在が色濃く浮かび上がってくる〉。

もちろん壊れた家族の中で育った人がみな犯罪に走るわけではなく、犯罪者がみな虐待の被害者ではない以上、生育環境と犯罪の間に因果関係はないという見方もできるだろう。とりわけ事件の直接の引き金となった動機を過去と結びつけて特定するのは容易ではない。しかし、あらゆる事件に「遠因」と「近因」があるとするなら、「遠因」としての生育歴は無視できまい。実際、こういうタイプの犯罪加害者が永山則夫だけではないのも事実なのだ。

光市事件も、秋田の事件も

一九九九年四月、一八歳の少年が二三歳の母親とまだ一一か月の赤ん坊だった長女の命を奪った、いわゆる「光市母子殺害事件」はどうだろう。

事件の残忍性、死刑を求める被害者家族の主張、上告審の前と後での弁護人の交代や弁護方針の変更など、数々の論点を含んだこの事件は、世間の非常な注目を浴びた。しかし、検察側が提出した少年の手紙の著しく不謹慎な内容や、上告審で弁護団が主張した「母胎回帰ストーリー」の荒唐無稽さなどが強調されるばかりで、事件の遠因を追った報道はほとんどなかった。

被告少年の立場から事件の全貌を描き出した本はいまのところ見当たらない。ただ、これまでに出版された複数の本を参照するだけでも、少年の過酷な生育歴は知ることができる。少年は幼い頃から母親とともに父親の激しい暴力を受け、母親との性的色彩を帯びた共依存的な関係の中で育った。母親は少年が一二歳のときに自殺した。少年の精神鑑定は、父親から殺されるかもしれないという日常的な恐怖と母親の自殺現場を見た体験が〈被告人の強烈な精神的外傷として記憶され〉、〈被告人の少年期、何度となく内面を脅かしている〉と述べている。また、少年の発達レベルを家裁の記録は四・五歳と、鑑定医は一二歳程度と鑑定した（『光市事件裁判を考える』）。

二〇〇六年四月から五月にかけて小学四年生の女児と近隣に住む一年生の男児の命が奪われた、いわゆる「秋田連続児童殺害事件」の場合にも、似たような傾向が見てとれる。

被告の生い立ちと裁判の経緯を追った鎌田慧『橋の上の「殺意」——畠山鈴香はどう裁かれたか』によると、畠山鈴香の子ども時代も悲惨というしかない。事件前に彼女が精神科で下された診断は、辛い体験から逃れるために心理的に別の人格をつくりあげる「解離性障害」。起訴後の精神鑑定では、強い自殺願望と同時に「心因性健忘」が指摘されている。〈鈴香は子どものころから、父親の暴力に遭っていた。学校ではいじめられていた。それで解離性障害が進行した。いじめられている自分から脱出する。それは一種の「処世術」でもあったが、彩香ちゃんの転落事故がそれを激化させ、健忘となってあらわれた、と考えられる〉と著者の鎌田慧は解釈する。

永山事件や光市事件とちがって、秋田の事件は少年事件ではない。ひとくくりには語ることはできないだろう。ただ、両事件と共通するのは「不可解な凶悪事件」の裏には思わぬ「遠因」が隠されているかもしれないという可能性である。

しかし、永山裁判における石川鑑定のように被告の生育史にまでふみこんだ丁寧な鑑定が行われるのは希だし、たとえ行われても鑑定の結果が裁判に生かされるケースは少ない。永山事件では一審が死刑、二審は石川鑑定を重視して無期懲役刑となるも、最高裁は二審の判断を退けて死刑が確定した。光市事件では少年事件の死刑の基準とされてきた「永山基準」をくつがえす形で、最高裁は一・二審の無期懲役判決を破棄し、二〇〇八年、やはり死刑が確定した。秋田の事件は一・二審とも無期懲役、高検が上告を断念して無期懲役が確定したが、それは鑑定の結果を入れたためではなく、判決後には「刑が軽すぎる」「死刑にすべきだ」との声が相次いだ。

〈日本の司法は、人々が納得する応報的な刑罰を科すことばかりに主眼が置かれ、被告人を事件に向かわせた根本的な問題に向き合ったり、同じ苦悩を抱える人々に示唆を与えるような修復的な機能はほとんど果たしていません。近年の裁判員裁判では、審理の効率化や裁判員への負担軽減ばかりが優先され、被告人に向き合う作業はますます疎かにされているように感じます〉と堀川恵子はいう。
　事件が起きるたびに取りざたされる加害者の「心の闇」。しかしほんとの「心の闇」は吟味されぬまま、多くの裁判は結審し、死刑囚だけが増える。遺族感情に仮託して「あんなやつは死刑にしてしまえ」と叫ぶだけでは犯罪は抑止できない。四〇年前の石川鑑定は「裁判も報道もこれでいいのか」という問いを、私たちに突きつけている。

(2013.06)

『永山則夫　封印された鑑定記録』堀川恵子、岩波書店、二〇一三年　事件から六年目の一九七四年（永山は二四歳）にカウンセリングの手法で行われた「石川鑑定」。その録音テープから長く見過ごされてきた永山と家族の歴史、永山の心の内、事件の真相に迫るノンフィクション。遠因（家族関係）のみならず近因（事件直前の出来事）にも肉薄し、「貧しさによる悲劇」という定説に異を唱える。

『光市事件裁判を考える』現代人文社編集部編、現代人文社、二〇〇八年　弁護団と学者による座談会、作家やジャーナリストの寄稿、Q＆Aなどで構成。散漫な印象は拭えないが、少年の生育歴、DV被害者の刑事責任、報道は適正かなど、多様な論点が提出されている。一八歳から八年拘置所で暮らした被告には、医療少年院などで矯正の機会があってもよかったと述べた毛利甚八の論考が秀逸。

『橋の上の「殺意」——畠山鈴香はどう裁かれたか』鎌田慧、平凡社、二〇〇九年（→講談社文庫）裁判記録や周辺取材から「秋田連続児童殺害事件」の加害者の実像と事件の背景を追ったノンフィクション。緻密さに欠ける弁護や裁判も批判する。無期懲役刑の判決を「遺族の被害者感情と世論の厳罰要求に屈しなかった」と評価する一方、橋の欄干から娘を突き落としたという説へ疑問を提示する。

慰安婦問題と日本の名誉

「なぜ日本の慰安婦問題だけが世界的に取り上げられるのか。日本は『レイプ国家』だ、国をあげて強制的に慰安婦を拉致し、職業に就かせたと世界は非難している。その点についてちがうところはちがうと言わないといけない」（論点① 軍の強制はなかった）。

「あれだけ銃弾が雨嵐のごとく飛び交う中で命をかけて走っていくときに、そんな猛者集団、精神的にも高ぶっている集団をどこかで休息をさせてあげようと思ったら、慰安婦制度は必要なのはだれだってわかる」（論点② 慰安婦は必要だった）。

「慰安婦制度じゃなくても、風俗業は必要だと思う。だから沖縄の普天間に行ったとき、（米軍の）司令官に『もっと風俗業を活用してほしい』と言った」（論点③ 風俗業を活用せよ）。

以上、二〇一三年五月一三日の会見で橋下徹大阪市長（「日本維新の会」共同代表）が口にした「慰安婦は必要だった」発言（要旨）の、特に聞き捨てならない部分である。一連の発言が世界を駆け巡り、国内外から激しい批判を浴びたのはご存じの通り。

とはいえ市長自身は、自民党の閣僚にまで「慰安婦制度は女性の人権に対する侵害だ」（稲田朋美行政改革担当相）などと批判されることに納得いかなかっただろう。論点②③はともかく、論点①の総元締めは当の自民党。彼らこそ「軍による慰安婦の強制はなかった」と主張してきた張本人だからである。これもひとつの機会。慰安婦問題を復習してみることにした。

「強制はなかった派」の論拠

「慰安婦」問題は、一九七八年に出た千田夏光『従軍慰安婦』(三一新書/もとは双葉社、七三年)の頃から論じられてはいたものの、社会的に大きな関心を集めた最初のピークは一九九二年、一月一一日の朝日新聞が「慰安所　軍関与示す資料」という記事を一面で報じたのがキッカケだった。訪韓を控えた当時の宮澤喜一首相が一四日の記者会見で「軍の関与を認め、おわびしたい」と述べ、国連人権委員会からの勧告などもあって、翌九三年八月には、政府の公式見解として、軍による強制を認め、謝罪を表明した河野洋平官房長官の談話(いわゆる「河野談話」)が出された。

二度目のピークは二〇〇七年、第一次安倍晋三内閣のとき。一月、米下院のマイク・ホンダ議員が日本政府に慰安婦問題に関する謝罪と責任の表明を求める決議を提出したのがキッカケだった。三月一日には安倍首相が「軍が強制した証拠はない」と発言。三月一六日には「政府が発見した資料の中には、軍や官憲によるいわゆる強制連行を直接示す記述は見当たらなかった」とする答弁書が閣議決定されている。さらに六月には国会議員四四名と評論家ら一三名が連名で「慰安婦は公娼だ(だから国に責任はない)」などとする意見広告(「ザ・ファクト」)をワシントンポスト紙に出したが、それがまた火に油を注ぐ結果となり、同二六日米下院はくだんの提案を決議するに至った。

以来、この案件は結論が出ないまま、くすぶり続けている。軍による慰安婦の強制連行はあったのかなかったのか。慰安所は軍が設置したのか業者が勝手につくったのか。慰安婦たちは平時の公娼と同じなのか、過酷な「性奴隷」の状態にあったのか……。

以上の経緯を踏まえて、まず秦郁彦『慰安婦と戦場の性』を読んでみよう。「軍の強制はなかった派」が主張の根拠にしている本である。橋下発言に関しても「事実関係の大筋は正しい」と秦は述べていて（産経新聞二〇一三年五月一六日）、印象はよろしくないが、とはいえ本書は、明治の公娼制度から慰安所の実態、諸外国の例、「河野談話」以降までを射程に入れた労作だ。

「軍の強制」に関して、秦が疑問を呈しているのは主に二点。第一に元慰安婦として名乗り出た女性たちの証言、第二に『私の戦争犯罪』（一九八三年）などの著書で自ら「済州島で慰安婦狩りをやった」と告白した吉田清治の証言についてである。もっとも後者の証言については、現在ではほぼ否定されている。秦自らが吉田にインタビューし、また済州島に赴いて調査した結果、吉田が書いているような「慰安婦狩り」を裏付ける事実は見つからなかったためである。本人に悪意はなかったにせよ、朝日新聞はじめ多くのメディアが「かつがれた」のは事実なようだ。

厄介なのは前者である。〈慰安婦だった事実だけでも、立証困難な例が多いから、彼女たちが数十年の歳月を経て記憶だけを頼りに語る「身の上話」は雲をつかむようなものばかりである〉と秦はいい、韓国、フィリピン、中国、インドネシア、オランダ、日本の元慰安婦たちから選んだ〈サンプル的な「身の上話」〉を検証する。さらに（ここが念の入ったところだが）、それぞれの証言の裏を取るべく、彼女らがいた現場に近い元日本軍の将校や兵士を探し出し、両者の証言の食いちがいを執拗に洗い出してみせるのだ。その手つきたるや、犯罪を追及する警察か検察のごとし。

そこまで調査したうえで出た結論が〈朝鮮半島においては日本の官憲による慰安婦の強制連行的調達はなかったと断定してよいと思う〉。韓国側が信用できるとお墨付きを出した一九人の元慰安婦についてだけ見ても、「動員方法」は、軍人・軍属の暴力によるものが四件、就業詐欺が一三件（民間六件、官二件、軍人・軍属五件）、誘拐拉致が二件（民間一件、軍人一件）、売買一件（民間）。この中で「強制連行」に当たるのは、軍人・軍属による暴力四件と誘拐拉致二件の合計六件だが、いずれの証言も曖昧で〈官憲の仕業とは思えないふしがある〉。また、〈親族、友人、近所の人など目撃者や関係者の裏付け証言がまったく取れていない〉のも疑問である。

ここまで調べ尽くした情熱には頭が下がる。しかしはたして、たとえば就業詐欺（「日本に行けば金になる」などと誘う）は「強制」とはいわないのだろうか。秦の思惑とは裏腹に、この本に書かれている事実関係だけを見ても、慰安婦を集める手段は相当に悪辣で、とても「強制はなかった」「軍は関与していなかった」などと胸を張っていえる状況ではないのだ。

実際、二〇〇七年の米下院の決議を踏まえて出版された『ここまでわかった！　日本軍「慰安婦制度」』は、秦がいうような狭義の強制（軍による組織的な強制連行）だけが「強制」ではないと主張する。日本も加盟する当時の国際条約（「醜業ヲ行ハシムル為ノ婦女売買禁止ニ関スル国際条約」）は、未成年（満二一歳未満）の連行と、〈詐欺・暴行・脅迫・権力濫用・その他一切の強制手段〉による〈勧誘・誘引・拐去〉を禁じていた。これに反する以上、就業詐欺とて「強制」に相当する。「強制を示す資料はない」という意見に対しても「資料はある」として、この本の著者のひとり吉見義明は米軍の公文書を上げ〈日本の公文書がなければ「強制が」なかったといえるのでしょうか〉と反駁する。

日本の公娼制度はもともと「性奴隷」的

「強制」の概念ひとつとっても、この食いちがい。慰安所の設置や運営への軍の関与、慰安婦の待遇などについても同様の齟齬が見られる。居住、外出、拒否、廃業の自由がなかった慰安婦制度は〈性奴隷制度であるというほかありません〉と吉見はいい、〈廃業の自由や外出の自由についていえば、看護婦も一般兵士も同じように制限されていた〉と秦は書く。

両者が参照する資料や証言に大きな差はない。要は「解釈」「見解」の相違なのである。

である以上、両者の主張は永遠に平行線だろう。だが、いま問題にすべきは、そうまでして「強制はなかった」といい張ることにどれほどの意味があるのかだ。現在の国際常識では、管理売春はすべて「性奴隷」である。「慰安婦は公娼だった」などと主張したところで何の足しにもならず、まして戦前の日本の公娼制度は、他国とは比較にならないほど「性奴隷」度が高かった。日本の公娼制度の特徴は、女性を「郭」に閉じ込め行動の自由を奪う点にあった。多くは前借金に縛られ、事実上、廃業の自由はなかった。それを「必要悪」として日本の政府は容認していたのである。

そのへんを別の角度から論じているのが、倉橋正直『従軍慰安婦と公娼制度』である。

日中戦争当時、中国の最前線には多数の日本人町があり、内地と同じような売春が行われていた。しかし、太平洋戦争に突入する一九四〇年頃から状況が変わる。韓国人慰安婦の数が増え、東南アジア戦線で慰安婦の「性奴隷化」が進んだのはこの頃からだった。慰安婦には「売春婦型」と「性奴隷型」の二つがあったという倉橋の主張は、「強制はなかった派」と「あった派」の折衷案のようにも見えるが、倉橋が指摘するのは、そもそもの近代日本の公娼制度の特殊性である。

〈私は、むしろ、公娼制度を、日本の封建社会のありかたに規定された、日本社会に固有の売春のしくみととらえる。日本の封建社会のありかたが独特なものである以上、それに規定された公娼制度もやはり日本独特のものであった〉。

倉橋が指摘するのは、兵士の劣悪な待遇を前提にした民間業者と軍との馴れ合いである。他国の軍隊では軍自体が提供する福利厚生を、日本軍は駐屯地で民間の商人に担わせた。軍の駐屯地は元来、民間人が勝手に商売できる地域ではないが、それができたのは〈軍から正規に許可されたか、あるいは黙認されたからである〉。

秦郁彦ら「強制はなかった派」の主張を、西野瑠美子は次の四つに分類する（『ここまでわかった！

日本軍「慰安婦」制度』)。①軍による強制（連行・管理）を示す証拠はない、②強制したのは業者である、③被害者の証言を証明するものがない、④慰安婦は「性奴隷」ではなく「商行為」だった。橋下や安倍が主張するのもこの四点だが、ここに固執する限り、日本の信用は失墜するばかりだろう。

冒頭にあげた橋下発言の論点②③は戦前戦中の軍人ないし政治家の発想を彷彿させる。公娼制度も慰安婦制度も、このような考えの下で容認されたのであろう。日本の名誉を回復するはずが、かえって日本の恥をさらしていることに、要人のみなさまは早く気づいたほうがいい。

(2013.07)

『慰安婦と戦場の性』秦郁彦、新潮選書、一九九九年　自民党の「強制はなかった派」が主張の根拠とする大著。史料や統計、元慰安婦の証言を子細に検討。〈軍の強制はな〉く〈慰安所の生活は内地と似たりよったり〉で、「河野談話」は韓国との政治取引だったというのが秦説。〈一切の情緒論や政策論を排した〉というが、元将校の証言は信用し元慰安婦の証言には疑義を挟むなど恣意性も窺える。

『ここまでわかった！　日本軍「慰安婦」制度』日本の戦争責任資料センター／アクティブ・ミュージアム「女たちの戦争と平和資料館」編、かもがわ出版、二〇〇七年　「加害責任はどこまで明らかになっているか」（吉見義明）、「『慰安婦』制度はどのように裁かれたのか」（林博史）、「被害者の証言は何を明らかにしているか」（西野瑠美子）の報告を中心に「強制はなかった派」への反論を展開。

『従軍慰安婦と公娼制度――従軍慰安婦問題再論』倉橋正直、共栄書房、二〇一〇年　『従軍慰安婦問題の歴史的研究』（一九九四年）で慰安婦には「売春婦型」と「性奴隷型」がいたと唱えた著者による続編。オムニバスなので問題の全貌はつかみづらいが、前線での軍と民の共生や近代日本の公娼制度を独自の視点で整理するなど、「強制はなかった」「あった」論争に別の角度からの視点を提供。

民主党政権、自爆への軌跡

二〇一三年七月二一日の参院選で衆参の「ねじれ」が解消され、自民党の独裁体制がますます強固になりつつある（だろう）いま、民主党政権の三年三か月について蒸し返したい。私がこの件にこだわるのは「あの政権交代は何だったの？」という憤懣がまだくすぶっているからだが、と同時に「民主党に裏切られた」といういい方にも違和感が残る。封建時代の領民ではあるまいし、裏切られたもヘチマもない。その政権を自分で選んで自分で捨てたのはだれなのさ。

第二次安倍晋三政権は、第一次安倍政権（二〇〇六年九月〜〇七年九月）の文字通りの「つづき」である。福田康夫、麻生太郎、鳩山由紀夫、菅直人、野田佳彦という五人の総理大臣の時代を経て、日本は七年前に（私の感覚では最悪の時代に）逆戻りしたかのようである。改憲、歴史認識の見直し、教育再生といった「安倍の趣味」としか思えぬ案件に加え、政府与党は再分配より景気対策を優先し、TPPへの参加を急ぎ、沖縄の米軍基地を固定化させ、原発の維持と輸出に余念がない。まるで政権交代も東日本大震災も福島第一原発の事故もなかったみたいだ。

しかし、次の選挙（解散がなければ二〇一六年夏？）までは嫌でもこの体制が続く。はたして次の政権交代は可能なのか。いや、その前に民主党政権の三年三か月とは何だったのだろうか。

爆弾発言で自滅した民主党の歴代首相

まず政治学者の本を読んでみよう。山口二郎『政権交代とは何だったのか』と小林良彰『政権交代――民主党政権とは何であったのか』は、ともに政権交代からの足跡をたどり、民主党の政策と政治手法を批判的に検証した本である。いずれも野田政権の退陣以前に書かれているのが興味深い。つまり野田政権の半ばで「政権交代は失敗だった」「民主党政権は終わった」という総括モードに、彼らは入っていたのである。もはや忘却しそうな三年余を、ざっと復習しておこう。

①鳩山政権（二〇〇九年九月～一〇年六月）

七〇％超の高支持率でスタートした鳩山内閣の最初の壁は、マニフェストを実現するための財源だった。だが、決定的な転機は普天間飛行場の移設に関する首相の「最低でも県外、できれば国外」発言であろう。党内は紛糾。移設先を提示できずに翌一〇年五月、首相は発言を引っ込め、社民党が政権を離脱。小沢一郎幹事長の秘書逮捕や首相自身の献金問題などもからんで支持率は急落し、六月二日、小沢一郎の幹事長辞任とセットで首相は辞任を表明した。

②菅政権（二〇一〇年六月～一一年九月）

菅内閣の発足で支持率は六〇％台に回復するが、七月の参院選を前に、菅は公約になかった消費増税を宣言する。参院選は敗北し、党内の対立は深刻化。ねじれ国会の中で、企業減税、ＴＰＰなど、首相は政権交代時とは逆向きの政策に舵を切る。一一年三月の震災後は「脱原発依存」の方針を打ち出すも、自民党ら野党は具体策がないと批判。党内での「菅おろし」も激しさを増し、再生エネルギー法などの成立と引き替えに、八月二六日、首相は退陣を表明した。

③野田政権（二〇一一年九月～一二年一二月）

党内融和を説いて代表戦に勝った野田政権の政策は、もはや当初の「民主党らしさ」とは別物だった。一一月にはＴＰＰへの交渉参加を表明し、自公との三党合意の下、翌一二年二月には消費増税等を含む「税と社会保障の一体改革」を閣議決定（八月に可決成立）するが、党内の反発は強く、七月、小沢グループはついに民主党を離脱、新党（国民の生活が第一）を結成した。一一月一四日、安倍総裁との党首討論の場で首相は突然、解散宣言する。敵に塩を送るも同然の解散だった。

唐突な「普天間県外移設」発言でコケ、「政治とカネ」で苦しんだ鳩山首相。唐突な「消費増税」発言で支持を失い、政権運営に苦しむあまり、政権交代時の政策を捨てた菅首相。自公に擦り寄って党の分裂を招き、しかし最後はやはり唐突な解散宣言で自爆した野田首相。この党の代表は、いったいどこまで爆弾発言が好きなのか。権力闘争に明け暮れた三年半。鳩山・菅・小沢の「トロイカ体制」がいかに脆弱だったかも思い知らされる。

では、政権交代の功罪とは何だったのか。

小林良彰は〈政権交代さえすれば政治が良くなるというのは神話にしか過ぎない〉といいきっている。政権交代は〈有権者が望んだ政治をもたらしたわけでも、民主党が掲げたマニフェストを実現したわけでもない〉。投票行動から見て、日本の有権者は、政策や業績評価ではなく、所属政党や経歴で候補者を選ぶ。そんな国にイギリス式のウェストミンスター型デモクラシー（二大政党制下で各党がマニフェストを示し、政権を付託された党がマニフェストに基づいた政策を実現させる）はそぐわず、コンセンサス型デモクラシー（比例代表制や中選挙区制によって多様な国民の意見を議会に反映させ、議会での討論で政策を決定する）のほうが望ましい。それが小林の主張の骨子である。

たしかにその通りかもしれない。よくいわれるように、二〇〇九年の政権交代は政権交代だけが目的だった。あれは自民党への懲罰選挙でしかなかった。反自民の勢力を結集できたから運よく勝てたが、党内の政策が一致していない以上、政権が崩壊するのは当たり前である……。しかし、その種の論議をいくらしても、話は先に進まない。別の角度からのアプローチはないのか。

山口二郎は〈民主党内の対立は、あえて単純化すれば「クリーンな新自由主義」と「ダーティな再分配政治」というかつての自民党内に存在したものと類似したものであった〉とし、民主党政権の失敗の原因を分析したうえで、それでも〈たった一度の政権交代ですべてが変わるなどと考える方が非現実的な夢想である〉と述べる。〈民主主義には幻滅がつきものである。当初の理念に反することが起こった時、こんなはずではなかったと思えることをそのまま批判できるから民主主義である〉。

小林は二〇一二年三月の調査結果として、政権交代は「よかった」が過半数だが（五三％）、政治は「変わらない」が過半数（五八％）という数字を示している（慶應義塾大学市民社会ガバナンス教育センター調査）。

よくよく考えてみると、民主党政権はたしかに迷走し、マニフェストの多くを反故にしたが、かといって「自公政権以上の悪政を敷いた」ともいえないのだ。

それでも評価ポイントはある

鳩山首相に評価ポイントがあるとしたら、やや逆説的だが、普天間問題を可視化させたことだろう。つけ加えれば山口二郎は〈県外移設という鳩山首相の構想を実現する可能性が全くなかったわけではない〉と述べ、米国側には「新政権の出方待ち」の姿勢もあったこと、しかし外務官僚があらゆる手を尽くして鳩山の意向を阻止しようとしたことを紹介している。

民主党の政策を崩壊に導いた「A級戦犯」の菅首相も、3・11後、浜岡原発を停止させ、エネルギー政策を大転換して「脱原発依存」を打ち出したことは評価に価する。野党とメディアの「無責任だ」「具体策を示せ」コールによって「私の個人的な考えだ」と発言を後退させたとしてもだ。

「いいとこなし」に思える野田首相にさえ評価ポイントは見つかる。「エネルギー・環境戦略」に「二〇三〇年代に原発ゼロ」を入れたことである。ゆるい目標値とはいえ、この方針が意見聴取会、パブリックコメント、討論型世論調査という民主的な手続きを踏み、当初「一五％」だった数字を「ゼロ」に修正した点は特筆される。野田の失敗は、経済界の圧力に負けてこの方針の閣議決定を見送ったこと、さらには解散でこれらをすべてチャラにしたことである。

こうしてみると民主党は「悪」というより「愚」なのだ。

この三年三か月で私たちが学んだのは、民主党の政策実現能力の低さもさることながら、従来の国家の方針と異なる道に踏み出そうとすると、官僚組織は全力でたたきつぶしにかかり、財界やメディアは露骨に牙をむくという事実である。民主党の政策の多くは頓挫したが、政策自体は悪くなかった。逆にいえば、自民党は野党になってもなお「体制」だったのだ。

では、民主党に再生の芽はないのか。

細野豪志『未来への責任』におもしろいことが書いてあった。

〈三年間の野党経験を経て与党に復帰した自民党の姿を目の当たりにして感じるのは、今や自民党から穏健な保守勢力は消え去り、国家主義が跋扈していることである。この流れは、日本維新の会の登場で加速している。占領憲法が「日本を孤立と軽蔑の対象に貶め」たとした維新の新綱領に、私は目を見張った。そして、こうした考え方とは対峙しなければならないと決意した〉。

自民党が右傾化し、その補完勢力まで現れたため、〈かつての自民党に息づいていた穏健派〉の座が空席になっていた。民主党はその路線でいくというのだ。なんという皮肉なタナボタ。

先の総選挙での大敗後、反省したのか、暇になったのか、民主党はようやく「新綱領」をまとめた。議論の中では「リベラル」「穏健保守」「中道」などの言葉を盛り込む提案もあったが〈いずれの提案をする議員も、具体的な目指す社会を議論すると、その姿が一致した〉と細野はいう。野党でいた三年間に自民党が「国家主義的政党」に変貌したように、民主党は「リベラル」だか「穏健保守」だか「中道」だかに脱皮できるだろうか。

民主党に甘い？　いや、私は将来の展望について語っているのだ。あのまま行っても政治不信が募るだけ。リセット&リスタートするためにも、民主党は下野して正解だったかもしれない。自分たちがさんざん苦しめられたように、せいぜい安倍自民党の攻撃に邁進してもらうしかあるまい。当面の民主党の存在意義は、だってその一点しかないんだから。

(2013.08)

『政権交代とは何だったのか』山口二郎、岩波新書、二〇一二年　民主党政権誕生の理論的支柱（?）として間近に政権を見てきた政治学者による政権交代論。民主党政権はなぜ社民主義的な政策と政治主導を貫けなかったのか。税制、社会保障、基地問題など項目ごとに成功と失敗の例をあげ、場当たり的なメディアや市民にも政治的成熟を求める。民主党論より後半の民主主義論がおもしろい。

『政権交代――民主党政権とは何であったのか』小林良彰、中公新書、二〇一二年　選挙制度や投票行動のプロらしく（?）、内閣支持率や世論調査などの数字を駆使した民主党政権論。なぜ首相交代のたびに政策が変わり「決められない政治」が続いたのか。政権内の意志不統一、小沢派と反小沢派の確執など、政局的な話題中心なのは物足りないが、選挙制度を論じた最終章はおもしろい。

『未来への責任』細野豪志、角川oneテーマ21、二〇一三年　民主党政権時代には原発事故担当大臣、環境大臣などを務め、次期リーダーの呼び声も高い、現民主党幹事長による再出発宣言（?）。全体に低姿勢のお詫びモードながら、自らの思想信条ではなく「民主党第三世代」として党の理念を熱く語る。歴代首相の唐突な発言にどう振り回されたかなど現場ならではの逸話がおもしろい。

若者の「政治離れ」を止めるには

二〇一三年七月二一日の参院選は案の定の結果で終わったが、ネットによる選挙運動の解禁という話題と同時に、今回改めてクローズアップされたのが「若者の低投票率」の問題だった。

今参院選の投票率は五二・六％で、前回参院選（二〇一〇年）の五七・九％を下回り、戦後三番目の低さという。年代別の投票率は、二〇〜二四歳が三一・二％、二五〜二九歳が三五・四％、三〇〜三四歳は四〇・九％、三五〜三九歳は四六・二％。二〇代の三人に二人、三〇代の二人に一人は投票に行かない、それが常態化しているのである。

そのため選管をはじめとする行政も、各種メディアも団体も商店街までもが「若者よ、投票に行こう」と呼びかける。着ぐるみを着たスタッフがポケットティッシュを配るとか、投票したら何らかの特典サービスが受けられる「選挙割引」を実施するとか。

そういう問題じゃねえだろう、という気もするのだが……。しかしともあれ「若者の政治離れ」は深刻化しており、それを背景にした「政治入門」を謳った本が増えているのも事実である。はたしてそれらは「政治離れ」の解消に役立つのだろうか。

理想はキレイゴト、現実はツマラナイ？

まず、もっともポップな一冊から。『春香クリスティーンのおもしろい政治ジャパン』。「永田町大好き」を自称するタレントの春香クリスティーンが政治のしくみをガイドするという趣向の本。

結論からいうと、しかしこれはイマイチだったな。「どうやって政治家になるの?」「投票する人をどうやって選べばいい?」など、教科書的な概説とは一線を画す工夫が凝らされてはいるものの、結局キレイゴトというか、隔靴《かっか》掻痒《そうよう》の感が否めない。

〈たとえば自民党は、基本的な政治姿勢は保守です。ただし、ガチガチではなく、革新を目指す議員もたくさんいます。（略）また民主党は、自民党からの離党者や、かつての社会党、民社党、自由党などの一部が合体してできた政党です。そのため、さまざまな考えを持つ議員が集まっており、柔軟な発想力を持ちます〉（「今の日本、どんな政党がある?」）。

いくら〈政党によってそれぞれ性格も違います〉といわれても、これでは「保守／革新」の意味も不明、「自民党にも民主党にもいろいろな議員がいる」ということしかわからない。

〈衆院選で衆議院議員を選ぶときは、自分の選挙区で、国政に関わることがよりよくなるように働きかけてくれそうな人を選びます。たとえば、河川で交通が分断されている土地なら、地元の人たちの声を汲んで、国道と繋がる橋をかけてくれるように国会に提案してくれたら助かります〉（「どの選挙で、どういう人を選ぶ?」）ってのも、ひと昔前の利益誘導政治っぽい。

まあでも、この本は「どんな政党がある?」「どういう人を選ぶ?」という問いに答えようとしているだけ（答えになってはいないけど）、まだマシである。政治入門を標榜した書籍やムックで、党派の差異に言及した本は少ないのだ。

その点、〈細かい政治問題や、堅苦しい政治哲学や、無味乾燥な政治史といったものは極力説明せず〉、〈あくまでも目的は、選挙のときに、最もふさわしい候補者を選んでもらうためという一点に絞っています〉と宣言する森川友義『生き延びるための政治学』は、一応期待のもてる一冊である。政党についての説明も、〈自民党と民主党の間の政策の違いは、原則として、ありません〉が、あえていえば〈自民党は、日本医師会、経団連といった団体が支持し、民主党は、連合、日教組といった労働組合などが支持母体になっています〉。ちゃんと説明してるじゃん。ちなみにこの本の出版当時、与党は民主党だった。与野党が逆転した現在でも齟齬なく読める点が、トホホである。

この本でおもしろかったのは「政治リテラシー」についての分析だ。具体的な調査方法や数字があがっていないのが残念だが、ひとまず森川の調査を信用すると、政治リテラシー、すなわち政治知識の多寡には次のような傾向があるという。①高い学歴を持つ人ほど高い。②職業別では公務員がトップで、次に一般の勤め人、自営業と続き、専業主婦がもっとも低い。③加入している組織別では、ボランティア団体に所属する人がもっとも高く、生協・消費者団体に所属する人がこれに続く。④年齢別では、二〇代前半から六〇代前半までは年齢が上がるほど知識が増えるが、現役を退く六〇代後半以降になると知識量は減る。⑤「政治に関心がある」と思っている人ほど知識も多い。⑥支持政党別では、与党支持者より野党支持者のほうが知識が多い。

〈一人一人の有権者が政治リテラシーを上げて、意見を持ち、その意見が政治に反映される〉のが民主主義の理想だが、実際には調査結果の通り多くの有権者は政治リテラシーを充分に持っているわけではない。政治家の側も「お国のために働く」のが理想だが、実際には自分に投票してくれる人、政治献金を受けている企業、組織票が見込める特定利益団体（経団連、JA、宗教団体、連合など）に有利な政策を考える。それが政治の現実だと森川はいう。

タテマエだけの論よりはマシである。ただし、後半、内政と外交をめぐるトピック（財政赤字、エネルギー、食料、少子高齢化、経済、軍拡、地球環境、国連など）に移ると、この本はとたんに失速する。

解説の中身というか森川の主張は〈「原発は怖い、したがって原発は廃止すべきだ」とは感情論であって、深く理解を深めておく必要があります〉、〈日本の農業を蘇生させるには国際的な競争力をつけさせる以外にはないようです〉、〈このままでは、日本から日本企業がどんどん逃げていってしまう〉ので〈法人税は、下げるべきではありません〉。

これでは与党時代の民主党（または政権復帰後の自民党。つまりどちらも大差がない）の政策と同じである。現実主義者が考える政治とはこういうものか、とわかる点では興味深いが、こんな理屈で政治参加を促しても効果は上がらないだろう。理想を追求してもダメなんです、とクギをさされて、だれがやる気になるというんだい。

まずは権力批判ができること

そうなのだ。以上二冊も含め、政治入門を謳った本は結局のところ、おもしろくもおかしくもないのである。理由その一は、著者がみんな中立ぶっていて政治的なスタンスが曖昧なこと。理由その二は、よって政治に必要なプロパガンダの要素がないこと。

低投票率で推移している昨今とはいえ、二〇〇五年の小泉郵政選挙の投票率は六七・五％（二〇代は四六・二％。三〇代は五九・八％）、〇九年の政権交代選挙はさらに上がって六九・三％（二〇代は四九・五％。三〇代は六三・九％）だった。「おもしろい」と思えば人はちっとは選挙に行くのである。それをポピュリズムと呼んで軽蔑するのは（自戒も込めていうと）インテリが陥りがちな陥穽で、選挙には「祭り」の高揚感も必要なのだ。

ただし、もちろんそこには政治リテラシーが伴うことが望ましい。先にあげた森川友義の分析を逆から見れば、そこにこそ政治リテラシーを底上げするヒントが隠れているともいえる。

①高校や大学では政治的な課題を積極的に取り上げて議論させる。②進路指導にも政治的観点を導入する。③何らかの社会活動をする団体に所属することを勧める。④投票できる年齢を二〇歳から一八歳に引き下げて、若年層の投票者を増やす。⑤「政治に関心がある」と自覚できるくらいの床屋政談をふっかける。⑥野党の視点で政治を考えさせる。以上が私の案である。

思いっきりバイアスがかかってるって？　当たり前でしょう。だれかに投票しなければならない以上、政治に「中立」はありえないのだ。とりわけ⑥は重要で、これが決定打とすらいえる。与党の政策に異論がなければ、だって政治なんか「人にお任せ」でいいんだもん。

その伝でいくと、『渡辺治の政治学入門』がおもしろいのは全日本教職員組合（全教）に所属する教師向けに書かれているためだろう。この本は立ち位置が明快なのだ。

一九九〇年代からはじまった日本の新自由主義の歴史には、三つの時期があったと渡辺はいう。

新自由主義経済と軍事大国化をしゃにむに目指し、小泉政権でそれが頂点を迎えるまでの第一期。その直後からはじまった第二期は〈新自由主義の矛盾の爆発、貧困と格差に反対する運動、改憲をくい止めねばという運動により、新自由主義と軍事大国化の進行が、停滞と手直しを余儀なくされた時期〉であり、また社会運動が政治を変えた時期だった。

「九条の会」を中心とした平和運動は、自公政権の改憲にストップをかけ、同時に〈それまで選挙のたびに自民党に接近していた民主党の憲法政策、安保・防衛政策を逆転させた〉。また、これに続く反貧困と労働運動の連携による反自由主義の運動も、自民党の新自由主義政策にブレーキをかけ〈民主党の政策の変更をうながし〉た。これがピークに達して政権交代が起きるが、第二期は鳩山政権で終わり、菅政権以降は第三期に入る……という風に話は進む。

多少我田引水でも、社会運動がふらふらした民主党を変えたという解釈は、「自民党も民主党も政策に大差はない」という評論家的どうでもよさとは一線を画している。

政治は永田町の中だけにあるわけではない。権力批判のできる青少年を育てることがたぶん第一歩なのである。とはいえ、先にあげたような啓蒙活動を行政や学校はけっしてすまい。政治リテラシーの高い若者が増えるのは体制側には恐怖以外の何物でもなく、ほんとに彼らが政治に目覚めちゃったら、困るのは彼ら自身。事実、一九六〇年代の学生運動に懲りた大人たちは、七〇年代以降、若者を政治から遠ざけよう遠ざけようと腐心してきたのだ。大人が「投票に行け」と呼びかけるのは、若者を舐めている証拠なんだよ。

(2013.09)

『永田町大好き！　春香クリスティーンのおもしろい政治ジャパン』春香クリスティーン、マガジンハウス、二〇一三年　〈16歳の時にスイスから日本に来て、日本の高校生が政治や社会のことにあまりにも無関心で驚きました〉という著者が案内する永田町ガイドと政治のイロハ。国会議事堂案内、政界グッズ紹介、選挙ポスター制作。谷垣禎一、柿沢未途、細野豪志、小沢一郎との対談も収録。

『生き延びるための政治学』森川友義、弘文堂、二〇一二年　大学で進化政治学や恋愛学（!?）を講じる著者による、低い投票率で損をする四〇歳未満のための本。「日本政治の仕組みと選挙」「日本がかかえる諸問題」「地球規模の問題と日本」の三部構成。〈読み終わったときには、どんな人とでも、政治家でも新聞記者でも政治学者とでも、わが国の政治について語ることができるはずです〉と豪語。

『渡辺治の政治学入門』渡辺治、新日本出版社、二〇一二年　一橋大学を定年退職し、現在は「九条の会」の事務局メンバーも務める著者が、全日本教職員組合の雑誌「クレスコ」の連載（二〇一〇〜一二年）をまとめた本。独自の鳩山由紀夫論、菅直人論、小沢一郎論なども展開。まったくの入門書ではないが、目の前の政治現象を読み解く視点や方法論が示されており、リアルな政治が実感できる。

自民党「憲法草案」がひどい

憲法論、憲法本のブームというのはときどきあって、二〇〇〇年代以降だけでも、大塚英志編『私たちが書く憲法前文』（角川書店、〇二年）などが話題になった二〇〇二年〜〇三年、『憲法を変えて戦争へ行こうという世の中にしないための18人の発言』（岩波ブックレット、〇五年）や太田光＋中沢新一『憲法九条を世界遺産に』（集英社新書、〇六年）がベストセラーになった二〇〇五〜〇六年が思い出される。小泉純一郎政権下における自衛隊のイラク派遣が〇三年。大江健三郎、井上ひさしら九人による「九条の会」が結成されたのが〇四年。改憲論が徐々に現実味を帯びていくなかでの、いわば「護憲派の巻き返し」ともいうべき動きだった。

その伝でいくと、今年、二〇一三年は、二一世紀に入って二度目（三度目？）の憲法本ブームといえるだろう。三〇年前のベストセラー『日本国憲法』（小学館、一九八二年）が軽装版となってコンビニに並んだり、大手書店に憲法本コーナーができたり。

とりわけ七月以降は憲法本の新刊ラッシュだ。今年の新刊は、以前の類書にもまして「緊急出版」の色合いが濃い。二〇一二年四月に自民党の新しい改憲草案が発表されたこと、九十六条の改正を持ち出すなど安倍晋三率いる自民党が改憲にいよいよ意欲を燃やしていること。衆院選と参院選の結果、与野党を含め、改憲に必要な三分の二以上の議席を改憲派が占めたことなどが原因と考えられる。

憲法改正というと、九条ばかりに衆目が集まるが、今度の自民党草案は野党時代に作成されただけあり(?)、あらゆる面で相当に剣呑だ。はたして並みいる憲法本は何を語っているのだろうか。立場の異なる三人の憲法学者の本を読んでみた。

立憲主義も基本的人権も無視

まず、小林節『白熱講義! 日本国憲法改正』。

かねてより改憲の必要性を説いてきた小林は、しかし第一章でこう述べる。〈私は30年来の改憲論者であるが、現状のままで自民党に改正を行わせるわけにはいかない。なぜなら、権力者の都合のいいような改悪がなされる恐れがあるからだ〉。「権力者の都合のいいような改悪」の筆頭は「立憲主義」からの逸脱だ。〈そもそも憲法は、主権者である国民大衆が、権力を託した者たち(政治家とその他の公務員)を規制し、権力を正しく行使させ、その濫用を防ごうとする法である〉。にもかかわらず〈この憲法の本質が理解されていないことが、一番の問題である〉。

そう、今度の憲法論ブームの特徴は、「立憲主義」が焦点として浮上した点にあった。

伊藤真『憲法問題』が強調するのもその点で、現行憲法の九十九条「天皇又は摂政及び国務大臣、国会議員、裁判官その他の公務員は、この憲法を尊重し擁護する義務を負ふ」と比較しつつ、自民党改憲案の百二条「全て国民は、この憲法を尊重しなければならない」が真っ先にやり玉にあげられている。〈これは立憲主義とは正反対の考え方であり、改憲案は近代国家における憲法のあり方を根底から無視しているといわざるを得ません〉。

この一点だけを考えても、自民党の改憲草案は根本から間違っていると考えたほうがいい。

もう一点、自民党草案に対して多くの論者が懸念を示したのは基本的人権の問題である。

現行の第十三条は「すべて国民は、個人として尊重される。生命、自由及び幸福追求に対する国民の権利については、公共の福祉に反しない限り、立法その他の国政の上で、最大の尊重を必要とする」である。一方、自民党の草案は「全て国民は、人として尊重される。生命、自由及び幸福追求に対する国民の権利については、公益及び公の秩序に反しない限り、立法その他の国政の上で、最大限に尊重されなければならない」。「個人として」が「人として」に、「公共の福祉」が「公益及び公の秩序」に書き換えられている。この改変は看過できない。自民党は改変の理由を「個人主義を助長してきた嫌いがあるので」と説明するが、冗談はよしこさん。

小林がいうように〈この13条は、憲法の存在理由である「人権の本質」を語った条文である。ある意味ではこの条文ひとつで、立憲主義の全てを語っている〉のであり、伊藤がいうように〈「個」を取ったということは、人を自立した個人ではなく、「人」という集団としてとらえているということ〉だからだ。「公共の福祉」から「公益及び公の秩序」への改変も、「公共の福祉」が「他の人の人権を犯さない」の意味であるのに対し、「公益及び公の秩序」は「国家の都合」と解釈できる余地を残す。

両性の平等を謳う二十四条には「家族は、社会の自然かつ基礎的な単位として、尊重される。家族は、互いに助け合わなければならない」という現行憲法にはない条文が加わった。これまた看過できない改変である。〈憲法で家族の尊重をうたえば、国にとって都合のいい「あるべき家族の姿」が決められ、それ以外の生き方を選んだ人には有形無形の圧力がかかるようになるでしょう〉と伊藤真はあくまで生真面目に批判するが、小林節は〈憲法で「家庭を大事にする義務」を定められたなら、離婚や不倫は憲法違反になってしまう〉とあきれている。〈この草案を作った政治家たちは、離婚も不倫も絶対にしないのだろうか。そんなことはないだろう。ただひとつ言えることは、「憲法とは何か」を正しく理解していない者たちが書いた草案だということだ〉。

こんな欠陥憲法草案を安倍自民党は本気で通したいのだろうか。七月末、麻生太郎副総理は「憲法は、ある日気づいたら、ワイマール憲法が変わって、ナチス憲法に変わっていたんですよ。だれも気づかないで変わった。あの手口学んだらどうかね。わーわー騒がないで」と発言して大ヒンシュクを買ったが、歴史的な事実誤認を除けば、この判断は間違っていない。中身がバレたら、さすがにギョッとする人が増えるはずだからである。わーわー騒がず、そーっと変える。つまり「ある日気づいたら変わっていた」という形にする以外、この草案を通す術はないだろう。

もっとも、憲法学者にもトンデモ憲法を支持しそうな人がいるのだから恐れ入る。西修『憲法改正の論点』は、自身の憲法観と改憲案を自慢げに披瀝した本で必ずしも自民党案を擁護した本ではないのだが、意識は自民党案にきわめて近い。

まず「個人の尊重」を謳った十三条について。

〈「個人の尊重」は、基本的人権をことさら強調する立場からは、現行憲法の目玉として喧伝されてきている〉が、〈そのことが個人偏重主義を生み出してきたのも事実である。「個」と「公」との関係において、いちじるしく「個人」に比重をおくようになってきた源の条文といえる〉。

自民党の説明とほとんど同じだ。立憲主義についてもこの通り。

〈立憲主義は憲法に義務規定を設けることを決して否定してはいない。古来より今日にいたるまで納税はもちろん、国防や兵役を国民の義務規定としてきている立憲国家は、枚挙にいとまがない。これらの義務は、帰属する国家の一員として国民が当然に担うべき負担と考えられてきたのである。憲法尊重擁護義務規定もしかりだ〉。

あなたはいつの時代の人だ、である。「そうじゃない憲法もあった」式の状況論で、国家権力の暴走に歯止めをかけるという、本来の意味での「立憲主義」に対抗できると思っているのかな。

国防軍ができたらどうなる？

世の中、何が不幸って、愚昧な為政者に翻弄される民衆ほど不幸な存在はない。改憲に私は反対だけれども、仮に私が改憲論者だったとしても「いまここで」「あんなやつらに」変えられるのだけは勘弁してほしいと考えるだろう。「個人の尊重」が削られてはたまらないと思うのも、「やつら」の顔が思い浮かぶからだ。〈今日の代表制民主主義のもとでは、国家と国民とを対立関係で捉えるべきではない〉〈国家を、みずからの外側ではなく、内側に存在するものとみなすべきである〉と西修はうそぶくが、それは国家の中枢部がよっぽど信用できる場合の話ですよね（そうであっても権力は腐敗し、暴走するのである）。

論争の焦点である九条も「個人の尊重」という観点から説明できるはずだ。「九条のおかげで日本は戦争をしなかった」という説はウソで、〈日本はすでに戦後、何回か戦争に加担している〉。自分なら〈侵略戦争は放棄するが、自衛戦争は放棄しない〉と憲法に明記する、という小林説の案は明快だが、しかし現状を考えれば、以下の伊藤真の懸念のほうが正鵠を射ているように思われる。

自民党案通り、自衛隊が国防軍に変わり、日本が事実上「戦争ができる国」になったらどうなるか。ハードルが一気に上がり、自衛隊（国防軍）の入隊者は減るだろう。結果的に失業者や貧困層などの「社会的弱者」がスカウトされて、戦場で命を落とす、あるいは「壊れる」可能性が出てくる。米国がすでにそうなっているではないか。〈たしかに軍隊は「国」を守ります。しかし、このときの国とは、国家という枠組みや政府という体制であって、国民の命ではありません。軍隊が必ずしも国民の命を守る組織ではないことは、沖縄戦で十分に証明されています〉と伊藤はいう。

九条を改正されたら、現実問題として、領土問題などでもめている中韓との戦争より、集団的自衛権の名の下で米国の戦争に付き合わされる可能性のほうが圧倒的に高いのだ。

ただでさえ、自公政権は生活保護や介護保険など社会保障の切り捨てをがんがん図っているのである。「家族は、互いに助け合わなければならない」という十三条も、離婚とか不倫ではなく、本当は「病人や老人の面倒は家族でみてね（国は社会保障から手を引くから）」という含意を読み取るべきなのだ。そんな国が国民の命を大切にするわけないでしょーが。

ともあれ、くだんの自民党改憲草案をすべての日本国民はマジで読んでみたほうがいい（自民党のHPに全文アップされている）。日本国憲法の三原則（国民主権・基本的人権の尊重・戦争放棄）がすべて踏みにじられていることに呆然としちゃうから。


(2013.10)

『白熱講義！　日本国憲法改正』小林節、ベスト新書、二〇一三年　〈気鋭の改憲派・憲法学者が、ヤバイと評判の自民党改正草案を斬る〉（帯）。政府も国民も肝心なことがわかっていない、「憲法九条を守るぞ！」ではなく「（国家権力に）憲法九条を守らせるぞ！」といえと述べる。改憲案の具体的な条文批判は巻末にまとめ、本文では自説を開陳。怒り心頭な分、おもしろさはピカイチ。

『憲法問題――なぜいま改憲なのか』伊藤真、ＰＨＰ新書、二〇一三年　〈そもそも憲法とは何か？　憲法の本質から、自民党改憲案を考える〉（帯）。学校では人権教育と平和教育だけで満足し、憲法の本質を教えてこなかったと指摘。自民党改憲案の条文を真正面から生真面目に批判する。論の中身に新鮮味はないが一冊読むならこれ。〈私は改憲派でも護憲派でもなく「立憲派」〉の宣言は名言かも。

『憲法改正の論点』西修、文春新書、二〇一三年　〈世界各国との憲法比較を踏まえ「護憲vs.改憲」議論に終止符を打つ決定版！〉（帯）とは裏腹に、自民党案に近い改憲論者の憲法論。〈（憲法とは）われわれ国民が、よりよき「この国のかたち」を形成する主体者として、みずからの任務を含め、国の制度設計の基本構造と捉えるべき〉（あとがき）など、国家と国民の一体化を訴える。

リニア新幹線の未来はバラ色か

二〇一三年九月一八日、ＪＲ東海がリニア中央新幹線の環境影響評価（アセスメント）準備書と、東京−名古屋間の詳細なルートを発表した。

品川駅と名古屋駅の二ターミナル駅間につくられる中間駅は神奈川県駅（相模原市）、山梨県駅（甲府市）、長野県駅（飯田市）、岐阜県駅（中津川市）の四つ。東京−名古屋間は二〇二七年（名古屋−大阪間は四五年）の開業を目指し、一四年度中にも着工したい考えという。完成すれば品川駅−名古屋駅が最短四〇分（東京−大阪間は六七分）で結ばれるのだそうだ。

なるほど景気のいい話ではある。報道は例によって大はしゃぎ。〈ＪＲは開業目標の27年にこだわることなく、安全最優先でことを進める姿勢を貫いてほしい〉（朝日新聞社説九月二〇日）、〈ＪＲ東海には沿線住民はもちろん、国民全体に納得のいく説明をしてほしい〉（毎日新聞社説九月二三日）といった注文をつけながらも、〈日本経済立て直しの追い風としたい〉（産経新聞社説九月二四日）、〈移動時間の劇的な短縮によって人々の生活や企業活動が大きく変わるのは間違いない〉（東京新聞社説九月二一日）など、新聞もおおむね前向きの評価である。

子どもの頃、学習雑誌のグラビアなんかで見た覚えのあるリニアモーターカーが実現すると思えば感慨深いが、本音をいえば、なんだかなあ、だ。二〇二〇年の東京五輪開催決定（九月七日）に続いて、今度はリニア新幹線かい。「コンクリートから人へ」のキャッチフレーズを掲げて結局はコケた民主党政権時代のウラミを晴らしてやるといわんばかりの大型公共事業の復活。日本は田中角栄『日本列島改造論』（一九七二年）の時代に戻ろうとしているのか。

二転三転した「つくる理由」

とにもかくにも、リニア新幹線の全貌から見ていこう。

市川宏雄『リニアが日本を改造する本当の理由』は、〈リニアが切り開いてくれるであろう、輝かしい明日の日本について語っていこうと思う〉と巻頭言で宣言する通りの本である。

リニアモーターカーの研究開発は東海道新幹線開業以前の一九六二年にさかのぼる。鉄道技術研究所（現・鉄道総合技術研究所）と国鉄によってはじめられ、一九七〇～八〇年代のさまざまな試作機による磁気浮上走行試験を経て、国鉄民営化とともにリニア開発事業はＪＲ東海に引き継がれた。一方、中央新幹線は、七三年の全国新幹線鉄道整備法に基づいて、山陰新幹線や四国新幹線とともに基本計画が示された。このように当初は別々の計画だったリニアモーターカーと中央新幹線は、八〇年代の終わり頃に一本化されたらしいのだが、詳細は不明。計画が実現に向けて急展開したのはつい最近、二〇〇七年である。東京－大阪間の全線と全駅の建設費の全額（五兆四三〇〇億円！）をＪＲ東海が自社で負担すると表明したのがキッカケだった。一一年には国交大臣が中央新幹線の営業・建設主体としてＪＲ東海を指名。事態は大きく進展したのだ。

それにしてもＪＲ東海はなぜリニア新幹線の建設を急ぐのか。

第一の理由は一四年に開業五〇周年を迎える東海道新幹線の老朽化だという。とりわけ橋とトンネルの老朽化は著しいが、改修工事には何か月もかかり、その間、新幹線を止めるのは国民生活に多大な影響を及ぼす。また、ＪＲ東海としても、ドル箱の東海道新幹線を運行できないとなれば企業の存続にかかわる。リニア中央新幹線は、大改修工事のためのバイパスらしい。

第二の理由は防災だそうだ。将来、東海地震や東南海地震が起きた場合、静岡県‐愛知県の海沿いを走る東海道新幹線は津波の被害を受ける可能性がある。その点、内陸部を通るリニア中央新幹線は津波の心配がなく、超伝導リニアは地震に強い。防災の面からも、リニア新幹線はバックアップ路線として有効だ、というわけである。

東海道新幹線のバイパス？　それだけの理由にしては工事の規模がデカすぎないか？　と思うが、市川はノリノリで新線がもたらす経済効果を力説するのである。リニア中央新幹線は都市間の移動時間を大幅に短縮し、心理的距離も近づける。〈その結果、三大都市圏プラス３つの地方都市圏があたかも一つの都市圏に統合された形になり、全体として約７３００万人（正確には７３６２万人）の超巨大都市圏が誕生するのだ〉。〈この都市圏内に位置する企業にとっては、それだけビジネスチャンスと商圏が拡大したことになり、おおいなる業績アップが期待できる。また、これだけの巨大な商圏を対象にすることで、企業は大量生産・大量販売によるコストダウンが可能になり、商品やサービスをより安価で消費者に提供できるようになる〉。

リニア新幹線をつくる理由（東海道新幹線の代替路線）と、それによってもたらされる結果（巨大商圏の出現による経済効果）が巧みにすり替えられている気がするけどね。

一方、こうしたリニア新幹線イケイケの論調に異議を唱えているのが橋山禮治郎『必要か、リニア新幹線』である。リニア新幹線に対する問題点を整理すれば、経済性、技術、環境の三つだが、橋山はこの三つすべてに問題ありとの裁定を下すのだ。

まず経済性。ＪＲ東海は、①輸送力が限界に近づいている東海道新幹線の輸送力増強、②施設の老朽化と地震対策としてのバイパス路線の必要性、③東京‐大阪間の大幅な時間短縮を、リニア新幹線建設の目的に掲げてきた。しかし、過去二〇年間の交通需要はほぼ横ばい。人口減少を考えれば、今後、国内の生産活動や都市間利用のビジネス需要が大幅に増加する根拠も乏しい。仮に輸送力の増強が必要だとしても、二階建て車両を導入する（JR東日本ではすでに導入済み）、車両を増結する、年末年始には運行時間を延長するなどの案が考えられるわけで、①の論理はすでに破綻している。このことはJR東海が「輸送力の限界打破」という錦の御旗を二〇一〇年に引っ込めた（！）ことからも明らかで、つまりJR東海は〈「輸送力の限界打破」の主張には必要性、妥当性、説得性がないことを自ら認めざるを得なかった〉のである。

②の老朽化対策に関しては〈老朽路線の改修のために新たなバイパス路線をつくる鉄道会社はJR他社や私鉄でどこにもない。このような発想は鉄道関係者にとって理解に苦しむところである〉の一言で十分だろう。もちろん改修工事や地震対策は必要だが、長期にわたる運休を回避する方法なら、毎週末の一定時間を運休にして集中的に工事を行う、工事区間は東海道線の特急に振り替える、トンネルや橋などを現路線の下に地下化するなど、いくらでも考えられる。それ以前に二〇二七年までの間に地震が起きたら元も子もない。さらに③の時短について。リニアはずば抜けて速いイメージがあるが、日本の新幹線車両をベースにした中国の走行実験では時速四八六キロが出ており、高速性はリニアの専売特許ともいえなくなっている。

技術面、環境面でも、安全性への懸念（停電、衝突、地震、火災、電磁波、テロなどの対策に不安が残る）、社会環境の問題（利用者の利便性や周辺住民に対する説明が不十分）、自然環境への影響（八〇％以上が地下を走り、南アルプスの山岳地帯に巨大トンネルを掘ることからくる、掘削工事中の岩盤崩壊、異常出水、地下水脈切断等のリスクは大きい）など問題は山積み。こうなると、なぜリニア新幹線でなければならないのか、という根拠そのものが揺らぐ。すでに赤字は見え見えで、〈本件リニア計画ほど不確定要因が多く、多くの困難とリスク（経済的、技術的、環境的）を抱えたプロジェクトは、世界中を探してもまず存在しない〉と橋山は断言するのである。

経営破綻への道を歩むJR東海

ことはリニア新幹線のみならず、大型公共事業全体をどう考えるかにかかわってくる問題だろう。藤井聡『公共事業が日本を救う』がいうように、すべての公共事業が不要だと決めつけるのは行きすぎだし、デフレのときこそ大幅な財政出動のための公共事業を、という理屈も原則として間違ってはいない。それで地方経済が潤うとも単純には思えないが、整備新幹線による新幹線網や高速道路網くらいはつくればいいと私も思う。ただそれは、経済性や妥当性の裏付けがあり、地元との合意が十分に得られ、環境への配慮が十分になされれば、の話である。

成功した戦後の大型プロジェクトとして橋山があげるのは、東海道新幹線、名神・東名高速道路、黒部ダムの三つである。必要性と妥当性があったこと、計画段階で関係者の合意を得る努力が尽くされたこと、安易な見通しを排し慎重な調査と需要予測を行ったこと、実用可能な新技術と円滑な工事進捗に努力したことなど、成功には成功しただけの裏付けがあった。

逆に失敗した例は、東京湾横断道路、成田空港、関西三空港（関西国際空港、伊丹空港、神戸空港）などである。成田空港の失敗の原因は周辺住民との話し合いに政府が失敗したことに尽きる。その後遺症は、現在でも滑走路が二本しかない現実に現れている。

はたしてリニア新幹線に勝算はあるのか。

市川がいうように、仮にリニア新幹線で、東京・名古屋・大阪の三都市がひとつの巨大な商圏をつくるとしても、それは単に中央と地方の格差を広げるだけだろう。
〈プロジェクトの成功・失敗の蓋然性は、事前評価の段階で十分検討すれば、九〇％予測可能であると言っても間違いない〉（『必要か、リニア新幹線』）という原則を考えれば、自ら経営破綻への道を歩もうとしているJR東海も、必然性のない夢に浮かれるメディアもどうかしている。まして現在は震災後。土木工事を振り向ける先は東海道ではなく東北だろう。東京五輪といい夢の超特急といい、高度成長期がそんなに恋しいわけ？　半世紀も前の計画に酔う。まるで昭和の焼き直しだ。

（2013.11）

『リニアが日本を改造する本当の理由』市川宏雄、メディアファクトリー新書、二〇一三年　著者は一九四七年生まれ。専門は都市政策。二〇二七年、日本国土は確実に変化する、リニア新幹線一本で東京から大阪に至る東海道一帯が劇的に変化する、経済効果はスカイツリーの三二倍、一年あたり一兆五八〇〇億円など胸算用に余念がないが、一極集中主義への目配りはなく「捕らぬ狸」っぽい。

『必要か、リニア新幹線』橋山禮治郎、岩波書店、二〇一一年　著者は一九四〇年生まれ。専門は政策評価、公共計画など。リニア新幹線は「本当に必要なのか」「リニア方式が最適か」を批判的に検討する。特に経済性に対する評価は緻密で、建設費、営業開始後の需要、自己資金の調達先などが冷静に検証される。他の大型公共事業の成功例や失敗例の紹介も興味深く、リニアを考えるには必読。

『公共事業が日本を救う』藤井聡、文春新書、二〇一〇年　著者は一九六八年生まれ。専門は土木計画学、交通工学で公共事業必要論を大量生産している。「コンクリートから人へ」じゃ国が滅びる！と喝破。インフラが不十分な日本の現状を紹介し、公共事業不要論に反論を加える。シャッター街をどうする、橋が落ちる、港が危ない、道路が足りないといった視点は刺激的。参考にはなる。

マルクス復活、そのこころは？

一九九一年のソ連の崩壊で、一度は葬り去られたかに見えたマルクスが、ななななんと復活のきざしである。二〇一三年に出版された単行本の中から目に付いた何冊かを拾うだけでも、四方田犬彦『マルクスの三つの顔』（亜紀書房）、浅尾大輔『新解 マルクスの言葉』（バジリコ）、渡邉格『田舎のパン屋が見つけた「腐る経済」』（講談社）、鎌倉孝夫＋佐藤優『はじめてのマルクス』（金曜日）など。今般のマルクスブーム（といっちゃうが）の特徴は、さまざまな分野の著者が、若い世代に向けて「いまこそワシがマルクスを講じてやろう」なスタンスをとっていることだろう。

いったいい、なぜいまマルクスなのか。

そんなの簡単。現代の日本が要するに「格差社会」だからである（と思う）。なにもいまさら「格差社会」なんて命名する必要はないんだよ。そいつは「階級社会」ってえんだよ。とちょっぴりマルクスをかじった人ならみな思いつくわけで、それが今日の出版ラッシュにつながったのかも。というわけで、ここ数年間に出た本の中から、従来の入門書とはやや毛色のちがう三冊を読んでみた。

ブラック企業もリーマンショックも

まず、新刊の紙屋高雪訳『超訳マルクス』。

「ブラック企業と闘った大先輩の言葉」というサブタイトルのついた本書は、万民に知られた『共産党宣言』でも『ドイツ・イデオロギー』でも『経済学・哲学草稿』でも『資本論』でもなく、どちらかといえばマイナーな、第一インターナショナル（マルクスも執行部に加わっていた一八六四年創立の国際労働者協会）関連の文書ばかりを集めて訳している。

「インターナショナル創立宣言」を久々に読み直した紙屋が〈あれ。なんだコレ。面白いぞ。／つうか、今の日本の話じゃねえの？〉と思ったのが翻訳のキッカケだったそうで、「働いてるおまえらに聞いてほしい」と題された「国際労働者協会創立宣言」の訳文は〈やあ、死ぬほど働いてるおまえら〉と書き出される。

〈この15年くらい、きいたことねーよっていうくらいムチャムチャ景気がよかったけど、働いているやつらの貧困って全然減らなかったんだよね。／今から15年ほど前だけど、金持ち側の新聞が、〝もしこの国（イギリス）の貿易が1・5倍くらいにふえて企業活動がさかんになったら、この国から貧乏人って消えてなくなるぜ！〟って大ミエ切ってた。／ところがどっこいだったわけだ〉。

おおー、ここまで嚙み砕くのか、という衝撃。

以前に読んだ北口裕康訳『高校生でも読める「共産党宣言」』（PARCO出版、二〇一二年）では、資本家（ブルジョア）を「金持ち組」、労働者（プロレタリア）を「やとわれ組」と訳していて、それもけっこう衝撃だったのだけれど、本書の「超訳」ぶりはその上を行く。

『共産党宣言』の末尾とも共通する「万国のプロレタリア、団結せよ」が、紙屋訳では〈働いてるおまえら、手をとりあおうよ！〉だからな（ちなみに北口訳の『共産党宣言』では「全世界の労働者のみなさん、団結しましょう！」）。

紙屋がこのような文書を選び、このような訳文で訳した理由は、わからないではない。完成された著作物とちがい、労働者相手のいわばアジビラとして書かれた文書は、紙屋がいう通り具体的な事例に富み、しかも現代の「ブラック企業」と相通じるところがあるからだ。「一億総ブラック化社会のリアル」と題された併録のマンガには明らかに和民やユニクロやすき家とわかる企業も出てきてイヤミ度満点。ついでに参考文献一覧を入れるとか著者の解説を増やすとかもしてほしいところだが、そこまで編集の手を入れると「超訳」のグルーヴ感が損なわれるのかな。

では、弘兼憲史〈監修・的場昭弘〉『知識ゼロからのマルクス経済学入門』はどうだろう。

マンガや図解もたっぷり入った、こちらは参考書風の本。『超訳マルクス』同様、この本も現代を意識していることが「まえがき」からもうかがえる。

〈米国のサブプライムローン〈低所得者向け住宅ローン〉が引き金となった世界同時金融恐慌。その嵐は、労働規制緩和を続けてきた日本で「雇用不安」という形になって、平成20年の後半から吹き荒れている。／今回の金融恐慌は、資本主義経済が進むべき道を見失っていることを露呈させた。この現象を、百年以上も前にカール・マルクスが『資本論』の中で予言的に指摘していた〉。

ブラック企業ならぬ、今度はリーマンショックか。

しかも「まえがき」は続けていうのだ。〈『資本論』を読み解くことで、資本主義経済の矛盾が浮き上がり、なぜ今、労働者たちは苦しんでいるのか、その原因に気づくかも知れない〉。

いきなり『資本論』である。もっとも本書を『資本論』の入門書と考えると肩すかしを食う。『資本論』からの引用はほぼ一行もなく、むしろ現代社会の矛盾を考察するためにマル経のエッセンスを利用してみました、といった風情。実際、今般の金融危機もグローバル資本主義の弊害もマルクスは予言していた、とするのはさすがに牽強付会だし〈ノストラダムスじゃないんだからさ〉、〈商品の交換価値は労働に転化できると考えたマルクスは、労働力＝商品ということを定義づけた。さらに、商品は交換（売買）できるので労働力も売買できると結論づける〉のように「ほんとにこれでビギナーが理解できると思ってる？」な箇所も多ぃ。

何よりこの本が苦笑を誘うのは、あの島耕作が狂言回しとして登場する点だろう（オマエなんか資本主義社会で成り上がったヤツじゃないかよぉ）。それでも感慨深ぃのは、あの弘兼憲史（＋島耕作）までがマルクスに学べといいだしたことである。マルクスはそれほどまでに現代社会に有効な処方箋たり得るのだろうか。

「革命＝暴力」という考え方はもう古い

思い返せば、私が『共産党宣言』を読んだのは大学一年生のときだった。二年生で『賃労働と資本』ほか数冊の初期マルクスを読み、三年生から四年生になる春休みに『資本論』（ただし第一巻だけ）を一応読破した。その程度のまさに「かじった」だけの私の経験からしても、マルクスを読んだか読まなかったかで、世の中の見え方は明らかに変わる（極端にいえば、その後の人生も変わる）。ただ、どんなに平易な言葉で嚙み砕こうが、どれほど丁寧に図解しようが、マルマスはやっぱり難しいのだ（「労働力は商品である」ということを理解するのにどれほどかかったことか）。

さらに、いま読むうえで鬼門となるのは「共産主義革命」をどう考えるかである。ソ連や東欧が崩壊したいま、マルクスの革命思想はすでに破綻しているのではないか？

こうした初歩的な疑問に答えようとしているのが、石川康宏『マルクスのかじり方』である。石川が強調するのはマルクスの思想以上に姿勢である。なにせ本書は巻頭近くで宣言するのだ。〈マルクスは革命家です。だからこそ「マルクスのおもしろさ」には「いまの社会はどうなっているか」だけでなく「いまの社会はどう変えられるか」、さらに「そういう社会をどう生きるか」についての重要な問題提起が含まれます。それが「マルクスのおもしろさ」の大切な柱になっていくのです〉。

では、石川がいう、いやマルクスが標榜した革命とは。〈「革命」と聞くと「ただちに資本主義を打ち壊し、明日にでも共産主義をつくろう」といった、そういう勇ましい考え方が思い浮かぶかもしれません。しかし、マルクスの革命論は、そんな空想的なものではありません〉。さらに〈ぼくが強調しておきたいのは、こうした経済や社会の改革には、もちろん政治の改革が必要ですが、それを、マルクスは議会を通じた、平和的なものと考えていたということです。「革命＝暴力」などではないのです〉。

さらっと書いているけれど、かつての考え方からすると、この発想は斬新だ。「資本主義社会をいつか革命によって倒すのだ」が昔の左翼の合い言葉（あるいは呪縛）だったんだからね。

しかし、石川はいうのである。二九歳だった『共産党宣言』当時のマルクスが力によるブルジョアジーの転覆を主張したのは事実だが、それは当時のヨーロッパに選挙で政治を転換させる制度がなかったからで、一八四八年にドイツで普通選挙制度ができた後はマルクスも、〈普通選挙権は、イギリスの労働者階級にとっては政治的権力と同意義のものである〉と述べていた。だとすると、二〇世紀の世界を揺るがした社会主義革命は、じゃあ何だったんだ？　って話にはなるが。

こうしてみると、マルクスが再び注目されている理由は三つくらいありそうだ。第一に、ブラック企業、ワーキングプア、リーマンショックなど、新自由主義経済の結果としてもたらされた「むき出しの資本主義」がマルクスが生きた一九世紀と重なること。第二に、ソ連の崩壊から二〇年以上が経過して、かつてのマルクス主義者を縛っていた革命論が風化し、セクト争いや内ゲバの苦い記憶も薄れ、旧世代がようやくフラットな態度でマルクスを語れるようになったこと。第三に、マルクスが風化しすぎたおかげで何の先入観も（教養も？）ない新世代が育ってきたこと。

旧世代の論者は新世代に対し、マルクスを援用しながら、もちろん「いまの世の中、変えようよ」「変えられるんだよ」と呼びかけているのである。

そんなメッセージが若い世代の心に響くかどうかはわからない。ただ、今後も出版されるであろう類書の中から、一冊でも『もしドラ』クラスのヒットが出れば話は別だ。〈こういう運動が成功する要素をぼくらは持っている。／そう。人数だ〉（『超訳マルクス』）という原則は、おそらく書籍にも当てはまる。ブームの継続を、ひとまず祈念しておこう。

(2013.12)

『超訳マルクス――ブラック企業と闘った大先輩の言葉』紙屋高雪訳、かもがわ出版、二〇一三年

〈いま、時代の選択肢は「左翼」へ〉（帯）の惹句も目を奪う、人気ブログから生まれた本。「国際労働者協会創立宣言」のほか、「金持ちの相続権なくせば世の中かわるのかよ――相続権についての総評議会の報告」など全五編。リンカーンへの書簡の書き出しは〈リンちゃん、こんにちは！〉だ。

『知識ゼロからのマルクス経済学入門』弘兼憲史著／的場昭弘監修、幻冬舎、二〇〇九年

『決算書の読み方』などが並ぶ「知識ゼロからの～」シリーズの異色の一冊。〈資本主義の崩壊を予言!?〉（帯）と謳う。「マルクスは価値と貨幣の関係を明らかにした」「労働は利潤を生み、利潤は資本家のものになる」など、マル経の基礎を最大限嚙み砕こうとしている点だけは買い。用語の雰囲気は味わえる。

『マルクスのかじり方』石川康宏、新日本出版社、二〇一一年

〈石川先生の遠い眼が僕は好きです〉という内田樹の意味不明な惹句が帯に躍る、超ビギナー向けの入門書。想定読者は大学一年生くらいで、『資本論』の要点を暗記するより原典と格闘せよ、「読める本」より「将来読めるようになりたい本」を買え、などの提言も。マルクスへの接近の仕方をこんこんと説いている点は好感度大。

首相も支持する「日本を取り戻す」ベストセラー

「日本を取り戻す」をスローガンに掲げた安倍自民党が衆院選で大勝し、政権に復帰して約一年。そのショックも覚めやらぬまま年明けを迎え、夏の参院選で再びガックリ（七月二一日）、東京五輪の開催決定でまたムカつき（九月八日）、最後は特定秘密保護法の成立（一二月六日）で終わった二〇一三年。なにかこう、ゆっくり読書をする気分になれない年だった。

とはいえ、本の世界は本の世界で動いている。一二月二日に発表された二〇一三年の年間ベストセラーランキングによると、文芸書部門のトップ3は、一位・村上春樹『色彩を持たない多崎つくると、彼の巡礼の年』、二位・百田尚樹『海賊とよばれた男』（上下）、三位・池井戸潤『ロスジェネの逆襲』、文庫部門のトップ3は、一位・百田尚樹『永遠の0』、二位・池井戸潤『オレたちバブル入行組』&『オレたち花のバブル組』、三位・東野圭吾『真夏の方程式』（トーハン調べ。日販でも同順）。

村上春樹はもはやブランドで発売前からミリオンヒットは確実だったし、池井戸潤の一連の作品はTBS系列のヒットドラマ「半沢直樹」の原作であった影響が大だとすると、二〇一三年の文芸書の顔は百田尚樹といってよろしかろう。一二月に映画も公開された『永遠の0』は文庫だけで三〇〇万部、一三年度の本屋大賞受賞作『海賊とよばれた男』は上下巻の累計で一六〇万部。作家別の売上げランキングではもちろん断然トップである。

百田は一二年の自民党総裁選で「２０１２年安倍晋三総理大臣を求める民間人有志の会」の発起人に名を連ねるなど、首相に近い人脈で、ＮＨＫ経営委員会の委員に就任したことでも話題になった。政治・経済だけじゃなく、フィクションの世界まで「安倍人脈の勝利」の年だったのか⁉

二作とも「偉大なサムライ」の物語

とにもかくにも中身を見ておこう。

『永遠の０』は特攻隊員だった祖父の謎を、戦後六〇年目に、孫に当たる姉弟が調べて歩く物語だ。祖母の死後、祖父から「おまえたちには実の祖父がいた」と聞かされた姉弟。祖母の前夫・宮部久蔵は特攻隊員として二六歳で絶命したという。久蔵のかつての戦友を訪ね歩くうち、二人は彼が天才的な戦闘機乗りでありながら「生きて帰りたい」が口癖だったことを知る。はたして彼は臆病者だったのか……。巧みな構成ではある。読者は、戦友らの証言から、ミッドウェー、真珠湾、ラバウル、ガダルカナルといった戦場の実相にふれ、〈娘に会うためには、何としても死ねない〉という久蔵の言葉の真意に胸を打たれ、狂言回しの姉弟とともに久蔵がなぜ死を嫌ったか、ひいては彼がいかに優れた人物だったかを知る、という寸法である。

０とはすなわち零戦のゼロ。歴戦の勇士でありつつ冷静で家族思いで部下思いの小隊長を描くことで、特攻隊のイメージが覆されることを作者は狙ったのかもしれない。その目論見はたしかに半ば成功している。作中では某紙（たぶん朝日新聞）の記者がモデルと思われる男が〈戦前の日本は、狂信的な国家でした。国民の多くが軍部に洗脳され、天皇陛下のために死ぬことを何の苦しみとも思わず、むしろ喜びとさえ感じてきました。私たちジャーナリストは二度とこの国がそんなことにならないようにするのが使命だと思っています〉と語ったりするのだが、ここではそんな台詞がバカに見えるのだ。手の込んだ特攻隊讃美の物語といえる。

一方、本屋大賞にも輝いた『海賊とよばれた男』はある実業家（モデルは出光興産の創業社長・出光佐三）を描いたノンフィクションノベルである。

一八八五年（明治一八年）、国岡鐵造は福岡県に生まれ、神戸高等商業学校（現・神戸大学）を出た後、二五歳で門司に拠点を置く「国岡商店」を起こした。石炭が花形産業だった時代に、次世代エネルギーとしての石油に目をつけた鐵造。機械油の販売からはじめた会社はやがて大陸に進出し、満鉄に車両用油を卸す事業で成功するが、敗戦によって国内外の資産をすべて失った。

ときに鐵造六〇歳。GHQの公職追放令で貴族院議員の席も失った鐵造はしかし、他社が嫌った石油タンクの残油を浚《さら》う仕事などを請け負って、再び石油事業に復帰する。

クライマックスは一九五三年の「日章丸事件」である。当時、世界の石油市場を握っていたのは「セブン・シスターズ」と呼ばれるメジャーな石油七社だった。国岡商店はこの巨大資本に戦いを挑む。油田の国有化を宣言したイランと極秘で石油売買交渉を進めていた国岡商店は、イギリス海軍の海上封鎖を突破し、自社のタンカー日章丸を送るのだ。鐵造がイランへの派遣を決意するくだりなど、ほとんど決戦を控えた司令官の独白である。

〈これに失敗すれば、国岡商店はつぶれ、六十七歳の自分は全財産を失う。（略）／いや、国岡商店や自分のことなど小さなことだ。もっとも大きなことは、これに失敗すれば日本の石油業界がメジャーに蹂躙され、経済も産業も彼らに首根っこを押さえられてしまうことだ。そしてイランは永久にイギリスに従属することになる。（略）それは断じて許されることではない〉。

日本とアジアの独立のために、大国に挑んだ英雄。

一方はホンモノの戦争、一方は戦後の経済戦争という差こそあれ、こうしてみると『永遠の0』と

『海賊とよばれた男』は同じ構造を持った物語なのだ。どちらも巨大な敵を前にひるむことなく戦ったサムライの物語。私利私欲を超え、家族や社員の幸福と国益を第一に考えた日本男児。「父よ、あなたは偉かった」という話である。こういうのが好きなんだね、日本人は。

目的は「日本を取り戻す」こと

二〇一三年六月一八日の朝日新聞は「売れてるエンタメ小説　愛国心くすぐる」の見出しで、『0』『海賊』ほか数冊を取り上げた。先の大戦や自衛隊に取材した作品の多さを論じたもので、記事中で石田衣良はこれらを「右傾エンタメ」と呼び、〈読者の心のあり方がゆったりと右傾化しているのでは〉と指摘している。

戦争や自衛隊を描いているからといって、むろんすべてが「右傾エンタメ」とはいえないだろう。だが、それらが安倍政権下で読まれた（ちなみに『永遠の0』の初出は第一次安倍政権下の二〇〇六年だった）ことを思うと、いまという時代の雰囲気について考えざるを得ない。

以前、藤岡信勝＋自由主義史観研究会『教科書が教えない歴史』（産経新聞ニュースサービス、一九九六年）という本がベストセラーになったことがあった。「自虐史観」に対抗すると称し、「日本人はこんなに素晴らしかった」という歴史上の断片的な小話七十数編を集めた本である。『0』『海賊』はこの小話集の長編小説版といってもいい。欧米の巨大資本と戦って勝利する『海賊』など、まるで先の大戦への恨みを晴らすリベンジ小説だ。

しかしながら、国岡鐵造ならぬ出光佐三の実像はほんとに『海賊』が描くような「英雄」だったのだろうか。『海賊』では「国岡商店には馘首も労働組合も定年もタイムカードもない」ことがさも類い希なる優良企業の証のように書かれているが、クビや定年はともかく、組合まで否定するのは単にワンマン創業社長に牛耳られた「ブラック企業」の証拠だろう。

実際、佐三の四女・出光真子による、出光家の四姉妹をモデルにした半自伝的小説『ホワイトエレファント』（なぜか『海賊』の参考文献には入っていない）を読むと、『海賊』が描く鐵造とはかなりちがった父親＝経営者の姿が浮かび上がる。

〈おとうさまは会社で、突然、みんなが理解できないような決定をなさるんですって〉。〈あるとき、自分の考えを述べた人がいて、即、クビ。怪訝な顔をしただけで、左遷されるんですって。（略）だから、会社にはイエスマンしか残っていないんですって〉。〈おとうさまが、朝、命令したことを、夕方、変えるのは日常茶飯事だけど、他の人はおとうさまがどうしてそう考えたのか、その思考経路が分からない。そこで、驚くと、叱り飛ばされる。とにかく、わけが分からないから畏怖するしかない。（略）それが、おとうさまのカリスマ性になっている。創業者の典型よ〉。

『海賊』と『ホワイトエレファント』と、どちらが出光佐三の実像に近いのかはわからない。だが娘たちから見た右のような経営者像は、そう外れてもいないように思われる。出光佐三自身が語る経営哲学（なのか？）は、事実〈その思考経路が分からない〉のだ。

一九六九年の著書『働く人の資本主義』の中で、出光佐三は〈私は人を使うのではなくて育てるという考えできている。親が子を育てるということであるから、愛情によるお互いの信頼があり、定年制も首切りもない。したがって労働組合など考えられないということです〉などと勝手なことをヌカしている。主張の中身を類推すれば、前近代的な家族主義経営ということになるが、宗教なのか人生訓なのか、この本の唯我独尊ぶりにはちょっとたじろぐ。

以上から想像するに、少なくとも『海賊』が、美点も欠点も備えた「人間・出光佐三」の評伝を目指していないのは明らかだろう。フィクションだからといってしまえばそれまでだ。が、そこにはやはり一定のバイアスがかかっていると考えざるを得ない。

すなわち「国威発揚」をねらった「日本を取り戻す物語」。

広がり続ける経済格差。明日が見えない閉塞感。歴史認識のズレによる左右の対立。安倍政権の高支持率と百田作品のヒットは、同じ背景から生まれた双子の兄弟だったのかもしれぬ。

ただし「強い父の物語」はもう歴史の中（戦時中であれ占領期であれ高度成長期であれ）にしか存在しない。失われたサムライたちへの鎮魂歌。一言でいえば、ま、くだらない幻想だね。


(2014.01)

『海賊とよばれた男』上下、百田尚樹、講談社、二〇一二年（→講談社文庫）〈安倍晋三総理も愛読〉（帯）の惹句が光る二〇一三年の本屋大賞受賞作。出光興産の創業社長・出光佐三をモデルに豪快な男の一生を追う。見出しも「サムライたち」「倭寇」などと麗々しい。人情味豊かでかっこいい主人公、薄気味悪いほど社長思いで会社思いの部下。「理想的」に見えるが、そのぶん平板。

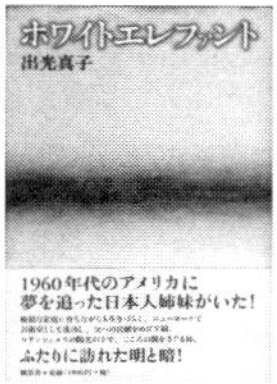

『ホワイトエレファント』出光真子、風雲舎、二〇一一年　ニューヨークで映像作家になった出光佐三の四女の長編小説。佐三がモデルとおぼしき実業家の四人の娘のうち、長女と四女はアーティストを志し、次女と三女は父が望む結婚をする。家父長的な父の影と一九六〇年代の女性解放思想を背景に、姉妹の確執と和解が描かれる。なぜか『海賊とよばれた男』の参考文献にはあがっていない。

『働く人の資本主義』出光佐三、春秋社、二〇一三年　『海賊とよばれた男』のヒットに便乗して（？）復活した一九六九年の本の新装版。主人公は〈八十歳を越えてからマルクスを真剣に研究した〉と『海賊』にはあるがマルクスを読んだ形跡はなく、珍妙かつ独善的な経営論が対話形式で開陳される。『マルクスが日本に生まれていたら』（春秋社、一九六六年）ともども稀代の珍本。

新聞各紙「特定秘密保護法成立」の伝え方

二〇一三年一二月六日に成立した特定秘密保護法について再考したい。

法案が強行採決によって通ったこと自体は痛恨のきわみというしかなく、いまも怒りが収まらない。だが、ここに至るまでの過程で繰り広げられた市民運動、各界からの反対表明、メディア（特に新聞）の反対キャンペーンは、近年にない盛り上がりぶりだったことは特筆に値する。

新聞もやればできるんじゃん（だったらもっと早くやれよ！）。

それが私のウソ偽りない感想。この件に関連して、いまも忘れることができないのは、二〇〇六年一二月一五日、第一次安倍内閣の下で成立した改正教育基本法である。あのときも今回と同じくらい市民からの反発は強く、国会前では連日反対集会が開かれていた。だが、新聞は（少なくとも私が購読していた朝日新聞は）、他人事のように行方を眺めていただけだった。

当時の朝日新聞を調べてみると、〇六年一一月一三日に「教育基本法　改正案には疑問が残る」と題した社説が一応載ったが、それは「疑問」止まりだし、改正案が衆院を通過した翌日の一五日には「教育基本法成立へ　4野党不信任案」という模様眺めの報告が載っただけ（だいいち「教育基本法成立へ」じゃねーし。「教育基本法改正へ」でしょーが）。参院で強行採決された翌日、一二月一六日の一面トップにはさすがに「改正教育基本法、成立／「個」から「公」重視へ　国家色強まる恐れ」という見出しが立ったが、改正案が通った後に「国家色強まる恐れ」とかいわれても腹が立つだけ。だったらもっと早くいえよ！（決まってからじゃ遅いだろ！）

新聞への不信がさらに深まった瞬間だった。

では、特定秘密保護法の報道はどうだったか。秘密保護法が成立した翌日、二〇一三年一二月七日の在京六紙朝刊を中心に見てみよう。

反対三紙の微妙なちがい

まず各紙のスタンスから。在京六紙のうち、法案への反対を表明したのは朝日、毎日、東京の三紙。読売と産経は条件つきで支持。日経のスタンスは微妙で、どちらともいいかねる。各紙の立ち位置は一二月七日の社説の見出しにも表れている。「憲法を骨抜きにする愚挙」（朝日）。「民主主義を後退させぬ」（毎日）。「民主主義を取り戻せ」（東京）。「国家安保戦略の深化につなげよ」（読売）。「適正運用で国の安全保て」（産経）。「「知る権利」揺るがす秘密保護法成立を憂う」（日経）。

「愚挙」といいきった朝日。さらに踏み込んで「民主主義の危機」との認識に立つ毎日と東京。

さらに朝日は一面に「ゼネラルエディター兼東京本社編成局長　杉浦信之」の名前で「知る権利支える報道続けます」と題する署名入りの論説を載せ、〈私たちは今後も、この法律に反対し、国民の知る権利に応える取材と報道を続けていく〉と宣言した。社会面は「反対あきらめぬ／戦中に戻すな」の見出しの下、反対集会やデモの写真を、東京、名古屋、大阪、広島、福岡と、五枚載せ、反対する市民の声で埋める。「声」欄もすべて法案への反対または懸念を示した意見で固める徹底ぶりだった。

毎日も「主筆　伊藤芳明」の名前で一面に「ひるまず役割果たす」と題した論説を載せた。〈我々はこの法律の前に立ちすくまない〉。〈同時代の記録者としての義務と責任をひるまずに果たしていく〉。「民主主義　危うく／反対　言い続ける」と題し、社会面のほとんどを各地の反対運動に当てた点は朝日と同じだが、社説の横には「首相の長い一日」と題して「日本女性エグゼクティブ協会」の発会式に出席した首相のニヤけた写真が載る。「こんな日にこれかい」という皮肉か。

東京は一面トップが「論説主幹　山田哲夫」の署名が入った論説記事だ。〈言論・報道が滅べば、国が滅ぶ。権力の監視を肝に銘じたい〉。他紙が一面に国会内の写真を載せたのに対し、官邸前、日比谷公園、福島市での反対集会やデモの写真を一面に配したのも印象的。社会面では「「終わらない」決意の日／反対声を上げ続ける」、特報面でも「悪法を撤回させる／私たちの声が聞こえぬか」。「人権より国の秘密／証明された欠陥法」と題された二面も含め、徹底して市民目線の紙面だった。

一方、法案に賛成した読売、産経の二紙は、法案は必要だとしながらも、社説に「疑念招かぬよう適切な運用を」（読売）、「知る権利との両立忘れるな」（産経）という副題をつけて、運用や修正に注文をつけた。読売社説が〈治安維持法になぞらえた批判まで出たのには驚く〉と書いたのは、他紙に対する牽制か。この二紙は「市民に影響が及ぶおそれはない」が公式見解なのである。

特に産経は徹底していて、それでも読売が反対三紙より一ランク下になる「社会部長　藤田和之」の署名で「「知る権利」に応え続ける」という論説を載せたのに対し、産経に論説はなく、かわりに安倍首相のインタビューを載せる提灯ぶり。「産経抄」は〈この法律が施行されて畏縮するような記者は小紙にはいない〉と豪語するが、そりゃあ御用新聞は畏縮と無縁だわな。

とはいえ、この二紙ですら成立前には法案の早期成立に疑義を呈していたのである。産経は一一月二二日の社説で「知る権利・報道の自由」に言及し、読売は一一月一七日の社説で〈取材・報道の自由に重大な影響が出ることは避けられない。ここは譲れない一線だ〉と書いた。自民党の議員もだが、内心では法案に反対の記者も多かったのではないか。

そんな動揺がありありと出ていたのが、六紙のうち唯一この件を一面トップで扱わなかった日経である。一一月一六日の社説で〈このままの形で法案を成立させることには賛成できない〉と表明した日経は、一二月七日の社説でもまだ「成立を憂」えている。〈この法律は国民の「知る権利」を揺るがす深刻な問題を抱えたままだ〉。〈なんと拙速で強引な対応だろうか〉。〈国会での議論は深まらず、法案の骨格は修正されなかった〉。「国民の懸念や不安を払拭する」という以上は〈法改正も含めた徹底的な見直しが必要だ〉。

そこまでグズグズいうのならしっかり反対すりゃいいのにさ。「わかっていますよ。ほんとは反対と書きたいんですよ。でも（政府には逆らえないし、財界も賛成してるから）書けねーんだよ」という苦悩が記事の端々からうかがえる。財界の御用新聞も大変だね。

鋭敏な地方紙と鈍重な全国紙

一二月七日の紙面は、たしかにどの新聞も「いつものスタンス」とはいえる。朝日、毎日、東京の反対三紙は「よくがんばった」といえるレベルだった。しかし、ここに至るまでには、それなりの経緯があったのだ。特に注意すべきはタイミングの問題である。

この件が具体化したのは参院選後の七月末だった。七月二七日の朝日は「秘密保全法案を提出へ　公務員の罰則強化　秋の臨時国会」と題した短い記事を載せているが、まだ危機感は薄かった。

重い腰がようやく上がったのは、政府が九月三日～一七日にパブリックコメントを募集すると発表した八月下旬だ。信濃毎日新聞、京都新聞など、危機感を強めた地方紙やブロック紙はこのあたりで続々と社説でこれを取り上げ、新聞労連は九月四日、民放労連は九月一三日、日本ペンクラブは九月一八日に反対を表明している。

在京六紙に戻ると、東京も九月一三日の社説で「軍事国家への入り口だ」と銘打ち、反対を明言した。これに対し、毎日が「この法案には反対だ」と題する社説を載せたのは一〇月二一日、「知る権利」がどうのという腰の引けた論調だった朝日が社説で「この法案に反対する」と打ったのは一〇月二六日である。大手の朝日が旗幟を鮮明にし、リベラル系三紙の足並みがやっとそろった恰好だった。

とは申せ、それは法案が閣議決定された一〇月二五日の後であり、衆院の審議はもうはじまっていたのである。もちろんその後の朝日の反対キャンペーンにはそれなりに迫力があったし、各界の著名人が反対を表明したのも新聞の後ろ盾があったからこそだろう。でも、朝日って、なんだかいつも「時すでに遅し」のタイミングなんだよな。

遡れば、この案件が浮上したのは、安倍政権の発足からほどない二〇一三年三月末だ。この段階で法案への強い懸念を示した新聞もあったことは記憶しておくべきだろう。

ひとつは「日常生活も縛られる危険／秘密保全法案」と題された東奥日報（青森県）四月一九日付の社説である。衆院予算委員会で安倍首相が法案の国会提出に意欲を示したことを受け、〈同法案には、ここでは書ききれないほど多くの問題点がある〉〈野党が弱体化した今、いったん法案が提出されれば、成立阻止は比較にならないほど困難だろう。法案提出の前に国民が声を上げなければ、取り返しが付かないことになる〉と警鐘を鳴らしている。

もう一紙、フットワークがよかったのは愛媛新聞（愛媛県）だった。同紙五月二日付の社説は「秘密保全法制／知る権利侵害は許されない」と題して、〈そもそも機密情報漏えい防止には国家公務員法や自衛隊法などがあり、必要十分なはずだ〉と指摘し、〈今こそ、メディアはもちろん国民一人一人が目を凝らし、声を上げる必要があろう〉と書いた。

他の地方紙・ブロック紙も早くからなべて廃止を求める強い批判を展開した。最終的に秘密保護法を一貫して支持したのは北國新聞（石川県）一紙だけ。この法案のそもそものルーツは、民主党政権時代の一一年一〇月に浮上した「秘密保全法案」だ。結果的に提出は見送られたものの、東奥日報と愛媛新聞が他紙に先んじて懸念を示したのはそのときの記憶があったからだろう。

鋭敏な地方紙と鈍重な全国紙。社内の意見調整に手間取るせいか、読者の動向を見て判断を下すせいか。そんな半端な態度だから読者離れがますます進むのだ。朝日新聞はわかってんのかな。(2014.02)

秘密保護法の成立を伝える、二〇一三年一二月七日の朝刊各紙（カッコ内は一面の見出し）。右側上から、朝日（採決　自公のみ賛成／参院本会議　欠陥残したまま）、毎日（「知る権利」危機／野党「国会無視」と批判）、東京（国のかたち変えてはいけない／権力監視ひるまず）。左側上から読売（自公賛成　み・維は退席／防衛・外交　機密情報を保全）、産経（深夜の採決、みんな造反／森担当相「懸念、丁寧に説明」）、日経（機密情報、他国と共有）。この日は「マンデラ氏死去」というニュースもあったが、それどころではない感じ。朝日、毎日、東京は社会面でも反対運動を大きく扱った。

五輪を手にした東京の身勝手

二〇一三年九月七日、ブエノスアイレスで開かれたIOC総会で、イスタンブール、マドリードを破り、二〇二〇年の東京オリンピック・パラリンピック（以下、東京五輪と略す）の開催が決定した。日本からは安倍晋三首相、猪瀬直樹東京都知事（当時）、森喜朗元首相（後に東京五輪大会組織委員会会長に就任）らが出席。猪瀬知事は翌九月八日、「最高の五輪を用意できるということが伝わった。勝因はチームワークです。安倍首相から若い選手まで日本のすべてが結集したおかげだ」などと興奮ぎみの口調で語った。

思えばあれが、猪瀬前都知事の絶頂期だったのだね（遠い目）。そのわずか三か月後、徳洲会グループからの五〇〇〇万円の借金（献金？）問題をめぐって彼がしどろもどろの弁明を繰り返し、とうとう辞任に追い込まれるなぞとだれが想像したろうか。

という話はほんの前ふり。今回は猪瀬前都知事ではなく東京五輪の話である。

ちなみに私は東京五輪を歓迎していない。決まる前から反対だったし、決まった後も「決まった以上はせめてよい五輪を」なんて全然思わない。五輪翼賛体制にむしろ危惧を抱いている。だから開催が決定した日には懲役七年の実刑判決を食らったような気分だった。当初けっして有利ではなかったはずの東京はしかし、なぜ招致に成功したのだろう。関連書籍を読んでみた。

被災地を利用して獲得した五輪

まず、結城和香子『オリンピックの光と影』。「東京招致の勝利とスポーツの力」という副題通り、記者の立場から今回の招致成功の舞台裏に密着取材したレポートである。

話はIOC総会直前の二〇一三年九月一日からはじまる。当時を思い出していただきたい。メディアを席巻していたのは福島第一原発の汚染水漏れ問題だった。それは五輪招致にも影響する。現地入りした結城もある委員の〈東京にとっての汚染水問題は、イスタンブールにとってのシリア情勢の緊迫よりも深刻だよ。（略）福島第一原発の状況は、震災から2年以上たってもこのありさまだ。あと何年で収拾できるかも分からない〉という声を拾っている。

それがなぜ逆転できたのか。『オリンピックの光と影』から当日のプレゼンテーションの流れをたどると、招致委の作戦がみごと奏功したことがうかがえる。

①プリンセスによる予定外のスピーチ

まず「たまたま」ブエノスアイレスを訪れていた高円宮久子妃が「招致とは一線を画した」立場からスピーチした。震災の際、〈IOC及びスポーツ界は、支援の手を差し伸べて下さった〉という感謝の念を述べた内容で、〈IOC総会に初めて出席した日本の皇族のプリンセス〉の格調高いフランス語と英語による語りかけが会場の心をつかみ、流れを変える素地となった。

②東北出身のパラリンピアン登場

続いて登壇したパラリンピアンの佐藤真海選手。一九歳のときに骨肉腫を患い、右脚をひざ下で切断した佐藤選手は、陸上競技で過去二回パラリンピックに出場している。出身地は気仙沼。その気仙沼を津波が襲い、一時は家族の生死もわからなかった。しかし、と彼女は続ける。〈人々を勇気づけるため、スポーツ活動を行った。その時初めて、私は本当のスポーツの力を見たのです〉。

③被災地をイメージさせる映像

短い映像が流される。〈設定は被災地だ。背景の青い海が、おそらく男の子の家を奪っていった。その家の跡に残ったゴールポストで、その子は一心にスポーツをしている〉。映像の後半は途上国にスポーツを広める活動のイメージで、〈被災地で多くの人々や子どもたちが感じたであろうスポーツの力が、世界に広がっていくさま〉が強い感動を与えた。

④安倍首相によるスピーチ

そして安倍首相が登場する。「（福島第一原発の）状況は完全にコントロールできている。東京には、これまでもそしてこれからも、何ら悪影響は及ばない」「汚染水による影響は、福島第一原発の〇・三平方キロの範囲内で完全にブロックされている」と述べて顰蹙《ひんしゅく》を買った、あのスピーチである。しかし、話はここで終わらなかった。首相は〈私はかつて、被災地を訪問した際に、一人の少年と会いました〉といい、外国人選手からサッカーボールをもらった少年の逸話を紹介したのである。そのボールこそが希望であり、〈今この瞬間にも、福島の青空のもと、子どもたちはサッカーボールを蹴りながら、復興そして未来を見つめています〉。

なるほど、これが猪瀬前知事のいう「チームワーク」の意味だったのか。日本国内では滝川クリステルの「お・も・て・な・し」ばかりが強調されたが（実際それも秘密兵器になったらしいが）、それはこの際、些末な話。問題はこのプレゼンが徹底して「被災地」に頼っていることである。スピーチも映像も。つまるところ、招致委は「被災地の利用」に成功したのだ。

ご立派な姿勢ではないか。たしかに「スポーツの力」が被災地を励ますこともあるだろう。しかし、「東京」の五輪に「福島」の少年を利用するってひどくない？　「東京」の五輪が福島にどんな恩恵をもたらすのか。片方では「福島第一原発の影響は東京には及ばない」と明言し、東京と福島を完全に分けているのにだ。今回の五輪招致活動は、もとはといえば「二〇一六年東京オリンピック構想」として、二〇〇六年、石原慎太郎都政下でスタートしたものだった。だが〇九年のIOC総会で落選したのはご存じの通り。その二年後に日本を襲った東日本大震災。五輪招致委はいわば「渡りに船」とばかり、それまでの方針を見直し、震災に便乗することで五輪を勝ち取ったのである。

過去の二回も震災（戦災）からの「復興五輪」

震災をダシに東京が五輪招致に成功したのはしかし、今回がはじめてではない。最初のそれは一九三〇年代。結局は開催されなかった一九四〇年の東京五輪に向けた活動である。

橋本一夫『幻の東京オリンピック』は、その幻の五輪の招致に成功するまでと、開催断念に至るまでの舞台裏を詳細に追ったノンフィクションだ。

関東大震災（一九二三年）の七年後、めざましい復興をとげた東京の「震災市長」だった永田秀次郎らが「皇紀二千六百年」の記念行事として構想し、当時のIOC委員らが開催に向けて尽力した東京五輪。内実は皇紀二千六百年事業だが、外向きには「アジアで初」がアピールポイントだった。

興味深いのは、この時代、五輪の招致にとりわけ熱心だったのが、ムッソリーニ政権下のイタリア（ローマ）、ヒトラー政権下のドイツ（ベルリン）など、後に第二次大戦で敗退する日本の同盟国だったことである。最大のライバルはローマだったが、日本のIOC委員はムッソリーニに辞退を懇願。ヒトラーの後押しもあり、一九三五年、ヘルシンキに勝って開催を勝ち取った。国際連盟を脱退している、往復だけで最低一か月もかかる、夏の猛暑が懸念されるなど、およそ有利とはいえぬ条件下での逆転勝利。三二年に立候補して落ちた後の、二度目のチャレンジでの成功だった。

そこまでして獲得した開催権を、しかし日本は返上した。なぜだったのか。

ひとつの理由は、日中戦争の勃発（一九三七年）である。戦線の拡大をキッカケに、もともとスポーツに関心の薄かった軍部は戦争遂行に集中するという立場から五輪に反対。軍部の方針変更に引きずられる形で、政府も五輪への関心を急速に失った。

政府の場当たり的な態度からもわかるように、もうひとつの理由は、競技場の建設が遅々として進まなかったことである。問題は〈紀元二千六百年記念として開催したいとの意欲が先行したため、肝心の競技施設を事前にまったく整備しないままに立候補し、しゃにむに招致運動を進めたことである〉と橋本は述べる。さらには〈日本の軍国主義化が急進するにつれ、オリンピックに内包される国際的、平和的な理念と、「紀元二千六百年」の持つ国家主義的性格との矛盾が激化し〉たことから、東京は岐路に立たされたのだ、と。加えて日中戦争に反対する米国スポーツ界や欧州各国では参加ボイコット運動が起こり、一九三八年、ついに政府は開催権を返上した。

震災復興というタテマエといい、国粋主義化の進行といい、おもしろいほど現在の日本と似通っている。今日のギスギスした日中関係を思うと、戦争だって他人事ではない。

敗戦後、早くから動いたスポーツ関係者によって、東京五輪は一九五九年に開催が決定、六四年に実現するが、波多野勝『東京オリンピックへの遥かな道』によると、これも日本人の自信を回復させる「戦災からの復興」が根底にはあり、それが「挙国一致体制」に変わっていったのだという。東京という都市は、つまり何度も同じことを繰り返しているのである。

がしかし、二〇二〇年の東京五輪は、「震災（戦災）からの再出発」を祈念した前の二回とは事情がちがう。今度の場合、まず東京は直接的な被災地（戦災地）ではない。しかも肝心の被災地では震災から三年たっても復興は進んでいない。二〇一四年一月現在、岩手・宮城・福島三県における復興住宅の建設は一〇％以下である。五輪関連施設の建設がスタートしたら、ただでさえ不足している機材や資材や人手は東京に集中するだろう。被災地の実情は五輪の熱狂の陰に隠され、首相が「影響がない」と約束した手前、福島第一原発の情報はますます隠蔽されるだろう。

二月九日の都知事選で当選した舛添要一新知事は「二〇二〇年の東京オリンピックを成功させる」が最大の公約だった。どうせまた大型公共事業で景気を回復させる、原発の再稼働も必要であると語るのだろう。何の反省もない知事と都民にウンザリする。

(2014.03)

『オリンピックの光と影――東京招致の勝利とスポーツの力』結城和香子、中央公論新社、二〇一四年　読売新聞編集委員による、東京五輪が決定した二〇一三年九月IOC総会の同行記。自身も「招致委の一員」のノリで、レセプションでの会話からプレゼンの見どころまで自慢げに解説したため、かえって胡散臭さが浮き彫りになっている。原発に関しての首相の弁も高く評価されたのだそうだ。

『幻の東京オリンピック――1940年大会　招致から返上まで』橋本一夫、講談社学術文庫、二〇一四年　IOC委員であった嘉納治五郎、杉村陽太郎、副島道正らの活動を中心に、一九四〇年に開催される予定だった「幻の五輪」の周辺を追う。アテネから東京までの聖火リレー、テレビ中継の検討など、興味深い話題も満載。平和の理念と戦火拡大の狭間で右往左往する日本の姿が興味深い。

『東京オリンピックへの遥かな道――招致活動の軌跡1930-1964』波多野勝、草思社、二〇〇四年（→草思社文庫）、一九四〇年の幻の五輪から六四年の東京五輪開催までを追う。戦後の「総力戦」招致活動では、IOC常任委員で国際的な知名度が高い「プリンス・タケダ」（旧皇族の竹田恒徳）が活躍。二〇一三年の招致委員会委員長・竹田恒和は、その子息。皇族人脈も大切らしい。

言論沈没

何とかしてくれ「嫌韓」思想

二〇一四年二月九日に行われた東京都知事選の隠れたトピックは、当初は泡沫候補だろうと見なされていた、元航空自衛隊幕僚長の田母神俊雄が六一万八六五票（得票率一二・五五％）を獲得し、二位の宇都宮健児（九八万二五九四票）、三位の細川護熙（九五万六〇六三票）に迫る勢いの「善戦」をしたことだった。これが参院選だったら、なんと当選ラインである（二〇一三年七月の参院選で最下位当選した自民党の武見敬三は六一万二三八八票）。

ここでも田母神の著書を何度か取り上げたが（お調子者のこの人はどんなテーマにも首を突っこんでいるのである）、論理の杜撰さは天下一品。軍事評論家を名乗るも、とても正気の言論人とは思えず、しかも発言の中身がきわめて「右翼的」なのは周知の事実。

そこであらためて浮上したのが「ネット右翼」「ネトウヨ」などと称される、インターネットを介して排外主義的な言説を撒き散らす「新型右翼」の存在である。ネット右翼なる言葉が一般に普及したのは第二次安倍晋三政権の発足以後だろう。中国・韓国に対する敵意をあらわにし、河野談話や村山談話を否定するような発言をする安倍晋三首相（とその取り巻き）の言動はネット右翼に近似するともいわれており、田母神に投票した層はネット右翼と重なるのではないかという声も聞く。しかし、そもそもネット右翼とは何なのだろう。関連書籍を読んでみた。

ネットで拡散、紙メディアが権威づけ

かつては一部でしか知られていなかったネット右翼の存在を一躍有名にした本といえばこれ。安田浩一『ネットと愛国』だ。ネット右翼の代表格と目されている「在日特権を許さない市民の会（在特会）」の幹部やメンバーらに取材したルポルタージュで、二〇一二年度の講談社ノンフィクション賞とJCJ（日本ジャーナリスト会議）賞を受賞した。

〈ネット掲示板などを通じて「愛国」や「反朝鮮」「反シナ」「反サヨク」を呼びかける者たちは、一般的にネット右翼と呼称される。朝から晩までパソコンや携帯にかじりつき、「朝鮮人は死ね」などと必死に書き込む者たちの存在は、ネットが一般化した90年代以降、急速に目立つようになった〉。しかし〈今世紀に入った頃から、そうしたネット右翼のなかにも、キーボードを連打するだけでは飽き足らず、リアルな「連帯と団結」を目指す動きが活発化した。あくまでもネットを利用して情報収集、交流、呼びかけをおこないながら、「闘いの場」をネットの外にも広げたのだ〉。

以上が安田のインタビューに答えて、在特会の広報局長（四九歳）が説明する、同会誕生までのざっとした経緯である。〈母体となったのは『2ちゃんねる』のようなネット掲示板で、保守的な意識をもって〝活動〟してきた人たち〉で、発足したのは〇七年一月（本によっては〇六年一二月とも）。会員数は一万を軽く超える（注・二〇一五年八月現在、約一万五六〇〇人）。

ネット右翼が台頭した要因として、当事者および多くの論者があげるのは、〇二年の日韓共催ワールドカップサッカーだ。数々のラフプレイと日本選手へのあからさまなブーイング。〈ふだんから在日は『差別はいけない』などと口にしますが、その前にオマエの母国をなんとかしろよと思いましたね〉とある在特会メンバーは語っており、〈韓国側のナショナリズムに煽られ、日本人の一部もまた、

眠っていたナショナリズムが刺激された〉という側面が大きかったらしい。加えてここに、同年九月の小泉純一郎首相の訪朝によって判明した北朝鮮の日本人拉致事件が重なる。〈南（韓国）のナショナリズムと北（朝鮮）の犯罪〉とでネット掲示板は盛り上がったという。

拉致問題については理解できなくもない。だが、W杯で態度の悪さにブチ切れた？　この説を私は必ずしも信用していないが、もし事実なら、なんて幼稚なメンタリティだろう。しかも半島の問題が在日排斥運動にすり替わる。あまりにも短絡的だ。

その名が示すように、在特会が「闘い」の対象とし、ネットの内外でしきりに攻撃しているのが「在日特権」である。主としてこれには四つあるという。①特別永住資格、②朝鮮学校補助交付金、③生活保護優遇、④通名制度、である。

これらをネタに、たとえば在特会会長の桜井誠は、街頭で次のようにアジる。〈大阪ではね、1万人を超える外国人が生活保護でエサ食うとるんですよ。生活保護でエサ食うとるチョンコ、文句あったら出て来い！〉。ここに挟まる「そうだ！」「出て来い」などの合いの手。彼らのシュプレヒコールには「ゴキブリ朝鮮人を日本から叩き出せ！」「朝鮮人はウンコ食っとけ！」なんていう、聞くに堪えないものも少なくない。

野間易通『「在日特権」の虚構』は、こうした在特会の理不尽な言動に業を煮やした著者が、彼らが主張する「在日特権」の虚偽を告発した本だ。

〈在特会が「許さない」とする「在日特権」というものには、実体がない。ネット上でコピー&ペーストされ拡散される「在日特権」に関するさまざまな言説は、ほとんどが事実無根のデマゴギーか、あるいは事実の断片をつなぎあわせて存在しない事実にフレームアップするといったかたちでの、在日コリアン社会に対するネガティヴ・キャンペーンでしかない〉と野間はいう。だが、ナチスの宣伝相ゲッベルスがいう通り「嘘も十分に繰り返せば人は信じる」のだ、と。

従来のようなビラや冊子に代わって、ネット上で拡散される動画などの影響力は絶大だ。匿名性が担保されたネットと同時に、しかし野間が指弾するのは出版メディアの責任である。

〈「在日特権」はネット上で生まれたが、一方でネット言論はいいかげんなものという認識も社会には根強い〉。にもかかわらず、「在日特権」というデマが人口に膾炙《かいしゃ》するまでには、山野車輪『マンガ嫌韓流』（晋遊舎、二〇〇五年）や『別冊宝島　嫌韓流の真実！　ザ・在日特権』（宝島社、二〇〇六年）に代表される紙媒体のバックアップが欠かせなかった。

ネット上で出回ったデタラメな情報が紙メディアによって権威づけられ、さらに流布して、ついに街頭にまであふれ出る……。二〇一四年二月一一日の朝日新聞は「売れるから『嫌中憎韓』」と題した記事で、大手書店に専門のコーナーができるなど「嫌中憎韓」が〈出版物の一ジャンルとして確立しつつある〉ことを伝え、二〇一三年一年間に発行された週刊誌のうち、タイトルに「中国」「韓国」「尖閣」「慰安婦」などがついた記事は、「週刊文春」は全四九号中四八号、「週刊新潮」は四九号中三七号、「週刊ポスト」は四四号中三八号、「週刊現代」は四六号中二八号にのぼると報じた。

いったい、彼らを排外主義に駆り立てている情念は何なのか。

「ポスト反共」としての「嫌韓」

この疑問に一応の解を与えているのが、古谷経衡『ネット右翼の逆襲』である。〈いわゆる保守・愛国「界隈」に「居」を構える私〉を自称しているように、前の二著とはちがい、著者の古谷は「嫌韓」に対して親和的な立場をとる。

本書の中で注目すべきは、古谷自身も含め、「愛国的」「保守」を自認する人々の多くが在特会の行動様式には批判的である点だろう。〈自分たちはネット右翼ではない。そういう連中と一緒にしないで欲しい〉。「ネット右翼＝在特会」と見られることに苛立つ人は少なくないらしい。ただ、行動様式は否定しても「嫌韓」という思想的な立場を、彼らは肯定するのである。

〈ゼロ年代初頭から顕著になった「嫌韓」の言説は、これまでの日本の右派・「保守」やそれを土台にした論壇には存在しなかった概念であった。韓国を反共の同志として、融和的・擁護的な論調が支配的であった従来型の「保守」にあって、嫌韓や反韓こそ、最も相容れない価値観だったのである〉と古谷はいう。かつての保守（ないし右翼）の共通項だった「反共」思想が冷戦構造の崩壊で失効し、代わって嫌韓が台頭した。納得のいく説である。だが、問題はこの先だ。

冷戦崩壊後、ソ連という共通の敵を失って「反共」の同盟から真っ先に離脱したのは韓国であり、「民族主義的国家」へ変貌した韓国の剥き出しの憎悪は日本に向かった。加えて一九九〇年代後半の韓国は、アジア通貨危機とＩＭＦによる金融体制によって極端な格差社会となり、その不満が〈日の丸を焼き、日本人を殺せと叫び、日の丸を踏みつけて行進する〉歪んだ反日ナショナリズムとなって噴出した。〈「社会構造の変化が生んだナショナリズム」こそ、日本の「右傾化」や「ネット右翼」ではなく韓国にこそ当てはまると断言するより他ない〉。つまり、悪いのはあっち（韓国）であり、こうした新しい事態に対処できなかった旧保守（ないし旧右翼）に飽き足らない層がネットに結集した。よって「嫌韓」はレイシズムではなく正当な反撃である、というのが彼らの理屈なのである。〈朝鮮半島は善良な被害者、日本は辛辣な加害者〉という旧来の図式に古谷は疑義を呈する。〈いまこそ「嫌韓」はレイシズムではない、と声高に主張することが必要であろう〉と。「嫌韓」を体現する安倍や田母神を支持するのはこういう人たちだったのか。

しかし、仮に韓国の対日外交姿勢が間違いだったとしても、韓国への不満を国内の在日攻撃に転化させるやり方には、どんな正当性もない。日韓関係は国家間の「外交問題」だが、日本国内の韓国・朝鮮人が圧倒的なマイノリティである以上、在日攻撃は「レイシズム」「差別問題」以外の何物でもないからだ。韓国政府の反日政策も褒められた義理ではないが、旧植民地が宗主国を憎悪するのは、仕方ない面もある。逆はお話にならんでしょ。嫌韓はレイシズムなのか正当な反撃なのか。この問題に踏み込むにはしかし、嫌韓を特徴づける「ヘイト・スピーチ」について考えてみる必要がある。それについてはまた次回。

(2014.04)

『ネットと愛国――在特会の「闇」を追いかけて』安田浩一、講談社、二〇一二年　ネットや街宣活動で在日コリアンを攻撃する在特会を、会長の桜井誠や関係者に取材したノンフィクション。ネット右翼の存在をはじめて明るみに出した。著者は一九六四年生まれ。街頭で気勢を上げるメンバーも、個人的に会えばみな礼儀正しいフツーの市民であることに拍子抜けしたと述べているのが印象的。

『「在日特権」の虚構――ネット空間が生み出したヘイト・スピーチ』野間易通、河出書房新社、二〇一三年　在特会の攻撃する「在日特権」（特別永住資格など）を検証し、それがいかに虚偽と悪意に満ちたデマであるかを説く。著者は一九六六年生まれ。「レイシストをしばき隊」（現ＣＲＡＣ）を主宰。過激な「カウンター行動」が賛否を呼んだ。「対抗言説」の必要性を説くが、書きっぷりは誠実。

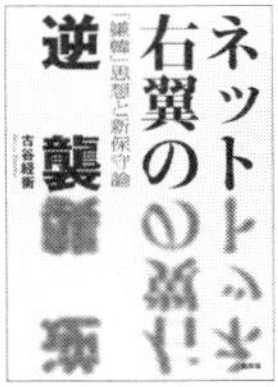

『ネット右翼の逆襲――「嫌韓」思想と新保守論』古谷経衡、総和社、二〇一三年　「ネット右翼」は悪質なレッテル貼りだ、在特会とネット右翼は同じではないと主張。「低学歴・低所得・もてない」というネット右翼のイメージは間違いだとし、「愛国者」「保守」を自認する立場から「嫌韓」思想の発祥と正当性を説く。著者は一九八二年生まれ。嫌韓派が何を問題にしているかがわかる点では貴重。

ヘイト・スピーチの意味、わかってる?

「嫌韓」について調べていると、必ず出くわすのが「ヘイト・スピーチ」という言葉である。一応の日本語訳は「憎悪表現」。ここに有形力(暴力)を伴った場合が「ヘイト・クライム」だ。

「在日特権を許さない市民の会(在特会)」などの目に(耳に)余る差別的な言動に衆目が集まるのと同時に広まり、二〇一三年の「ユーキャン新語・流行語大賞」トップ10にも選ばれたから、言葉として知っている人は多いだろう。しかし、その意味をきちんと説明できる人は意外と少ないのではあるまいか。かくいう私も少し前まで完全に誤解していた。

たとえば師岡康子『ヘイト・スピーチとは何か』(岩波新書、二〇一三年)はその意味を次のように説明する。〈ヘイト・クライムもヘイト・スピーチもいずれも人種、民族、性などのマイノリティに対する差別に基づく攻撃を指す。「ヘイト」はマイノリティに対する否定的な感情を特徴づける言葉として使われており、「憎悪」感情一般ではない〉。

そうなのだ。「スピーチ」という語に惑わされるけれど、単に「嫌いなものを嫌いと言う」のが「ヘイト・スピーチ」じゃないのである。その意味で「憎悪表現」より「差別煽動」のほうが訳語としては相応しいと師岡はいい、〈ヘイト・スピーチの用語の形成と日本へ流入後の議論と定義、法規制をめぐる議論から見ると、セクシャル・ハラスメントとの共通点が多い〉とも述べている。

セクハラは一九七〇年代の、ヘイト・スピーチは八〇年代のアメリカで生まれ、反差別運動を経て日本に移入された概念（用語）だった。「セクハラ」が新語・流行語大賞に入ったのは一九八九年。しかし、セクハラという概念（用語）が日本社会に定着するまでには、それ以降も粘り強い運動と啓蒙活動が必要だった。男女雇用機会均等法（八六年施行）に「セクハラ防止対策」が盛り込まれたのは一九九七年、「防止対策」が「防止義務」に昇格したのは二〇〇七年である。すると「ヘイト・スピーチ」が正しく理解されるまでにも、まだまだ時間がかかるのだろうか。

「表現の自由」の問題ではない

先にも述べたように、ヘイト・スピーチという語が日本のメディアに登場したのは二〇一三年のことだった。『なぜ、いまヘイト・スピーチなのか』の編者・前田朗は、ヘイト・スピーチを批判した朝日新聞（一三年三月一六日）、毎日新聞（同年三月一八日）、東京新聞（同年三月二九日）などの記事がその嚆矢だったと述べ、マスメディアが取り上げたことで〈谷垣禎一法務大臣や安倍晋三首相でさえも、ヘイト・スピーチを残念な事態と述べざるを得〉なくなったことを評価しつつ、同時に問題設定の仕方には疑問があったと指摘している。

〈実際には、差別、暴力、脅迫、迫害が行われ、重大人権侵害が起きているのに、憲法学者は「スピーチだから表現の自由だ」などという無責任な発言をしています。日本国憲法第二一条の表現の自由の解釈が、あらゆる表現の自由を保障するかのような誤解を与えてきたため、「差別表現の自由」があるかのごとき印象を与えているのです〉。さらに加えて〈ナチス・ドイツによるユダヤ人迫害や、旧ユーゴスラヴィアにおける民族浄化を単に表現の自由と看做すことなどあり得ません〉。

そう、この件は「表現の自由か、ヘイト・スピーチ規制か」という二者択一の問題として語られがちだ。前田はしかし、「表現の自由」に傾く識者の議論からは〈被害問題が見事に除外されています〉と述べ、彼らを「差別放置知識人」と呼んで厳しく断罪する。

「どんなに汚くても『言論』」（毎日新聞一三年六月一九日）と語った赤木智弘（フリーライター）に対しては〈表現の汚さに着目するのみで、被害に向き合おうとしません〉。法規制は「活動を潜在化させるだけ」（毎日新聞一三年六月二七日）と語った雨宮処凛（作家）に対しては〈「活動を潜在化させる」ことは、とりあえず被害がなくなることです。それがなぜいけないのでしょうか。「根本的な解決」ができるまで被害者は我慢せよと言うのでしょうか〉。

実際、近年のヘイト・スピーチ事件は新大久保（東京都）や鶴橋（大阪府）といったコリアンタウンのヘイト・デモにとどまらない。「在特会」が関与した事件の一例をあげると……。

①京都・朝鮮学校襲撃事件（二〇〇九年一二月四日）。

同校が向かいの児童公園を長い間、朝礼や体育の授業に使っていたことを「不法占拠」だとして在特会のメンバーが学校に街宣をかけ、「日本から出て行け」「朝鮮人はウンコ食っとけ」などの言葉を吐く。メンバーは翌一〇年、威力業務妨害で逮捕され執行猶予付きの有罪となるが、学校側も都市公園法違反に問われ、罰金刑が下された。

②奈良・水平社博物館差別街宣事件（二〇一一年一月二二日）。

「コリアと日本」という特別展示を行っていた同館に対し、在特会の副会長らが街宣をかけ、「文句があったら出てこい。エッタども」など、被差別部落と朝鮮人に対する差別的な言葉を吐き続ける。同館は彼らを奈良地裁に名誉毀損で訴え、一審で勝訴。

③ロート製薬強要事件（二〇一二年三月二日）。

ロート製薬がCMに起用した韓国人女優キム・テヒが「独島愛キャンペーン」に参加した経歴があ

るとして批判が相次ぎ、CMの発表会見が中止に追い込まれる一方、在特会メンバーがロート製薬本社に押しかける。彼らは全員強要罪で逮捕され、有罪が確定。

以上は、ヘイト・スピーチ関連の書籍に必ず登場する、刑事事件や訴訟に発展した特に有名な事件だが、これ以外にも、徳島県教組が集めた募金の一部を朝鮮学校に寄付したことを理由に在特会メンバーが県教組を襲撃した（二〇一〇年四月）、韓流ドラマを熱心に放映していたフジテレビ前で数千人規模のデモが行われた（二〇一一年八月）など、脅迫のターゲットは多岐にわたる。

「目には目を」とでもいうか、後には「レイシストしばき隊」「プラカ（プラカード）隊」など、こうした差別的、威圧的な行動に対抗し、同じように街頭に出て、ヘイト・デモ相手に「差別主義者は帰れ」「恥を知れ」と叫ぶなどのカウンター・アクションが広がった。

しかし、こうした直接的なカウンター行動には、当然ながら限界がある。威力業務妨害、強要罪、名誉毀損などの現行法で裁ける範囲も、現在の状況は超えている。前田朗ら『なぜ、いまヘイト・スピーチなのか』への寄稿者が共通して求めているのは、人種差別撤廃条約（一九六九年に発効。日本は九五年に批准するも国内法は未整備）に基づく法規制なのだ。

放置すれば「虐殺」に発展する

政治家としてヘイト・スピーチ問題にいち早く反応した民主党参議院議員の有田芳生は、『ヘイトスピーチとたたかう！』の中で〈あの現場の空気もふくめた異常さを自ら体験しないと（略）あのおぞましさは伝わらないでしょう〉と述べる。〈「殺せ」というのは、殺人教唆です。ネットの画像には、それを叫ぶ彼らの姿しか映っていません。しかし現場へ行けば、そんなシュプレヒコールの届く先に、生身の人間として暮らす在日コリアンの姿が眼に入るのです〉。

またこの本の巻末の鼎談で、師岡康子は述べる。〈マイノリティにとっては反論すること自体がストレスです。人間扱いされず、存在自体を否定されたとき、言葉を失うのが通常です。ヘイトスピーチはそういう意味で、マイノリティの表現の自由を侵害するのです〉。

それにしても、人権問題や差別問題に対して日本の政府や国会はなぜこんなにも鈍いのか。先進国でこのような規制を持たない国はアメリカと日本だけ。ヨーロッパをはじめ、世界中でヘイト・スピーチ規制法の制定が進む現在、日本ではまだ議論のとば口にも立てていない状況だ。

その理由として、多くの論者が指摘するのは、国家そのものが差別に加担しているという現実である。侵略戦争や慰安婦について暴言を吐き続ける石原慎太郎、安倍晋三、橋下徹といった政治家たちがよいサンプルといえる。皮肉にも、民間のレイシストたちは、むしろ〈権力者らの暴言をなぞっている〉(『ヘイト・スピーチとは何か』)わけだね。

ちなみに、渦中の在特会会長・桜井誠は、自らが煽動するヘイト・スピーチ(差別煽動)の正統性について次のように主張する。

〈沖縄で「米軍出て行け」と抗議をしている極左の連中がいってることだって、立派なヘイトスピーチなんじゃないでしょうか。「朝鮮人帰れ」がヘイトスピーチなら、「アメリカ人帰れ」「ヤンキーゴーホーム」だってヘイトスピーチなんです〉。〈本気でヘイトスピーチ規制法に取り込むんだったら、私は賛成するつもりなんです。(略)その代わり、左翼団体による天皇陛下に対するヘイトスピーチや、日本国民に対するヘイトスピーチ、これらもすべて徹底的に取り締まってもらいますよ〉。

だからさあ、ヘイト・スピーチは「嫌いなものを嫌いと言う」ことじゃないんだってば。ヘイト・スピーチは「マイノリティに対する攻撃」だって、いってんじゃんよ。

ヘイト・スピーチには五段階の「憎悪のピラミッド」が存在するといわれる。下から順に、①ひがみ、②偏見による行動、③差別行為、④暴力行為、⑤大虐殺、である。放置すれば、ヘイト・スピーチは「虐殺」にさえ結びつく。ここで私が連想するのはDV（ドメスティック・バイオレンス）防止法である。DV防止法でいう「暴力」には「身体的暴力」だけでなく、言葉や態度による「精神的暴力」も含まれる。ヘイト・スピーチが暴力に発展するのではない。ヘイト・スピーチそのものがすでに暴力なのである。安倍政権下で法規制がされたら表現の自由まで制限されかねない、という懸念もわかるが、かといってこれを放置しておいていいという道理はないだろう。

(2014.05)

『なぜ、いまヘイト・スピーチなのか——差別、暴力、脅迫、迫害』前田朗編、三一書房、二〇一三年　編者は刑事人権論の専門家。〈「ヘイト・スピーチ」を克服する思想を鍛えるためのガイドブック！〉（帯）とあるように、概論のほか、事件の当事者や弁護士の寄稿、「アイヌ民族に対する差別」、「沖縄における憎悪犯罪」などもあり、より広い視野から差別・人権問題を考えるのに有効。

『ヘイトスピーチとたたかう！——日本版排外主義批判』有田芳生、岩波書店、二〇一三年　国会議員として二〇一二年来、ヘイト・スピーチ問題に積極的にかかわってきた著者による概論＆現場レポート。無知を告白し、ヘイト・デモに驚き、議員らの反応や国会内での質疑を記す。〈焦点は、法的規制のあり方だ！〉（帯）という通り、最終的には法規制の必要性を訴える。入門書として最適。

『在特会とは「在日特権を許さない市民の会」の略称です！』桜井誠、青林堂、二〇一三年　西村幸祐による在特会会長インタビュー。彼らによれば、朝鮮学校襲撃事件は「朝鮮学校公園不法占拠事件」で、自らの会は「反日激化の韓国に立ち向かう在特会」となる。〈今までタブーとされてきた在日問題に斬り込んでいる〉（帯）と胸を張るだけあり、発言内容はトンチンカンだが、態度は尊大。

3・11後文学のいま①評論編

東日本大震災および福島第一原発の事故から三年あまりが経過した。この間には3・11後もっとも早い時期に発表された川上弘美『神様2011』(二〇一一年)から、芥川賞を逃したことで議論を呼んだ(注・後に野間文芸新人賞を受賞)いとうせいこう『想像ラジオ』(二〇一三年)まで、震災と原発事故をモチーフにした多くの文学作品が生まれ、現在も生まれつつある。

木村朗子『震災後文学論――あたらしい日本文学のために』は、こうした震災後に書かれた文学を総括的に論じた文学論として、注目された本である。古典文学の研究者である木村が、この本を書かなければならなかった理由は次のように記されている。

〈(直接的な支援活動に比べると)小説などを書く行為というのは、作品として長く残るという意味での持続性はあるが、読み手がいなければ成立しないがゆえのもどかしさがつきものだ。ところが、被災地から遠く離れた世界の読者たちは、作品をこそ唯一の手がかりとして待ち焦がれているというのが、震災後の文学状況にはある。何が起こっていて、それについて作家は何を発信するのか。それだけが直接的な活動をたしかめることのできない人々のよすがなのである。原発は世界中にあるし、放射能は海や大気をつたってまき散らされる。(略)原発人災は世界の問題である〉。

おお、そうだったのか。世界は日本発の3・11後の文学を待っていたのか! 9・11後のことを考えれば、たしかにそれもわからないではない。

しかしながら、と彼女は続ける。〈海外の文学の現場では、日本で起こっていることに敏感だったし、なによりそうしたなかで現れる表現を受け入れる準備が整っていた〉にもかかわらず、〈それとはまったく対照的に日本ではこうした議論が受け入れられているようには思えなかった。こんなときに尻馬にのって何かをいうのは軽薄だと尤もらしくたしなめる人もあった〉。

これはかなり強烈な批判である。原発事故について積極的に語りたがっている世界（の文学界）と、それを回避しているように見える日本（の文学界）。そう明言しているわけではないものの、「文芸批評は何サボってんのよ」ってことかも……。実際、3・11以降、震災や原発についての本はゴマンと出版されたけれども、それで日本（の文学界）が大きく変わったという印象はない。自分を棚にあげて、震災後の文芸批評が何をやっていたのかが、にわかに気になってきた。

震災後に「発見」された過去の文学

川村湊『震災・原発文学論』は新旧の震災および原発関連文学と関連書籍をありったけ読んでみました、といった風情の本。総花式で、作品の羅列という以上の意味はないような気もするが、興味深かったのは文学者の責任について書かれたくだりだ。

たとえば、〈三・一一の震災のあと、いちはやく震災の現場に赴いた文学者〉として川村は荻野アンナの名前をあげ、彼女が被災地レポートとして発表した『大震災　欲と仁義』（二〇一一年）を評して次のように書く。〈そこには「ゲンパツ」の「ゲ」の字も出てこないのだ。不思議なことに、三・一一の被災地に真っ先に乗り込んでいったといっていい荻野アンナの報告書は、フクシマも、「原発震災」も、奇妙に素通りしているのである〉。

かつて荻野アンナは「文藝春秋」の電気事業連合会（電事連）のＰＲページで案内役を務めていた。二〇〇四年にはそれをまとめた本（『アンナのエネルギー観光』）も出ているそうで、川村の批判もそこに及ぶ。原発事故への言及がないのは〈原発安全神話の伝道者だった彼女が、意図的に隠蔽しているものとしか考えられない〉。『大震災　欲と仁義』には〈「まず個人が変わりたい。変わるための行動が、私の場合、この一冊だ」〉と書かれているが、〈原発の「安全神話」のお先棒を担いだ自らの軽薄な言動（原発推進派として）を真摯に反省し、それと向き合うことを回避し、逃避した発言は、どんなに美しかろうとも、人々の胸には届かないのである〉。

なかなかに手厳しい。同様の理由で、高嶋哲夫『震災キャラバン』（二〇一一年）などを含め、川村が問題視するのは、震災を描きながら原発については沈黙する作家たちである。

逆に、川村が賞揚するのは、望月峯太郎のコミック『ドラゴンヘッド』（一九九五年）や生田直親『原発・日本絶滅』（一九八八年）のような予言的作品、ないし〈日本の原子力発電の危険性、怪物性に警鐘を鳴らし続けてきた一群の文学者たち〉である。水上勉『故郷』（一九九七年）、野坂昭如『乱離骨灰鬼胎草』（一九八四年）、井上光晴『西海原子力発電所』（一九八六年）……。

なるほど。こうしてみると、原発事故は批評家に過去の作品を「３・11後の目」で読み直すキッカケを与えたのだ。こんな風に後出しジャンケン式に過去の作品を裁定されたのでは作家もたまんないよな、という気がしないでもないけれど。

小森陽一『死者の声、生者の言葉――文学で問う原発の日本』はどうだろう。３・11後における若松丈太郎、和合亮一ら、福島県在住の詩人たちの詩的実践を高く評価しつつ、小森が指摘するのは詩人の言葉が当の福島で忌避されているという現実である。〈福島県内で、何かますます、深刻な言葉のタブーが進行している〉という藤井貞和の言葉を引いて小森は書く。〈和合亮一や若松丈太郎をはじめとする詩人たちによって、論理性と倫理性とを結び合わせながら、一時的な激しい情動《エモーション》を制御しつつ、持続的な情操《センチメント》を喚起し続けるところまで高められた言葉を、ほかでもない福島の人達が排除しようとしている〉。〈悲しみや恐怖の記憶につながる感情の喚起は、現時点での自己の無力さを強く浮かびあがらせる。言葉を排除しようとする人々はそこを見たくないのだ〉。

まさに仰せの通りである。しかしながら、だ。『神様2011』や大江健三郎『晩年様式集《イン・レイト・スタイル》』（二〇一三年）への言及を別とすれば、この本で召還されているのも、東北出身の作家である宮沢賢治『グスコーブドリの伝記』（一九三二年）だったり、井上ひさし『グロウブ号の冒険』（二〇一一年）だったり、あるいは夏目漱石『文学論』（一九〇七年）だったりするのだ。

〈福島第一原発をめぐる人災としての大事故の中で、「科学と宗教」の「中間」にある「文学」として『グスコーブドリの伝記』を読み直したとき、私たちがむかいあうべき現実が見えてくる〉などの指摘は示唆に富むものの、要は「3・11後の目で過去の文学を読み直そう」という提言であって、出てくる作家名がいかにも「小森陽一マター」である点はいかんともしがたい。

川村湊と小森陽一が指摘しているのは、福島をめぐる言葉の「隠蔽」や「回避」がはじまっているという事実である。だが、ここには重要な視点が抜けていないだろうか。「隠蔽」や「回避」は福島だけの問題ではない。文壇や詩壇の内部でも「隠蔽」や「回避」は起きていたのだ。

文壇からも詩壇からも拒否される震災後文学

話を戻そう。木村朗子『震災後文学論』が問うているのは、震災後の文学をめぐる世界と日本国内との温度差についてだった。彼女もまた、文学業界内部にじわじわと広がっている「3・11を書くこと」を忌避する雰囲気について追及することを忘れない。

わかりやすいのは『想像ラジオ』に対する芥川賞の選評だろう。多くの選考委員は、いろいろ言を弄しながらも判断保留。〈ウエルメードぶりにあざとさを感じてしまう〉(島田雅彦)、〈作品からはヒューマニズムだけが抽出されることになった〉(村上龍)などのマイナス評価に抗して、この作品を推したのは高樹のぶ子ひとりだった。いとうせいこうの試みを「蛮勇」と評しつつ、〈今回の候補作中、もっとも大きな小説だったと、選考委員として私も、蛮勇をふるって言いたい。蛮勇には蛮勇をである〉と高樹は書いた。『想像ラジオ』を推すことは「蛮勇」だったのである。

一方、和合亮一の震災詩に対する詩壇内部の評価もさんざんだった。二〇一一年の萩原朔太郎賞には和合の『詩ノ黙礼』がノミネートされたが、選考会では〈単調でいささか退屈〉(岡井隆)といった評価が大半を占めた。和合亮一を推したのは吉増剛造ひとりであり、しかも吉増は〈不明をお詫び〉すると書かなければならなかった。

以上のような文壇、詩壇の状況を指して〈こんな現状ならば、もはや原発や放射能汚染について書いたというだけで称賛に値するというものである〉と木村は述べる。作家の間で共有されているのは〈「死者を利用している」という非難〉であり〈作家同士でこんなに厳しい検閲があるのでは、よほどの覚悟がなければとうていやってはいけないだろう〉。

したがって〈書くことの困難のなかで書かれた作品こそが、震災後文学なのである〉というのが木村の定義だ。ちなみに「書くことの困難」に抗して書かれた作品(換言すれば世界に向かって開かれた作品)として、木村があげるのは『神様2011』『想像ラジオ』のほか、高橋源一郎『恋する原発』、多和田葉子『不死の島』『雲をつかむ話』、津島佑子『ヤマネコ・ドーム』、佐藤友哉『ベッドサイド・マーダーケース』『ベッドタウン・マーダーケース』などである。

川村湊や小森陽一が過去の作品の「予見性」に驚嘆している暇に、現代作家による震災後の文学も、そうとう増殖していたのである。とはいえ、木村が「震災後文学」として名指しした作品は〈文学業界内部ではそれなりに話題になったとしても〉、世間的にはさしたるインパクトを持たなかった。純文学なんて最初からそんなもの、ともいえるけれども、『想像ラジオ』が一五万部、百田尚樹『永遠の0』が四五〇万部という現実を見ると、芥川賞はやはり「蛮勇」をふるって『想像ラジオ』に受賞させ、読者を一ケタ増やすべきではなかったか。『想像ラジオ』に芥川賞を出すとどんな不利益があるのだろう。さっぱりわからない。

(2014.06)

『震災後文学論――あたらしい日本文学のために』木村朗子、青土社、二〇一三年　3・11後に書かれた文学や映画を俎上に乗せ、文学（物語）には何ができるのかを論じた本。根底には〈和を乱さないように黙っている日本人〉に対する不信がある。アカデミズムから〈こういう本を出すのは「たいへん危険なことだ」〉と忠告を受けた（！）という。世界標準でものを見る必要性に気づかされる。

『震災・原発文学論』川村湊、インパクト出版会、二〇一三年　『原発と原爆――「核」の戦後精神史』（二〇一一年）で「ゴジラ」や「鉄腕アトム」などを論じた著者による、いわば続編。「3・11後の目」で過去の作品を読むことに力点がある。一九八〇～九〇年代発表の原発関連作品アンソロジー『日本原発小説集』（水声社）の解説として書かれた「反原発と原発推進の文学」は読みごたえあり。

『死者の声、生者の言葉――文学で問う原発の日本』小森陽一、新日本出版社、二〇一四年　3・11をめぐり、いま読むべきは何かを論じた本。『神様2011』は〈最も早い小説による応答の一つ〉、『想像ラジオ』は、死者と生者がどう向き合うかを〈真摯にかつ深く問いかけた小説〉と評価しているものの、『晩年様式集』が出てくるあたりで白ける。この書き方で読者に届くのかどうかも疑問。

3・11後文学のいま②小説編

二〇一四年四月から朝日新聞の文芸時評の担当になった音楽評論家の片山杜秀が、浅田彰と東浩紀の対談（「新潮」二〇一四年六月号）を批判している。

3・11を哲学者や文学者が主題化することへの違和を唱え、「とくに、原発事故について、フクシマで衝撃を受けたという人はどうかしているんじゃないか」、「予告された通りの事故」に衝撃を受けたと騒ぐのは「よほどのバカか偽善者」と述べる浅田。これに片山は反論する。〈筋は通っている。だが「想定内」だから改めて騒ぎ立てるべきでないという賢げな文化人の消極的論理が、「想定外」だから責任はとれないという投げやりな為政者の態度と組み合わされば、どうなるか。文化人の冷笑主義が「無責任の体系」を結果として援護射撃する。そうにしかなるまい。退くも地獄、進むも地獄。ならば私は「バカか偽善者」の方がいい〉（朝日新聞二〇一四年五月二八日）。

〈「バカか偽善者」の方がいい〉。これは重要な指摘ではあるまいか。

フクシマについて「書く書かない」はあくまで個人の自由である。だが、「書かない」ことで喜ぶのは為政者、「書いたやつ」に拒否反応を示すのも為政者なのだ。

それがわかりやすいかたちで露見したのが、漫画『美味しんぼ』（作・雁屋哲／絵・花咲アキラ）をめぐる「鼻血騒動」だろう。騒動のもとになった『美味しんぼ』の「福島の真実」と題された回（6

04話「その22」「その23」／「ビッグコミックスピリッツ」二〇一四年四月二八日発売号、五月一二日発売号）は、次のような筋書きだ。舞台は二〇一二年三月。福島第一原発を見学した後、疲労感を訴え、鼻血を出した主人公の山岡。この後、「福島では同じ症状の人が大勢いますよ。言わないだけです」「私は前町長として双葉町の町民に福島県内には住むなと言っているんです」などと語る双葉町前町長・井戸川克隆、「福島がもう取り返しのつかないまでに汚染された、と私は判断しています」と語る福島大学准教授・荒木田岳らが登場し、山岡たちも納得する。

この漫画に対して露骨な不快感を示したのが地元自治体と政府だった。

双葉町は「原因不明の鼻血等の症状を町役場に訴える町民が大勢いるという事実はありません」という抗議文を出し、福島県庁は「県内外に避難されている方も含め一般住民は、このような急性放射線症が出るような被ばくはしておりません」との見解を発表。さらに石原伸晃環境大臣は「専門家からは福島第一原発の事故による被ばくと鼻血との因果関係はないと評価が出ている。風評被害を引き起こすようなことがあってはならない」と述べた。

原作者の雁屋哲は自身のブログで、「（次号では）もっとはっきりとしたことを言っているので、鼻血ごときで騒いでいる人たちは、発狂するかも知れない」と述べて反論を一蹴したが（注・後に雁屋は『美味しんぼ「鼻血問題」に答える』を出版）、この一件は、健康被害や被曝についての言説が以前にもましてタブー化していることを示している。この程度の表現も許されない国に、言論の自由があるとはいえないだろうし、これでは健康不安や体調不良を訴えたくても口にはできないだろう。

放射能汚染が連続殺人をひきおこす！

では、文学はどうか。3・11に取材した文学作品が相当な数書かれたのは前回見た通り。文学業界の内部において無言の圧力が働いているらしいことも前回も述べた通りである。しかし、読者数において人気漫画に遠くおよばない純文学の世界でも「鼻血ごときで騒いでいる人たちは、発狂するかも知れない」ような作品は書かれている。

話題作となったいとうせいこう『想像ラジオ』(二〇一三年)には放射能汚染問題は出てこない。逆に、さほど話題にならなかったが、原発事故を積極的に取り込んだ長編小説としてまずあげるべきは、佐藤友哉『ベッドサイド・マーダーケース』だ。

ある朝目覚め、隣のベッドで妻が死んでいるのを発見した「僕」。それは一七年間に二一件起きた「連続主婦首切り殺人事件」のひとつだったが、やがて「僕」は戦慄すべき事実に気づく。連続殺人事件の被害者は全員妊婦、それも放射線被曝によって胎児に影響が出る可能性のあると診断された妊婦だったのだ。〈僕たちが小学校でまなぶ世界の真実。／世界規模の大災害と、それにともなう核兵器施設・原子力発電所の崩壊によって、地球はおよそ千年前、放射性物質が蔓延する死の星になった。／僕が住むこの町も、近隣に建てられた原子力発電所が爆発して、人の住めない土地になったそうだ。／やがて、子供に異変が起こる〉。

健康なかたちで生まれなかった子どもたちは「放射児」と呼ばれるが、かろうじて残った各国政府は〈放射性物質との因果関係は科学的に立証されていない〉という発表をくりかえし、やがて国家公認の子殺しがはじまる。〈キャンペーン化され、正当化され、制度化されたそれにより、子供たちは粛々と殺された。／見えないように殺された。／見えないところで殺された〉。

そして千年。「放射児」の数は減ったが、それでも希に出る「放射児」は胎児のうちに母体もろとも抹殺される。責める「僕」に産婦人科の院長はいう。〈危険を承知でこんな土地に暮らしたのは、自分の子供を放射児にしたのは、きみ自身だろう〉。

津島佑子『ヤマネコ・ドーム』も、3・11を重要なモチーフとして取り込んだ長編小説だ。

アメリカ兵と日本人女性の間に生まれたミッチ（道夫）は、現在は日本を捨てて国外に住んでいる。かつて彼は、同じ「混血孤児」のカズ（和夫）とともに、血縁のない「ママ」に引き取られた。二人は混血ではないがやはり母子家庭で育った一歳下のヨン子（依子）とともに成長し、それぞれの人生を歩んでいた。彼らもすでに六〇歳を超え、北海道で農業をしていたカズは一〇年前に死んだ。そこに襲いかかった大震災。〈自分の眼が信じられない、巨大すぎる津波の映像。それだけでもじゅうぶん、この世の終わりだと感じていたら、つづけて、四つもの原子力発電の施設が爆発したという。ミッチが滞在していた国でも、毎日、日本の津波被害と原発事故の報道がつづいた〉。

小説はここから過去に遡り、ベトナム戦争から米国同時多発テロまで含む歴史を参照しつつ、ミッチとカズとヨン子が共有する苦い思い出をあぶり出す。幼少時、三人は「ミキちゃん」という少女が池で溺死する現場に立ち会い、仲間の「ター坊」がミキちゃんの背中を押したのではという疑いを持つも、真相を追及することなくときをすごしてきた。が、あるときから数年に一度起こるようになった殺人事件が、彼らを過去へと引き戻す。加害者はター坊なのか。それとも……。

なぜ「汚染された東京」を描くのか

以上の二作はまったくテイストのちがう小説だが、いくつかの共通点を持つ。
①震災（原発事故）を長い時間軸の中でとらえていること。
②連続殺人事件が起きること。主人公たちにとってそれは震災とは別の個人的な出来事だが、どれほど忘れたいと願っても、それは逃れられない重苦しさとなってのしかかってくる。
③舞台が「放射能に汚染された土地」と認識されていること。

『ベッドサイド・マーダーケース』の舞台は地球全体に被害が及んだ「大厄災」の千年後の世界であり、これを契機に人類は原子力と縁を切ったが、かわって出現したのは放射能を基準とする（正確には放射能を大義名分とする）新たな管理体制だった。物語の最終盤には放射能汚染は嘘だった、という逆転劇が用意されているも、秘密を知る公安部長は驚くべきことを口にする。〈今や放射能は貨幣でありルールなのです。放射能を前提として、経済はまわっているのです〉。

一方『ヤマネコ・ドーム』では、3・11後の東京が「放射能の煮こごりの世界」と表現されており、そこに人々が平然と暮らしているのにミッチは驚く。そして物語のラストにおいて、ミッチはヨン子とター坊の老いた母に迫るのだ。〈気味のわるいほどふくらんだ、怪物のようなこの東京は、もういいかげん見捨てましょう〉。

「放射児」や「東京を見捨てろ」と迫る主人公は、一般的にいえば不穏当な存在である。『美味しんぼ』に抗議した人たちには、彼らは不安を煽るヒステリックな存在にしか見えないだろう。しかし、木村朗子『震災後文学論』の言に従えば「放射能汚染から目をそらさないこと」が、世界標準で求められている態度かもしれないのである。

『ベッドサイド・マーダーケース』と『ヤマネコ・ドーム』が発しているメッセージ、それは「忘れるな」である。ともに作中で起こる連続殺人は「嫌なことは忘れたい」「好きな現実しか見たくない」と考える人々に、事実を忘れさせない装置として作用する。同時にそれは、情報が隠蔽され、真相が見えない闇の中で暮らす人々の漠然とした不安と重なる。『美味しんぼ』が物議をかもしたのも、忘れたかった嫌な現実（放射能汚染問題）を思い出させたためにほかなるまい。

そういえば、奥泉光の新刊『東京自叙伝』のラストに登場するのも放射能で汚染された東京だった。〈マアどちらにせよ、近い将来、東京は壊滅してしまうのだから――と申しますか、すでに壊滅しつつあるわけですから、あれこれ考えても仕方がありません。聞く所によれば、東京は二〇二〇年のオリンピックの開催地に決まったと云う。実に喜ばしい話です。なんといっても廃墟にこそ浮かれ騒ぎはふさわしいから〉。

もはや結論は単純である。いかに世間が忘れたいと願っても、圧に抗して3・11に拘泥する「バカか偽善者」にこそ、私たちはエールを送るべきなのだ。

(2014.07)

『ベッドサイド・マーダーケース』佐藤友哉、新潮社、二〇一三年　舞台は地球規模の放射能汚染が広がった「大厄災」から千年後の世界。妻を殺された「僕」は、産婦人科医の船津が国家公認の母子殺人を行っていたことを知るが……。最後のどんでん返しまで息もつかせぬ展開。なのに帯は〈三島賞作家4年ぶりのミステリー長篇〉。表紙まわりに3・11を示唆する言葉がないのはなぜ？

『ヤマネコ・ドーム』津島佑子、講談社、二〇一三年　「混血孤児」のミッチとカズ。母子家庭で育ったヨン子とター坊。ある少女の死をめぐり、ミッチはヨン子の示唆で海外に逃亡。震災後、日本に戻ってくる……。謎を抱えたまま六〇代を迎えた主人公らは、問題を解決しないまま3・11を迎えた戦後日本と重なる。〈逃げるか？　残るか?!〉〈3・11後のこれからを示唆する渾身の問題小説！〉(帯)。

『東京自叙伝』奥泉光、集英社、二〇一四年　語り手は、憑依相手を取り替えては生き続ける「地霊」のような存在。安政大地震、関東大震災、東京大空襲、そして3・11。そのとき「私」は福島第一原発の労働者で……。〈明治維新から第2次世界大戦、バブル崩壊から地下鉄サリン事件に秋葉原通り魔殺人、福島第1原発事故まで、帝都トーキョウに暗躍した、謎の男の無責任一代記！〉(帯)。

朝ドラの主人公が「天然」である理由

低迷を続けていたNHK朝の連続テレビ小説（通称朝ドラ）が高視聴率をキープしているようだ。前から思っていたのだが、朝ドラには定石ともいうべき物語のパターンがある。

①ヒロインは愛すべき（ということになっている）がんばり屋さんだが、鈍感で単純で天然ボケなところがあり、あり得ないドジをくり返す。しかし、そのたびに周囲のフォローによって決定的なダメージを受けることなく危機を脱し、成功への道を歩む。

②ヒロインの近くには彼女のネガに当たる「ダークヒロイン」とも呼ぶべき女性がいる。彼女はヒロイン以上のがんばり屋だが、優等生すぎたり、一途すぎて鬱陶しかったりし、ヒロインを勝手にライバル視したあげく、競争に敗れて不本意な道を歩む。だが、ヒロインは鈍感なのでダークヒロインの悩みや苦しみに気づかず、幸福を謳歌する。

朝ドラに限らず、女性の職業人を主役にしたドラマって、このパターンが多くないですか？

二〇一四年三月末にスタートした「花子とアン」では、親友の蓮子（モデルは柳原白蓮）と同級生の醍醐さんが負の側面を分担しているが、もっとわかりやすいのは「カーネーション」（二〇一一年一〇月～一二年三月）の糸子と奈津、あるいは「あまちゃん」（一三年四月～九月）のアキとユイだろう。そこではガツガツしない天然の女（主人公）が勝利し、自分を厳しく律して努力する意識的な女が敗北する。恋愛に関しても、超がつくほど奥手で鈍感なヒロインが愛する男の心をまんまと射止め、好きな相手に愛されようと必死でアピールする女は負けるのだ。

ドラマから削られた「宗教と政治」

そんなわけで「花子とアン」の原作、村岡恵理『アンのゆりかご』を読んでみた。「どうせ朝ドラの原作でしょ」という予想に反し、これは大変真面目な評伝である。おもしろいことに、伝記的な事実がどうやって「朝ドラ向きの物語」に改変されるか、実在の女性の骨がどう抜かれて「朝ドラ向きのヒロイン」につくり替えられるかが、これを読むとよくわかるのだ。

ドラマの「花子とアン」では、安東はなは甲府の貧農の家に生まれている。四人きょうだいの二番目で、上には兄、下には二人の妹がいる。父の吉平は行商をしていてめったに家に帰らないが、利発なはなに期待をかけ、彼女が一〇歳のとき修和女学校に編入させた。卒業後、はなは一度は甲府の小学校教師になるも、旧知の編集長の求めに応じて東京の出版社に入社。村岡印刷の御曹司・英治が気になっているものの、彼には病妻がいることを知って悩んでいる。

一方、原作によると、安中はな（後の村岡花子）は八人きょうだいの長女として甲府に生まれた。下には妹が三人、弟が四人。父の逸平は単なる呑気な父さんではなく、カナダ・メソジスト派のクリスチャンであり、宣教師らとの交流を通じて西洋文化にふれていた。が、そうした思想は先端的すぎて親戚とのもめごとが絶えず、はなが五歳のとき、一家は東京に移り住む。はなは一〇歳で東洋英和女学校に編入するが、その頃、逸平は社会主義運動に加わっていた。彼が特に訴えていたのは「教育の機会均等」だった。そのへんを『アンのゆりかご』は次のように書く。

〈近代化にもかかわらず広がる階級間の格差、下層社会における過酷な労働条件、民主主義とはほど遠い専制政治と軍国主義――この現状に対して初期社会主義は「自由・平等・博愛」の理想的な未来社会像を掲げ、多くのキリスト教信者が賛同したのである〉。

とはいえ一家の生活は困窮をきわめ、姉の犠牲になるかたちで、上の二人の妹は北海道へ、他の四人も養子に出されるなどして家を離れている。女学校を卒業した一年後、はなは小学校ではなく、母校の姉妹校である甲府の山梨英和女学校に英語教師として赴任する。五年後、有力な牧師の推薦を得て再び上京、基督教興文協会（後に教文館と合併）の編集者となった。

さて、原作とドラマはどこがちがうだろう。東京に引越したはずの一家が甲府に住み続けている、きょうだいの数が異なるなどは些末な問題。大きな改変は別のところにある。

第一に、宗教的な要因がカットされていること。安中はなの前半生を決定づけたのはキリスト教ネットワークだ。父の逸平は熱心なクリスチャン、はなも二歳で幼児洗礼を受けており、東洋英和への編入も、甲府での教師生活も、その後の編集者生活もキリスト教人脈なしには実現しなかった。後に結婚する村岡儆三《けいぞう》の一家もクリスチャンで、村岡家が経営する福音印刷は日本語聖書の印刷で知られていた。はなの人生は宗教的なつながりで開かれたのである。日本人になじみの薄い環境とはいえ、この背景を無視したら、はなは単なるラッキーガールになってしまう。

カットされた第二の要素は政治的、社会的な活動である。父の逸平の社会主義運動が真摯なものだったことは先に述べたが、原作は、はな自身も女学校生活や教師生活の中でさまざまな思想にふれ、社会性に目覚めていったことを描いている。英文で書かれたはなの女学校の卒業論文のタイトルは「日本女性の過去、現在、将来」である。結びの言葉は女性の自立と解放を意識した〈古き制度は変わりゆく、新しきものに場所をゆずりつつ〉という詩句の引用だった。ブラックモア校長がはなを「あなたは私たちの誇りです」と賞賛したのは、この論文があってこそなのだ。

廃娼運動で知られる婦人矯風会の活動を在学中から手伝い、卒業後には市川房枝らとともに男女同権運動にも加わったはな。家庭小説の翻訳に情熱を燃やしたのも〈将来、女性たちが健全に暮らせる環境へとつながってほしい〉という思いが背景にあったからで、ドラマで描かれていたような単なる本好きのお嬢ちゃんとは話がちょっとちがうのだ。

階級問題を描くなど、『花子とアン』は歴代朝ドラの中ではかなり出来がいい部類に入ると思うが、それでも宗教的な背景や思想信条など、人生を左右する内面は無視される。朝ドラのヒロインがなべて天然に見えるのは、こうした操作、すなわち逸話や背景の取捨選択が行われるせいだろう。動機づけが割愛されるので、すべての行動が単なる思いつきに見えるのである。

結婚は拒否するわ、不倫はするわ

では、実在の人物を描いた他の作品はどうだろう。

『コシノ洋装店ものがたり』は「カーネーション」の原作となった小篠綾子の自伝である。「花子とアン」に比べると、こちらはかなり原作に忠実だ。ことに前半はほぼ原作通り。

最大の変更は結婚と恋愛に関するくだりである。

二二歳のとき、小篠綾子は父の計略に近い形で結婚させられるが、いわゆる適齢期について、綾子は〈おかしな話です〉といいきっている。〈女性が自立している社会なら、「そんなことは人に言われなくても自分で考えて決めるので、ほっといてくれ」と言って当然です。いまだにこの〝結婚適齢期〟なる言葉が出るうちは、女性は本当に自立して生きていないのかもしれません〉。

さらに戦後、彼女は人生のパートナーと出会っている。Tと記されるその人物は同業者で、妻子ある人だった。親族会議で糾弾されるも、綾子とTは家を出て二人だけの所帯を持つ。

〈彼には病気がちの奥さんと子供たちがいたし、私にも三人の娘がいました。結婚を願ったり、また二人の間に子供を願っては「欲張り」と神さんに叱られる、と私は真剣に思っていました〉。

単なる仕事フリークだったのではなく、二つの所帯を成り立たせるため猛烈に働いた綾子。後には三人の娘がいる家にTも同居。二人の関係は二〇年も続いた。

しかし、もちろん朝ドラでは長きにわたるこんな不倫関係は描かれず、Tの役目は、ほっしゃん（星田英利）演じる独身の北村（仕事仲間）と綾野剛演じる周防さん（短い恋の相手）に振り分けられた。朝ドラとしては冒険が多かった「カーネーション」でさえ、〈法律的にはどうであれ、まことの夫はTだった〉と原作者が書く、もっとも充実した日々は「ないこと」にされるのだ。

やはり実在の人物を描いて、高視聴率を叩き出した「ゲゲゲの女房」（一〇年三月末〜九月）はどうだろう。「花子とアン」「カーネーション」に比べると、原案となった武良布枝『ゲゲゲの女房』とドラマの間に目立った相違はない。しかし、そもそも「ゲゲゲの女房」は女性の一代記というより、妻の視点から夫の漫画家生活を描いた作品だった。主人公の村井布美枝はあくまでも観察者、騒動に巻きこまれる側であって、これは古典的な夫唱婦随の物語（坂田三吉を描いた「王将」とか）に近い。最初から安全パイなのだ。

「花子とアン」はそんなに安全パイではない。ドラマでは、村岡の妻が自ら離婚を望んで病死した後、村岡とはなの恋愛は本格的にスタートする。だが、実際の村岡儆三は結核を患う妻と生まれたばかりの長男を捨てる形で、はなといっしょになるんだからね。

ともあれ、このようにして、朝ドラのヒロインは毒気を抜かれ、小骨を抜かれ、ときには背骨まで抜かれて、可愛げのある天然なキャラクターにつくり替えられるわけである。

ドラマに脚色はつきもの。原作とは別物として楽しむのが大人の流儀なのだろう。それは重々承知のうえで、でも、やはり考えざるを得ない。そこから発せられるのは、どんなに気が強くて頑張り屋で能力が高くても「生意気な女はあかんで〜」「男社会のルールを壊す女はあかんで〜」という暗黙のメッセージである。オリジナルの脚本なら、この縛りはもっと強い。毎日毎日、何年も何年もこういうドラマを見続けてきたことが、日本人の意識、とりわけ男女平等意識にどう影響したか。文化的、精神的な風土は日々の積み重ねから生まれる。女性を下に見る日本の風土と朝ドラがまったく無関係といえるのかどうか。いつかちゃんと検証してみたほうがいいかもしれない。

(2014.08)

『アンのゆりかご——村岡花子の生涯』村岡恵理、新潮文庫、二〇一一年　『赤毛のアン』の翻訳者・村岡花子の本格評伝。村岡儆三との結婚後は、印刷所が関東大震災に巻きこまれる、最愛の長男を六歳で失うなど、苦難の道が続く。著者は村岡花子の孫（養女の娘）だが、客観的な描写に徹し、時代的背景にも踏み込むなど、明治・大正・昭和の女性史としても読みごたえがある。

『コシノ洋装店ものがたり』小篠綾子、講談社＋α文庫、二〇一一年　岸和田の呉服店に生まれ、一五歳で女学校中退、パッチ屋の奉公に入り、二〇歳でオートクチュールの店を立ち上げる。国際的デザイナーとなったコシノ三姉妹を育て、九二歳で没するまで現役を貫いた女性の回想録。母は結婚して幸せだったのだろうかと疑問を呈するなど、女性の自立を阻む要因に対する厳しい目が印象的。

『ゲゲゲの女房——人生は……終わりよければ、すべてよし!!』武良布枝、実業之日本社文庫、二〇一一年　島根県安来市に生まれ、二九歳で一〇歳上の漫画家・水木しげると結婚。貧乏のどん底から夫が人気漫画家になるまでを支え続けた女性の自伝的エッセイ。夫と対立したのは長女を妊娠したときくらいで著者の誠実な人柄が伝わってくる。昭和の生活史、漫画業界裏面史としてもおもしろい。

集団的自衛権って何なのさ

二〇一四年七月一日、安倍晋三内閣は集団的自衛権の行使を容認する閣議決定をした。首相の私的諮問機関「安保法制懇（安全保障の法的基盤の再構築に関する懇談会）」が、五月一五日に「憲法解釈の変更によって集団的自衛権の行使は認められる」という趣旨の報告書を提出してから、わずか一か月半後。これにより、日本の安全保障政策は大きく変わるといわれている。

なんだけど、ぶっちゃけ細かいことはよくわからない、って思いません？

よくわからない第一の理由は、私たちの側に安全保障政策ないし軍事政策の知識が欠けていること。第二の理由は、政府の主張がそもそも矛盾に満ちているからだ。彼らの論理を理解しようとすればするほど、屁理屈にはばまれ、ドツボにハマる最悪の構図。

結果、反対派は「ともかく日本は戦争ができる国になるのよね」「それは許せませんね」くらいの線で理解した気になり、賛成派は賛成派で「だって近頃、中国も北朝鮮もヤバいじゃん」「ですよね。防衛は強化してもらわないとね」くらいの線で納得している。

結論からいうと、新聞、テレビ、雑誌の報道だけでこの件を理解するのはほぼ不可能に近い。関連書籍を何冊も読んで、やっと議論の端緒につける。そのくらい、これは厄介なテーマなのである。だが、逆にいうと、本の何冊かを読めば、議論に参加できるレベルにはなれる。

以下、何冊かを紹介しよう。

日本の治安はむしろ悪化する

まず、松竹伸幸『集団的自衛権の焦点』から。

〈戦後の日本では、自衛隊が違憲か合憲かが、まず大きな論争になりました。その論争を通じて、自衛隊は専守防衛に徹するのだという考え方が確立してきました。自衛隊が海外に派遣されるようになってからも、専守防衛の枠を超えるような武力の行使は認められないというのが、政治的な立場を超えた国民の共通認識でした。それが集団的自衛権の行使は憲法に反するという考え方でした〉。そんな共通認識を示したうえで松竹はいう。〈安倍首相の考え方は、その考え方に大転換をもたらすものです。しかも、その大転換を、ただ閣議で決めるだけで行うというのです〉。

「集団的自衛権という言葉は聞き慣れないが、そもそもどんな権利なのか」「これまでなぜ違憲とされてきたのか、それがどういう理由で合憲になるのか」といった安全保障政策の基本知識から、「アメリカ本土に向かうミサイルを自衛隊が撃ち落とすのは当然ではないか」「朝鮮半島有事に韓国から避難する日本人を乗せた米艦船を守るために必要か」などの安倍政権が示した事例の検討まで、多くの人が疑問に思う問題点を「50の論点」にまとめた本書は、入門に適したアンチョコ本だ。

もう一冊、柳澤協二『亡国の安保政策』。

こちらは安倍政権の安全保障政策に根本的な疑問を投げかけた好著である。〈多くの記者から出された質問は、「安倍さんは、いったい何をしようとしているのですかね？」というものだった。私も、答えに窮した。なぜなら、政策には、それによって実現しようとする目的があるはずなのに、それが全く説明されていなかったからだ〉。そして、もう一言。〈安保政策の説明における抽象性・非論理性は、安倍政権の最大の特徴と言える〉。

やや観点の異なる二冊を読むと、この案件は「日本は戦争ができる国になる」というほど単純でもないかわり、「これで日本の防衛が強化される」というほど有効でもないことがわかる。いやむしろ、今回の解釈改憲＝閣議決定で日本の治安は悪化するのではないか、という不安がわく。

個別的自衛権が「自国が武力攻撃された場合に自国を防衛する権利」であるのに対し、集団的自衛権は「自国が攻撃されていなくても、攻撃された他国を助ける権利」だと説明されてきた。

いささか稚拙な例で恐縮だけど、たとえば「ウルトラマン」を思い出していただきたい。突如、怪獣が日本を襲撃する（他国からの武力攻撃）。科学特捜隊が必死で応戦する（個別的自衛権の行使）。しかし、科学特捜隊は非力で怪獣には太刀打ちできない。そこに助っ人のウルトラマンがやってきて助けてくれる。集団的自衛権の行使とは、このウルトラマンの役割に近い（故郷のM78星雲が攻撃されたわけでもないのに、日本のために戦うのだからね）。

日米安保条約も日本にとっては個別的自衛権だが、アメリカからみれば集団的自衛権。そもそも集団的自衛権とは、非力な小国を助けるための策として編み出されたのである。

だが、実際はどうだったか。冷戦下で集団的自衛権が行使されたのは、旧ソ連のハンガリー侵攻（一九五六年）、チェコスロバキア侵攻（一九六八年）、米国のベトナム戦争（一九六四〜七五年）、グレナダ侵攻（一九八三年）など非力な小国への大国の軍事介入ばかりだった。〈「武力攻撃されたから助ける」という事例はひとつもな〉く、〈助けるどころか武力攻撃をしかけ、侵略し、介入した〉（『集団的自衛権の焦点』）というのが、その実態。反対派が集団的自衛権に強い懸念を示すのは、こうした「濫用の歴史」があるからだ。

集団的自衛権の行使容認とは、日本もまた「濫用の可能性」を持つことにほかならない。安倍政権は自らもウルトラマンになりたいのかもしれぬが、アメリカが仕掛けた戦争に、一度も反対したことのない日本。結果がどうなるかは目に見えている。

だいいち、ウルトラマンへの道は容易ではない。〈集団的自衛権を行使する国というのは、「普通の国」ではない。それは、自国が攻撃されていないにもかかわらず他国のために軍隊を派遣できるのは、事実上「大国」以外にないからだ〉と柳澤はいう。〈集団的自衛権を使えるようにするということは、政府がいかなる例をもって説明するとしても、客観的には、そのような大国になることを意味している。少なくとも世界の国々は、従来の経験からそのように理解する〉のだ。

「大国」を標榜するには大きなリスクを伴う。軍備増強や軍備費の負担増は当然のこと。自衛隊員の命は危機にさらされ、平時における日本国内でのテロの危険性もかえって高まる。安倍政権にそこまでの覚悟はできているのだろうか。

現行の自衛隊では「戦争」は無理

一方、では今度の解釈改憲＝閣議決定によって「中国や北朝鮮の脅威」を跳ね返すことができるのかというと、残念ながら、それもあやしい。というより、相手国がどこであれ、日本が攻撃された場合は、もともと個別的自衛権で対処すればよいだけの話なのだ。

アメリカ本土やグアムが中国や北朝鮮の攻撃対象になり、集団的自衛権に基づいて日本が援護しても、感謝される余地は少ない。日本の上空を通過するミサイルを迎撃するのだ、と安倍政権は息巻くが、〈「米本土よりも日本の基地を心配しろ」というのがアメリカの本音だろう〉と柳澤は書く。

フィリピンやベトナムが中国に攻撃され、日本が援護しようとしても〈フィリピンやベトナムが、そういうことを望んでいません〉と松竹は書く。そこは、かつて日本が侵略した地域であり、まして安倍首相は靖国参拝など「歴史認識問題」という火種を抱えている。そんな危ない国の軍隊が、武力の行使目的でアジア諸国に向かったら、〈中国の人々の憤りが高まるだけでなく、東南アジア諸国でも戸惑いが広がり、かえって紛争が長期化することになりかねません〉。

こうした個別の事例を見ていくと、どんなに日本が集団的自衛権を行使しようと張り切っても、余計なお世話か、ありがた迷惑か、事態を悪化させる単なる邪魔者か、滑稽な道化を演ずる以外はないように思われる。ウルトラマンへの道は厳しいのだ。

このような状況で、では当の政府与党はどう考えているのだろう。

石破茂『日本人のための「集団的自衛権」入門』を読んでみよう。集団的自衛権の行使とは「抑止力」のことだと石破はいう。〈必要とあらば「地球の裏側」に行く可能性がある、ということを示しておくのは意味があります。何か乱暴なことをしようとしている国が、／「そうか、日本も必要ならばやってくるのか。自衛隊も結構強いようだから、無茶なことはやめておこう」／と思ってくれればいいのです。それが「抑止力」です〉。

一般論としてはそうかもしれない。しかし、これまで専守防衛に徹し、海外に遠征しても武力は行使できず、一発の銃弾を発したことも一人の兵士を殺したこともない自衛隊を「抑止力」と認識してもらうのは容易なことではあるまい。逆に「抑止力」と認識されるほどの「強い軍事力」を持つに至ったら、それはそれでかえって危険だ。

自分は〈憲法を改正せずとも行使は可能だと考えています〉という石破らの論理を「支離滅裂」と評するのは豊下楢彦＋古関彰一『集団的自衛権と安全保障』（岩波新書、二〇一四年）である。〈ここには、集団的自衛権が、海外で「軍隊が戦争を行う」ことであるという根本認識が欠落している〉。戦争をするには〈自衛隊を正式の軍隊として組織し、開戦規定や交戦規定を整え、軍法会議を設置しなければならないのである〉。

そう、部隊を戦争に参加させるには「軍隊としての形式」が必要で、いまのままの自衛隊では絶対無理。どうしても戦争に出したければ、憲法九条二項「陸海空軍その他の戦力は、これを保持しない。国の交戦権は、これを認めない」の変更が何がなんでも必要なのだ。

資料を読めば読むほど、杜撰さが際だつ解釈改憲（による集団的自衛権の行使）。よくまあこれで閣議決定ができたものだとあきれるばかり。要するに机上の空論。戦争をしたいなら戦争についてもっと勉強しなさいよ。ウルトラマンになれるかどうかも、ちょっと冷静に考えてほしいよね。(2014.09)

『集団的自衛権の焦点——「限定容認」をめぐる50の論点』松竹伸幸、かもがわ出版、二〇一四年　著者は十年以上前から集団的自衛権問題を批判してきたジャーナリスト。安保法制懇の報告書をもとに集団的自衛権のA～Zを語る。語り口は穏やかだが、アメリカしか見ていない安倍首相の考えは、国際的な流れとちがい「一国平和主義ならぬ二国平和主義」と容赦がない。最初の一冊としてオススメ。

『亡国の安保政策——安倍政権と「積極的平和主義」の罠』柳澤協二、岩波書店、二〇一四年　著者は防衛官僚を経て、二〇〇四-〇九年、四政権にわたり内閣官房副長官補（安全保障・危機管理担当）を務めたこの道のオーソリティ。日本版NSC、特定秘密保護法、集団的自衛権の行使容認を「安保版アベノミクス・三本の矢」と呼び、机上の空論と看破。安保政策が阿呆政策に見える⁉

『日本人のための「集団的自衛権」入門』石破茂、新潮新書、二〇一四年　著者は防衛大臣、農水大臣などを歴任し「政界きっての安全保障通」として知られる。集団安全保障と集団的自衛権のちがい、歴代内閣の憲法解釈の変遷などをまとめた前半は、親切で勉強になる。行使容認への疑問にQ＆A方式で答えた後半は、説得力には欠けるが、持論の展開が多いためか首相の答弁よりは率直。

跋扈する妖怪、ブラック企業

「ブラック企業」という言葉を私がはじめて知ったのは、黒井勇人『ブラック会社に勤めてるんだが、もう俺は限界かもしれない』（新潮社、二〇〇八年）という書籍によってだった。ネット上の掲示板・2ちゃんねるのスレッドから生まれたこの本は、高校中退後一〇年間のニート生活を経て中小のＩＴ企業に就職するも、そこはデスマ（デスマーチ＝倒れるまで徹夜で働かせる状態）が日常化している会社で……みたいな内容。後に映画化もされている。

それから六年。「ブラック企業」は二〇一三年の新語・流行語大賞も受賞して、すっかり日常語と化した感がある。ＰＣ（ポリティカリー・コレクトネス）の観点から見て悪徳企業を「ブラック」と呼ぶのはいかがなものかという意見もあるが、劣悪な労働環境の職場を呼ぶ言葉として、この語が大きな力を発揮したのは事実である。「ブラック企業大賞」という、まさにブラックユーモアな賞も創設され（大賞は一二年が東京電力、一三年がワタミフードサービス、一四年はヤマダ電機）、若い世代に強くアピール。七月末に発覚した大手牛丼チェーン「すき家」の過重労働問題なども、この文脈から社会的な関心を呼んだといえるだろう。

もっとも、「女工哀史」の時代から資本主義は「ブラック」に決まってんだよ、労働条件が劣悪なら組合をつくって闘えばいいじゃんか、と思っている人もいるかもしれない。私も以前はそう思っていたのだが……。ともあれ関連書籍を読んでみよう。

「自分が悪い」と思わせるしくみ

まず読むべきは「ブラック企業」という語を定着させた、今野晴貴『ブラック企業――日本を食いつぶす妖怪』である。著者の今野は自らNPO法人を立ち上げ、若い世代を中心に年間数百人の労働相談に乗ってきた、この道のトップランナー。ブラック企業を特徴づける悪辣な労務管理の方法として、今野があげるのは「選別」と「使い捨て」である。

「選別」とは、就職戦線が買い手市場なのをよいことに、詐欺に近い手口で新入社員を大量に採用し、あの手この手で「使える人間」だけを残し、残りは大量に解雇すること。

過酷な新人研修を課す、「試用期間」と称して新人同士のノルマを競わせるなど、「選別」の方法は多岐にわたる。日本の企業は解雇が難しいといわれるが、社員を辞職に追い込む手口も巧妙である。〈自分が悪い」と思う状況を作り出すこと〉がブラック企業の常套手段。こなしきれないノルマを与え、達成できなかった社員に「無能」のレッテルを貼る。「おまえはクズだ」「企業にとって赤字は悪だ」といった暴言を日常的に吐き続け、社員を徹底的に追い詰める。集まりに参加させない、会議から外すなど「村八分」状態を作り出す……。

つまりは戦略的、確信犯的なパワーハラスメントである。鬱状態に陥った社員に「辞めたほうがいいのでは？」と「アドバイス」すれば、解雇はそれで成立だ。〈社内では、ハラスメントや退職強要が横行しており、多くの社員は同僚が徹底的に追い詰められ、辞めていくさまを日常的に目撃している。相談を寄せた内の一人によれば、「次は自分かもしれないという恐怖に支配されている。そのため、社内は毎日緊迫した雰囲気」である〉という、この異常さ！

一方、「使い捨て」とは、文字通り、若い社員を倒れる寸前まで使い尽くすこと。

残業代の不払い。厚労省が認定する月に八〇時間以上の「過労死ライン」を軽く超える異常な長時間労働。会社を辞めようとしたらしたで、今度は「辞めさせない」ための嫌がらせが待っている。離職手続きを進めず再就職を阻む、最終月の給料を支払わない、損害賠償を請求する……。

サービス残業や長時間労働は日本企業の特徴だが、かつてはそれと引き替えに「終身雇用」と「年功賃金」が約束されていた。ブラック企業にはそれもない。〈これらの行為はすべて、労働市場に「代わりがいくらでもいる」ことによって成り立っている。毎年200人を採用し、2年後には半数になる。これを繰り返して、常に新鮮で利益になる者だけを残すのである〉。

こうした労働相談は二〇〇九年のリーマンショック後に増加したというが、ブラック企業は経営的に苦しい中小企業ではなく、業績好調な新興の成長企業であること、また新卒の正規雇用者を対象とした労務管理である点に留意すべきだろう。

〈経営が厳しいから労務管理が劣悪になるのではなく、成長するための当然の条件として、人材の使い潰しが行われる。いくら好景気になろうが、例え世界で最大の業績を上げようが、彼らの社員への待遇は変わることがない。社内の選抜と、「従順さ」の要求には終わりがないのだ〉（傍点原文ママ）。

資本主義社会は構造的に労働者を搾取するブラックな側面を持っている。しかしながら、「搾取」の方法は、巧妙に進化していたのだ！

本書の価値は大きく二つあげられるだろう。

第一に、フリーター、ニート、新型うつなど、若者の意識に還元されてきた問題を、企業に原因がある社会問題としてとらえ直したこと。第二に、労働者の権利問題としてだけでなく、これを社会的コストと結びつけ、日本社会を破壊する大きな損失だと警告したこと。

若い人材の使いつぶしは、一方では若者たちから結婚や出産や子育ての機会を奪い、他方では消費者サービスの劣化につながる。「キャリア教育」や「就活支援」などの名で行われる教育現場の就職対策も現状補完的で、逆にブラック企業をのさばらせているという。つまり「会社を三年で辞める若者たち」を「我慢が足りない」と見ていた大人たちは何もわかっていなかったのだ。

既存の組合はなぜ使えないいか

では、これら劣悪な労働条件のブラック企業から身を守る、あるいは労働者としてブラック企業と対決する方法はないのだろうか。

組合をつくって闘えばいいじゃん、と大人は軽く口にするけど、今野晴貴は、鬱にならないための「戦略的思考」と、個人加盟のユニオンや弁護士に相談するなどの「専門家の活用」を勧めている。また東海林智『15歳からの労働組合入門』は、労働現場の被害者がやむにやまれず立ち上がり、個人で、あるいは団体で、企業と闘った数々の事例を具体的にレポートしている。

これらを読むと、首都圏青年ユニオン、学生ユニオンなど、個人で加盟できる新興の組合が大きな役割を果たしていることがうかがえる。企業別組合の組織率の低さを理由に「若者たちはもう組合運動なんかに興味はないのだ」と思い込むのは時期尚早。彼らが個人加盟のユニオンを選ぶのは、既存の労働運動に実効性がなく、既存の組合がもう「役立たず」だからなのだ。

しかし、日本の組合運動はなぜダメになってしまったのか。そこに鋭く切り込んでいるのが、熊沢誠『労働組合運動とはなにか――絆のある働き方をもとめて』である。

〈今はくすんだ印象の「労働組合」と、ある期待をこめて語られる「ユニオン」とは、もちろん同義です〉と、まず断らなければならない点に組合運動の凋落ぶりが見てとれるが、社会的格差が顕在化し、〈受難の労働者がいろんな事情で異議申し立てができないのをいいことに、とくに未組織の職場で明らかな労基法違反がまかり通っている現実〉を考えるとき、生活を守り、横の連帯をつくる組合は依然として不可欠である、と著者の熊沢はいう。

しかしながら、これまでの組合運動のあり方に、この本はむしろ批判的である。

企業別組合とその連合体である単産（産業別組合）を基本とし、春闘などの賃金闘争を主な活動としてきた日本の組合運動は、企業の枠を超えた、同一労働同一賃金などの労働条件の標準化も、仕事と処遇の面での男女差別の解消も達成できなかった。しかも既存の企業別組合は非正規労働者を守備範囲外としてきたために、とりわけ一九九〇年代以降、急激に存在価値を失った。

連合や全労連は、非正規雇用者の差別はよくないと表明はしても、〈主張するだけで、ストライキはおろか大衆行動の呼びかけもありません〉。また〈格差問題や貧困問題に対し、労働組合の責任を問う論調は、日本の世論には不思議なほどありません〉。結果、労働組合は社会からも労働者からも見捨てられた。同書によると、二〇〇九年の労働政策研究・研修機構（ＪＩＬＰＴ）による調査で組合に期待できない理由を問うたところ、「会社と同じ対応しかできない」が三六・八％、「経営側に対する発言力が小さい」が三〇・九％、「活動の情報が周知されていない」が二一・四％、そして「組合に苦情・不満を伝えることで不利益な取り扱いを受けるおそれがある」が二〇・一％！

日本の組合の最大の欠点は、個人の受難に寄り添わない点なのだ。まして職制（下級管理者）が組合の役員を兼ねているような状態では、組合への期待が薄らぐのも当然だろう。

しかし、希望がないわけではない。逆に考えれば、組合運動にはまだやれることがあるからだ。ワーク・ライフ・バランスの追求、定着型非正規雇用との均等待遇の要求、フリーランサーを含めたクラフトマンユニオン（職業別組合）の創設……。

ブラック企業にせよ、使えない労働組合にせよ、今日の労働問題は、旧来の価値観や体験では対処できないところまで来ている。一方ではしかし、日本企業の古い体質はいまも健在だ。会社への忠誠心を利用する企業もそう。セレモニー化した組合活動もそう。いわゆるブラック企業でなくても、日本の企業において長時間労働、パワハラ、セクハラは日常茶飯事だ。

若い世代は理論武装が必要だが、年長の世代にも理論武装が求められる。でないと若者たちに犯罪的な助言をすることになりかねない。個人の力で解決できる範囲を、現実ははるかに超えている。「我慢が足りん」「文句をいわずにがんばれ」と、あなた、焚きつけてませんか。

(2014.10)

『ブラック企業――日本を食いつぶす妖怪』今野晴貴、文春新書、二〇一二年〈ブラック企業は日本の病だ！〉（帯）。著者は一九八三年生まれ。NPO法人「POSSE」代表。企業の実態、対処法、それが社会全体にもたらす悪影響まで、会社の実名入りでなされる包括的な分析と告発。「戦略的思考法」として「自分が悪いと思わない」「労働法を活用せよ」など、具体的な処方箋も提示する。

『15歳からの労働組合入門』東海林智、毎日新聞社、二〇一三年〈もはや、労働組合がなければ生きていけない〉（帯）。著者は一九六四年生まれの毎日新聞記者。雇い止めにあった派遣労働者、ダブルワークの高校生、ストを打った東京駅地下売店の女性たちなど、労働争議や裁判に訴えた人々を追ったルポ。安倍政権の雇用・労働政策も鋭く批判し、働く者同士のつながりの必要性を説く。

『労働組合運動とはなにか――絆のある働き方をもとめて』熊沢誠、岩波書店、二〇一三年〈なぜ労働組合は嫌われるのか／にもかかわらず、／なぜ労働組合こそが必要なのか〉（帯）。著者は一九三八年生まれで労使関係論が専門の大学名誉教授。労働組合運動のイロハ、欧米での運動の軌跡、日本の運動歴史などを振り返り、今後の可能性を探る。ジェンダーへの目配りもあり、入門書として好適。

資本主義が崩壊する日が来る⁉

何かこう、右を向いても左を向いても「お先真っ暗」な今日この頃である。政治的にもだけど、経済的にも。敗戦からやがて七〇年、一九九〇年代初頭のバブル経済崩壊から二〇年が経過し、「日本経済はいよいよあかんな」な気分は広がるばかりだ。製造業の海外移転で加速する産業の空洞化、繁華街のシャッター街化、限界集落、空き家の急増……。二〇〇八年をピークに人口は減少し、少子高齢化と格差社会の進行は、いまや隠しようのない形で現れている。

それやこれやで日本創成会議（座長・増田寛也）なる機関が「二〇四〇年までに消滅する自治体リスト」なんてものを発表したものだから（二〇一四年五月八日）、自治体は大騒ぎ。何か別の思惑があるのかもしれないが、安倍晋三内閣にいたってはあわてて「地方創生」を最重要課題に掲げ、地方創生大臣というポストまで新設した（新大臣は石破茂）。

しかし、そもそも安倍政権が掲げる成長戦略自体が「もう古い」としたらどうだろう。経済も人口もピークを越えて下り坂にさしかかったいま、私たちが問われているのは「それでも拡大志向（経済成長）を続けるか、あるいは別の道を選ぶか」ではないのか。

でもさ、拡大志向をやめて、じゃあどうするの？　そう、そこが問題なのだ。そこが問題なのだが、拡大志向に代わる次のビジョンを示した本も、じつはいろいろ出版されているのである。

資本主義は限界に近づいている

その前にまず必要なのは、現状認識である。

水野和夫『資本主義の終焉と歴史の危機』から読んでみよう。

巻頭には〈資本主義の死期が近づいているのではないか〉という衝撃的な一文。

〈政界にしろ、ビジネス界にしろ、ほとんどの人々は「資本主義が終わる」、あるいは「近代が終わる」などとは夢にも思っていないようです。その証拠に、アメリカをはじめどの先進国も経済成長をいまだ追い求め、企業は利潤を追求し続けています〉。しかし、そうした近代の成長神話は終わりに近づいていると水野はいう。〈もはや利潤をあげる空間がないところで無理やり利潤を追求すれば、そのしわ寄せは格差や貧困という形をとって弱者に集中します〉。つまるところ〈現代の弱者は、圧倒的多数の中間層が没落する形となって現れるのです〉。

これは私たちがいままさに直面している事態である。むろん一部には経済成長を続けている新興国もあるし、利益を上げている企業もないわけではないが、それはあくまで局所的な現象で、大局的に見れば〈中世封建システムから近代資本主義システムへの転換と同じ意味で、経済システムの大きな転換〉が迫っている。それが水野の認識なのだ。

資本主義の終焉は、じつは一九七〇年代からはじまっていた。

先進国の資本主義は安く買い叩ける地域、高く売れる地域を求め、外へ外へと拡大志向を続けてきた。ところが七〇年代半ばに、先進国の拡大志向は行き詰まる。二度のオイルショックとアメリカのベトナム戦争敗北で、先進国は資源をもう安く買い叩けないことが判明したためだ。同時にまた、先進国では少子化が進行し、販売数量の増加が鈍化しはじめる。「地理的・物的空間」を拡大できなくなった先進国、特にその覇権国たるアメリカは、金融とITによる「電子・金融空間」によって疑似的な市場を拡大させ、グローバリゼーションを加速させることで資本主義の延命を図ったが、それも二〇〇八年のリーマン・ショックで崩壊した。

資本主義は必ず「周辺」を必要とするため、途上国が成長し、新興国に転じれば、新たな「周辺」をつくる必要が生じる。〈それが、アメリカで言えば、サブプライム層であり、日本で言えば、非正規社員であり、EUで言えば、ギリシャやキプロスなのです〉。

〈そもそも、グローバリゼーションとは、「中心」と「周辺」の組み替え作業なのであって、ヒト・モノ・カネが国境を自由に越え世界全体を繁栄に導くなどといった表層的な言説に惑わされてはいけないのです〉と水野はいう。金融ビッグバンも、労働の規制緩和も、TPPも、アベノミクスの三本の矢も、その意味では誤った政策というしかない。グローバリゼーションとは雇用者と資本家を切り離して、資本家にのみ利益が集中するシステムであり、〈二一世紀の「空間革命」たるグローバリゼーションの帰結とは、中間層を没落させる成長にほかなりません〉。

そして、さらに恐ろしい予言が続く。〈国境の内側で格差を広げることも厭わない「資本のための資本主義」は、民主主義も同時に破壊することになります。民主主義は価値観を同じくする中間層の存在があってはじめて機能するのであり、多くの人の所得が減少する中間層の没落は、民主主義の基盤を破壊することにほかならないからです〉。

そーか。だから民主主義もヤバイ感じになっていたのか！

注目すべきはこの本が、現在の経済危機を「長い二一世紀（一九七〇〜）」と呼び、荘園制を基礎とする中世の封建社会から近代の資本主義社会へ移行した「長い一六世紀（一四五〇〜一六四〇）」とそっくりだ、と述べている点だろう。

「長い一六世紀」においては、当時の先進地域、すなわちローマを中心とする地中海沿岸は農地を開墾しきって、もう開拓すべき土地がなくなっていた。スペインやポルトガルは領土の拡大を求めて新大陸に乗り出すが、やがて新興のイギリスが海を制覇し、新大陸からの収奪による貿易で資本を蓄積した。こうして経済のシステムは、土地に根ざした封建制から資本主義へと移行していく。

同様に「長い二一世紀」においても、内需も外需も拡大の見込みはない。重商主義、自由貿易主義、帝国主義、植民地主義、グローバリゼーションと、形を変えながら資本主義は延命してきたが、資本主義とは少数の人間が利益を独占するシステムで、すべての人を幸せにはできない。アダム・スミス、マルクス、ケインズなどは資本主義のブレーキ役として機能したが（逆にいうと、ハイエクやフリードマンが唱えた新自由主義はブレーキなき資本主義といえる）、もはや新しい処方箋はない！

五年、一〇年の単位で考えていても、もうダメだってことらしいな。

「所有」から「レンタル」へ

もうひとつ、拡大志向の果てに待っているのは地球そのものの危機だろう。松井孝典『われわれはどこへ行くのか？』は、地球を外から眺めることで、この問題に警鐘を鳴らしている。

いまから約一万年前、人類は農耕牧畜によって他の動物と一線を画した「人間圏」を形成し、さらに産業革命によって石油や石炭などの駆動力を持つに至った。それは人類に多大な恩恵をもたらしたが、半面、地球の時間を猛烈に早めた。〈今われわれが一年生きるために動かすモノやエネルギーの移動速度は、地球の営みとしてのモノやエネルギーの移動速度の、一〇万年ぶんに相当するのです。つまりわれわれは、時間を一〇万倍速めているということになります〉。

その計算でいくと、人間圏の一万年は地球の時間の一〇万倍、一〇億年に相当する。地球の一〇億年分をすでに消費してしまった私たち。〈二十世紀というのは、人間の欲望がこれまでにないレベルで解放されて、地球の時間を急激に速めた結果、文明のパラドックスに直面するというとんでもない時代〉であり、〈われわれがいつまでも二十世紀的生き方を続けていれば、二十一世紀の半ばには、地球システムから人間圏に入ってくるモノとかエネルギーの量に行き詰まりが生じるようになります〉〈その結果、われわれが二十世紀に築いてきたさまざまな共同幻想が破綻します。その結果として人間圏も破綻するということになります〉と松井はいうのだ。

というように、図らずも、水野が資本主義の歴史から導き出した結論と、松井が地球システムの分析から導き出した結論は一致するのである。

では、近代の資本主義に代わる新しいシステムとはどのようなものなのだろうか。

水野が提唱するのは「定常状態」、すなわちゼロ成長社会である。従来それは「停滞」と考えられてきたが、ひとり当たりのGDPがゼロ成長を脱したのは一六世紀以降のことで、人類は長い間、ゼロ成長の「定常状態」だったという。一方、松井が物質循環の時間をゆるめる工夫として提唱するのは「レンタルの思想」である。それは「所有」を旨とし、欲望を肥大化させてきた資本主義とは矛盾するが、そうしなければ人間圏の維持自体が難しい。三〇〇〇万人程度の人口で安定していた江戸時代の日本がひとつのモデルケースとなる。水野もまた日本で「定常状態」を実現するには、人口が九〇〇〇万人くらいで推移し、安いエネルギーを国内で生み出すことが必要だと述べる。

そんなことが、はたして可能なのか。そんな社会で私たちは満足できるのか？

広井良典『人口減少社会という希望』は、二〇〇五年から日本はすでに人口減少社会に入っており、これからの五〇年は高度成長期に起きたのとは逆の現象が生じていくだろうと述べている。

一九七〇年代に郊外の田畑が住宅地に変わったのとは逆に、住宅地が空き地や田園に戻る。「グローバル化の先のローカル化」が進展し、モノ、カネ、ヒトが地域で循環する。若い世代のローカル志向が強まり、地域に根ざしたコミュニティが経済の中心となり、モノではなく福祉や教育といったサービス業が価値を持つようになる……。二〇一四年の新書大賞に輝いた藻谷浩介『里山資本主義』（角川 one テーマ21）なども、思えばそれに近い発想の本だったけど。

問題はこうした流れを、資本主義に代わるシステムにまで育てていけるかどうかだろう。いずれにしても二〇世紀の成長神話から脱却しない限り未来はない。それだけは確かみたい。

（2014.11）

『資本主義の終焉と歴史の危機』水野和夫、集英社新書、二〇一四年　利子率の異常な低下は、投資しても利潤の出ない「資本主義の死」を意味する。それは中世封建システムから近代資本主義システムへと転換した一六世紀同様、五百年に一度の大転換点だ。資本主義のしくみと一六世紀との比較という歴史を見ることから現在の経済危機をとらえた衝撃の書。ポスト資本主義はゼロ成長社会と予測。

『われわれはどこへ行くのか？』松井孝典、ちくまプリマー新書、二〇〇七年　人間の範囲内で考えていても文明や環境は語れない。「地球システム」の視点に立ち、四七億年の地球の歴史から「われわれ＝人間圏」の過去と未来を考えた本。このままでは人間圏の寿命は百年だと警告する。同じテーマの松井の著書には『地球システムの崩壊』（新潮選書）などがあるが本書のほうがわかりやすい。

『人口減少社会という希望――コミュニティ経済の生成と地球倫理』広井良典、朝日新聞出版、二〇一三年　少子化で経済がダメになる、人口減少で国力が下がるといった「拡大、成長、上昇」の発想では未来は描けないとし、〝産業化文明をへた後の定常型社会〟実現のために、具体的な処方箋を示した書。ローカルな経済重視と地球倫理ともいうべき価値観の転換を促している点は他二冊と共通。

キラキラ「四〇代女子」の怪

女子会、女子力、腐女子、大人女子……。「女子」なる言葉を最近ちょくちょく目にするようになった。それと「ガール」ね。森ガール、山ガール、釣りガール、写ガール……。

いちおう「女子」という語に的をしぼると、今日の文脈でいう「女子」なる語を広めたのはコスメ雑誌「VOCE」（講談社）で、マンガ家の安野モヨコが連載していた「美人画報」（一九九九年に単行本化）だそうだ。また、早い時期に「女子」に注目したのは「AERA」二〇〇二年六月三日号の「三十すぎても『女子』な気分——小学校時代の、あの対等な関係でいたい」という記事だった。「AERA」の取材は私のところにも来て「なぜいま女子？」と思った記憶があるけれど、その後「女子」はみるみる定着。二〇一〇年には「女子会」がユーキャン新語・流行語大賞のベスト10に入り、「女子」は社会学的な研究テーマにまで昇格したのである。

甲南女子大学の教員チームによる論考集『「女子」の時代！』は、その代表例といえるだろう。編者のひとり馬場伸彦は、巻頭言で「女子」の意味を次のように解説している。

〈今日、「〇〇女子」や「女子会」といったように使われる「女子」という言葉には、「女子」といえども年齢は不問とされ、性差を前面に主張しながらも性的な隠喩は希薄である。つまりこの「女子」とは、「少女」の代理である「女子」ではないのだ。そこには男性視線的な性的含意が入り込む余地は少なく、当事者の嗜好性や行為がその命名の由来となっている〉。

はあ、そうなんだ。するとはたして「女子」なるものの実態は！

四〇代でも「かわいい」が好き

『「女子」の時代！』は、「女子」ないし「女子的文化」を多角的に考察した論考集だ。

大手居酒屋チェーンが女性限定の食べ放題プランを提供するなど、いまや定着した女子会。「かわいいもの」への親和性が高い、写真家・蜷川実花に代表される女子写真。少女マンガやレディコミの枠を超えた女子マンガ。男性同士の恋愛を描くＢＬ（ボーイズラブ）作品から派生した腐女子＝オタク女子。鉄道をコンテンツではなくメディアとしてとらえる鉄道女子（鉄子）……。

共通点は、論者がなべて「女子」を肯定的にとらえ、そこに文化が変容する兆しを見ていることだろう。〈「女子」とその現代的用法の広がりは、従来、男性中心社会のなかで分断され切断されてきた女性たちが、ようやく地歩を固め、自らの再定義と新たなホモソーシャル・ネットワークの構成に向けて、歩を踏み出す兆しなのかもしれない〉（河原和枝「『女子』の意味作用」）とは女子会を評した一文だが、これは他の「女子文化」についても当てはまる傾向といえる。

こうした「女子文化」をさらに掘り下げ、主として女性誌の分析から「女子」の生態に迫ったのが、米澤泉『「女子」の誕生』だ。

九〇年代までのファッション雑誌は「ＪＪ」（光文社）、「ＣａｎＣａｍ」（小学館）、「Ｖｉ・Ｖｉ」（講談社）、「Ｒａｙ」（主婦の友社）など、俗に赤文字雑誌（表紙のタイトルロゴが赤で印刷されたことからついた呼称）と呼ばれるコンサバティブなファッション雑誌が全盛だった。ところが、二〇〇〇年代になってファッション雑誌の「政権交代」が起きる。後発の宝島社が発行する青文字雑誌の台頭である。

「JJ」の凋落と反比例するかのように、二〇〇九年には青文字雑誌の代表格「Sweet」が「一番売れているファッション雑誌」を標榜するまでになった。

赤文字雑誌と青文字雑誌の差はどこにあるのか。一九九九年に創刊された「Sweet」のキャッチフレーズは「28歳、一生〝女の子〟宣言!」。〈一昔前ならば結婚し、子供の一人や二人いる主婦であったかもしれない年頃〉の女性に対して〈いくつになっても可愛いものをあきらめずに身に纏うことを奨励した『Sweet』は非常に革新的な雑誌であった〉と米澤はいう。

見よ、二〇〇九年に宝島社が新聞に出した、この広告コピーを。

〈この国の新しい女性たちは、可憐に、屈強に、理屈抜きに前へ歩く。／この国の女性たち。別の言い方で「女の子」あるいは「女子」、あるいは「ガールズ」。／彼女たちのファッションは、もう男性を意識しない。／彼女たちは、もう男性を見ない。もう、自分を含めた女性しか見ない〉(朝日新聞、日本経済新聞。ともに〇九年九月二四日朝刊の全面広告より)。

すげえな、「青鞜」のマニフェストみたいだな。

登場するのは、リボン、フリル、水玉、花柄、ピンクや赤、レース、スパンコール、ラインストーンといった機能性を無視した装飾過剰なファッション。あるいはミニスカートやショートパンツ。表紙を飾るのは、一昔前だったら「中年女性」と呼ばれていただろう三〇代の浜崎あゆみ、安室奈美恵、吉川ひなの、四〇代の梨花に平子理沙らだ。宝島社の快進撃はしかも、ここにとどまらず、三〇代女子向けの「InRed」に続き、二〇一〇年には四〇代女子向けの「GLOW」を創刊、「大人女子」というジャンルを確立させたのだという。

かくして米澤は「GLOW」の功績を二つあげる。

ひとつは〈二〇世紀の四〇代女性の前に立ちはだかっていた年齢という壁を取り払〉い、〈専業主婦、キャリア、未婚、既婚、子ども有り、無しというそれぞれの立場の違いという壁をも「四〇代女子」という言葉によって打ち破った〉こと。〈シングル、バツイチ、シングルマザーなど、あらゆる状況に置かれた女性を「四〇代女子」という言葉によって肯定したのである〉。

もうひとつは〈「ツヤっと輝く、40代女子力」「好きに生きてこそ、一生女子」といったキャッチフレーズによって、良妻賢母規範からも脱却しようとしたこと〉。二〇世紀の四〇代女性は夫や子どものために生きる「誰々さんの妻」や「誰々ちゃんのお母さん」であることを余儀なくされたが、二一世紀の四〇代女子は〈夫や子供を輝かせるよりも私自身が輝きたい〉。

「大人女子」とはすなわち〈私に萌える私が主役の人生〉を送りたいというメッセージではないかというのである。そういわれると、たしかにそんな気もするのだが……。

四〇代女子が直面する現実

各論者の「女子」を分析する眼差しや手つきは、たしかに魅力的で前向きである。ただ、ここまで「女子」に肩入れするのは、買いかぶりじゃないですかね。

というのも、それこそ一九一一年（明治四四年）創刊の「青鞜」が標榜する「新しい女」以来、日本の女性文化は女性誌やファッション雑誌と手を組んで、男社会に迎合せず、良妻賢母規範に抵抗する「新しい女性像」を常に求め続けてきたからだ。七〇年代の「ＭＯＲＥ」（集英社）や「クロワッサン」（マガジンハウス）が広めた「自立する女」「翔んでる女」しかり。八〇年代の「Ｈａｎａｋｏ族」や「おやじギャル」しかり。九〇年代に一世風靡した（？）「ガングロギャル」もだ。

もし今日の「女子」に特筆すべき点があるとしたら、米澤泉がいうように、「四〇代女子」が一躍主役の座に躍り出たことだろう。均等法から二五年が経過し、四〇代でも働き続ける女性が増え、四〇代女性のライフコースはなるほど多様化したのである。

以上のような分析を身をもって（おそらくは意識的に）体現しているのが、ジェーン・スー『貴様いつまで女子でいるつもりだ問題』である。そこで彼女は書くのである。〈『GLOW』は「40代女子、万歳！」というセンセーショナルなコピーでデビューし、それに眉をひそめる人、よくぞ言ってくれたとスタンディングオベーションをする人、さまざまな反応がありました。当時、私はこれを見て板垣退助を思い出しました。／板垣死すとも自由は死せず！　加齢すれども女子魂は死せず！／ご存じの通り、これがのちの女子民権運動につながります。嘘です〉。

「嘘です」と彼女は書いているけれど、あながちそれは「嘘」でもない。実際、この本でジェーンが展開しているのは、女を年齢と容姿でしか判断しない男社会（いまだに！）へのやんわりした異議申し立てであり、そういう社会に媚びて生きることへの決別宣言だからである。

三十路の独身女性を主役にした酒井順子『負け犬の遠吠え』（二〇〇三年）から一〇年、二〇代後半女性の本音を語った林真理子『ルンルンを買っておうちに帰ろう』（一九八二年）から三〇年。いよいよ四十路女子時代の到来か！

とはいえ、ジェーン・スーは、四〇代女子が直面する厳しい現実からも目を背けていない。

ひとつは、根強く残る男社会のルールや性別役割分業意識。もうひとつは老いの問題である。〈いまの六十五歳がとても若々しいように、二十五年後の六十五歳も相当な好奇心を持ち、文化的な刺激を欲すると思います〉。しかし、そこから八〇歳をすぎ、死ぬまでの間にどれほどの金がかかることかと彼女は嘆く。〈女四十、自意識との戦いを終え、毎日がようやく楽しく回り始めました。にもかかわらず、今度は老後を考えなければいけないなんて〉。

そうなんですよ。自分の老後の前に、親の老後もあるからね。四〇代までは二〇代からの延長線上にある楽しい「女子生活」が送れても、五〇代に入ると周囲の景色は大きく変わる。親の介護問題が、ほぼ全員に、ほぼ平等にのしかかってくるからだ。

と考えると、「四〇代女子」が主役になるのも、若者は減る一方、高齢者は増える一方の「少子高齢化」時代ゆえの現象と見るべきかもしれない。安倍政権が掲げる「女性が輝く社会」というマヤカシに比べたら、ずーっとマシですけどね。

(2014.12)

『「女子」の時代!』馬場伸彦+池田太臣編著、青弓社ライブラリー、二〇一二年　女子力、女子会、大人女子、カメラ女子。こうした「女子」は、「少女」や「女の子」とどうちがうのか。甲南女子大学を中心に七人の論文を集める。切り口はそれぞれおもしろいが、いまのところは序論集の印象。オタクや鉄道など、従来は男子文化だった領域に女子が進出してくることで起こる変化は興味深い。

『「女子」の誕生』米澤泉、勁草書房、二〇一四年　著者は一九七〇年生まれの甲南女子大学准教授。宝島社の女性誌と従来誌を比較して、なぜ二一世紀の女性は「女子」を名乗り続けるのかを考察した女性メディア論。「不思議ちゃん」のルーツ・戸川純と、日本の「かわいい」を代表するきゃりーぱみゅぱみゅを一本の線で結ぶなど、卓越した部分もあるけれど、全体に分析が細かすぎる。

『貴様いつまで女子でいるつもりだ問題』ジェーン・スー、幻冬舎、二〇一四年　著者は一九七三年生まれの作詞家/ラジオパーソナリティー/コラムニストで、日本人。〈四十路よ、いつでも来い!!　ジェーンがついている!　柳原可奈子〉（表紙）のとおり「女子会には二種類あってだな」「ていねいな暮らしオブセッション」など、四〇歳をすぎた独身女性の日常と心情を綴る。やや冗漫なのが難。

非惨すぎる！「貧困女子」の現実

前回取り上げた「女子」なる言葉と、それに関連した『「女子」の時代！』や『「女子」の誕生』は、四〇代女性を中心に、年齢や職業や既婚未婚などの立場にとらわれず、いくつになっても「かわいさ」を追求する女性たちを肯定的にとらえたものだった。

しかしながら、本の世界にあらためて目をやれば、そんな優雅な、もっといえばお花畑な本とはまったく種類の異なる「女子本」も急増しているのだ。

『最貧困女子』『失職女子。』『高学歴女子の貧困』。ほかにも仁藤夢乃『女子高生の裏社会――「関係性の貧困」に生きる少女たち』（光文社新書）とか、水無田気流『シングルマザーの貧困』（光文社新書）とか……。「女子の貧困」に着目したこれらの本は、いずれも二〇一四年の発行だ。

NHK「クローズアップ現代」で「あしたが見えない――深刻化する〝若年女性〟の貧困」が放映されたのは二〇一四年一月二七日のことだった（後に後続番組と合わせて書籍化。『女性たちの貧困――〝新たな連鎖〟の衝撃』幻冬舎）。働く単身女性の三人に一人、二〇代のシングルマザーに至っては八割が、「貧困状態」の目安となる年収一一四万円未満。高卒で正社員になった女性は五割以下。生活に困窮した女性は風俗店に流れるが、それは長く続けられる仕事ではない。

こうした認識が広まって生まれた言葉が「貧困女子」だった。いったい今般の「女子」に何が起きているのだろう。「女子本」ウォッチの第二弾は「女子の貧困」問題だ!

貧困と最貧困を分けるのもの

鈴木大介『最貧困女子』から読んでみよう。ここで描かれるのは、セックスワークや売春ワークの渦中でもがく一〇代、二〇代の女性の姿である。

高校を中退後、就職した会社が倒産。寮を追い出され、就職試験の面接も連敗。アパートは見つけたが、家賃を半年以上滞納し、ネットカフェ難民となった小島涼美さん(仮名・二三歳)。八歳と六歳の子どもがいるが、夫が四年前に家を出た後、やはり面接に落ち続け、いまは出会い系サイトの掲示板でほぼ毎日、売春相手を募集、それが唯一の収入源の清原加奈さん(仮名・二九歳)。二人はともに極度の貧困状態にあるが、小島さんの貧困が「だれが見ても」救済が必要な状態であるのに比べ、加奈さんは売春で生活費を得ることで生活や精神の破綻を必死で隠している。鈴木が「最貧困女子」と呼ぶのは、このように可視化されず、批判や差別の対象になりかねない貧困女性だ。

紹介された事例を読んでいくと、最貧困女子にはいくつもの共通点があることに気づく。第一に、子ども時代から親の虐待や複雑な家族関係の中で虐げられており、「避難」「逃亡」として家を出るしか選択肢がなかったこと。第二に、仕事を探そうにも面接で落とされ続け、経済的な破綻と同時に精神的にも相当なダメージを被ること。

こうして経済的にも精神的にも疲弊した女性たちはやむなくセックスワークに行き着くが、注意すべきはそれが〈路上のセーフティネット〉の役目を果たしていることなのだ。

何も持たずに家を出てきた少女が求めるものは〈補導などに怯えずゆっくり寝ることができる「宿泊場所」、その宿泊や食事を確保するための「現金と仕事」、現金を得るためのツールとして不可欠な

「携帯電話」、そして「隣にいてくれる誰か」だ。ここに、家出少女らがセックスワークへと吸収されていく理由がある。彼女らの欲しい物のほとんどを、行政や福祉は与えてくれない。だが実はセックスワークは、彼女らの求めるものを彼女らの肌触りがいい形で、提供してくれる〉のだ。

豊富な取材経験から、人が貧困に陥る背景には、低所得に加えて「三つの無縁」と「三つの障害」があると鈴木は指摘する。

「三つの無縁」とは「家族の無縁、地域の無縁、制度の無縁」のこと。困ったときに支援してくれる家族や親族がいない。苦しいときに助力を求められる地元の友人もいない。加えて生活保護受給者の少なさに代表される、社会保障制度の使い勝手の悪さ。こうした悪条件がいくつか重なったとき人は貧困に陥るのだ、と。

さらにショッキングなのは「三つの障害」、すなわち「精神障害、発達障害、知的障害」だ。〈差別論にも繋がりかねないので慎重を要するが〉と断りつつ、「三つの障害」が「三つの無縁」の温床となっている事実も無視できない。〈鬱病や統合失調症などの精神障害は安定した就業を不可能にするばかりか、ケアの難しさから三つの縁を遠ざける。ＡＤＨＤや自閉症スペクトラム（アスペルガー症候群等）等の発達障害もまた、理解されづらいパーソナリティが精神障害と似たような「支援への斥《せき》力《りょく》」となる〉。知的障害もまた〈療育手帳取得に至らないような軽度・ボーダーラインのものを含め、やはり安定した職や支援者に繋がらない要因となる〉のである。

もはや言葉もない。自己責任だ、自業自得だと彼女らを責めることなど、だれができるだろう。

「女子力」がないゆえの貧困!?

実際、最貧困女子は極端でも、同様の貧困に陥る可能性は、すべての女子が持っているのだ。大和彩『失職女子。』は大卒の会社員だった三〇代の女性が、生活保護の受給者になるまでの経緯をユーモアをまじえて語った好著だが、語り口の軽さとは裏腹に、その現実は笑えない。

大学を卒業し、ひたすら「安定」を求めて就職。契約社員から正社員に昇格するも、会社が扱う商材から出る化学物質が原因でアレルギー反応が出た「私」。やむなく休職するが、親にいわれるままに退職し、実家に戻ったのが運の尽きだった。

大和の両親は、もともと娘への要求が厳しく、虐待に近い形で娘を扱っていた。東京の会社を辞め、そんな実家に戻ったために、彼女は給与というお金の「溜め」と、東京での人間関係という「溜め」を失い、親に責められて精神的な「溜め」も失った。それが原因で精神科に通いはじめ、ようやく派遣社員として働きはじめた途端、リーマンショックの影響で、そこも倒産。次に正社員として採用された会社は一年後にリストラされ、相前後して貯金をはたいて借りたアパートからも立ち退きを要求された。そこから彼女は八〇社以上の会社に落ち続けるのである。三七歳という年齢と、ストレス太りで九〇キロ超に増えた体重に引け目を感じながら。

『最貧困女子』がいう「三つの無縁」のうち、大和彩は「制度の無縁」に陥らず生活保護によって救われた恰好だが、「家族の無縁」「地域の無縁」に加え、パニック症候群という精神疾患も就活に影響したかもしれない。〈もはや売春するしか生活費を稼ぐ手段はないのか!?　と心のなかで叫ばない日はなかった〉と大和はいう。〈お金に関する心配事やストレスには、自分のちっぽけな判断力なんか簡単に狂わせてしまうほどの、ものすごい力があります〉。

ずいぶん事情が異なるとはいえ、『高学歴女子の貧困』が訴える現実も、かなり悲惨だ。

大学の博士課程を修了しても、女子が正規の研究者として採用されるケースは少なく、多くは非常勤講師の掛け持ちで、その日暮らしを余儀なくされる。〈非常勤講師として大学に勤めに出ても、月給一五万円程度の生活だ。厚生年金などにも加入できず、健康保険の類いも自腹である。給与は時給計算であり、何年勤めようとも昇給など一切ない。もちろん、退職金などあり得ない。高齢化すれば、ある日、雇い止め通知が家に配達され、それで終わりである〉。

女子が採用されにくい背景には、大学という職場の特異な事情も関係している。ほとんどが男性で構成された研究者コミュニティは「オールドボーイ・ネットワーク」「家父長制的支援システム」に支えられているうえ、講師の選定や契約更新は専任教員の胸先三寸という一〇〇％コネの世界。つまり〈女性は女性だというだけで専任職には選ばれにくい〉というのである。

貧困と女子問題（ジェンダー問題）の関係を考えるとき、私たちは賃金や労働条件の男女差別の問題として、これをとらえる。しかし、裏に隠れた差別はそれだけではない。

セックスワークの中でももっとも過酷な売春ワークから抜け出せない女性がいるのはなぜなのか。要するにそれは「可愛くなかった」からだと『最貧困女子』はいう。〈売春からの脱出先を合法の性風俗に求めようとも、そこでも問われるのは「顔の良し悪し、胸の大小、体重の重い軽い」〉であり、〈ハナからこうした自己資産を持たない少女には、セックスワーク・ナイトワークの中で貧困から抜け出せるルートは閉ざされている〉のだと。

『失職女子。』の大和彩がセックスワークに行かなかったのは、若くもなく、きれいでもなく、経験もない自分が風俗業界で採用される見込みはないと考えたからだが〈若くてきれいで優秀な人材がどっと流れ込んでいるのは、現代の日本では、どの業界についても言えることなのではないでしょうか〉と続ける。〈私が約八〇社不採用になった理由は、そこにあるのかもしれません〉。

そして『高学歴女子の貧困』は嘆くのだ。〈結局、圧倒的な男社会であるそこに居場所を得ようとすれば、彼女たちは「スカートをはいた男になる」か、「従順な女らしさで勝負する」か、両極端な二つのあり方のどちらかに黙って適応するより他にないのだろうか？〉。

さて、これをどう考える？　そうなのだ。女子の貧困の半分は制度と雇用政策の問題だが、もう半分は意外にも「女子力」の問題だったのだ。「女子力」が高くなければ結婚どころか就職にも不利という現実。女性が男性に「選ばれる存在」である限り、この現実は続くだろう。

男女差別に加え、陰で行われる女女差別！　だからこそ女子力を磨け、と巷のハウツー本は教えるが、それですむほど問題は軽くない。格差社会では、あらゆる基準の差別選別が容赦なく行われるのだ。「女子の時代」とかいって浮かれている場合じゃないかもしれないぞ。

(2015.01)

『最貧困女子』鈴木大介、幻冬舎新書、二〇一四年　著者は社会の底辺にいる若者を取材し、『家のない少女たち』（宝島SUGOI文庫）などの著書があるルポライター。生活に窮した一〇〜二〇代女性がセックスワークや売春に走るのはなぜか。〈「貧乏でも頑張っている人はいるし、貧困とか言ってる人間は自己責任」という最も無理解な戯言は、これで払拭できるはずだ〉。その現実は想像を絶する。

『失職女子。──私がリストラされてから、生活保護を受給するまで』大和彩、WAVE出版、二〇一四年　著者は現在、生活保護を受けつつパート労働で再起を期すアラフォー女性。〈借金・風俗勤務・自死──この三つのうち、「どれにしようかな……」〉なときに生活保護を知ったことから、総合支援資金貸付、住宅支援給付、生活保護などの実践的な制度活用法を説く。涙と笑いの体験談が秀逸。

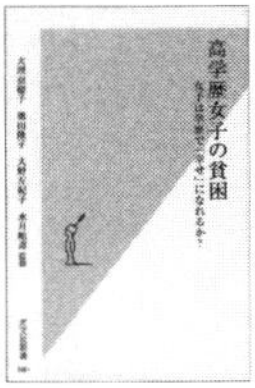

『高学歴女子の貧困──女子は学歴で「幸せ」になれるか？』大理奈穂子他著、水月昭道監修、光文社新書、二〇一四年　著者は「高学歴ワーキングプア」の三人の女性。体験をまじえ「どうして女性は高学歴でも貧困なのか」「なぜ、女性の貧困は男性よりも深刻化しやすいのか？」を論じる。非常勤講師に甘んじる女性研究者の現実と、背後にある性別役割分業や性差別などの構造を暴く。

恐怖！ 原発事故後のディストピア小説

いまとなっては茶番としか思えぬ二〇一四年一二月一四日の解散総選挙を経て、あまりめでたくもない二〇一五年が幕を開けた。

今年は敗戦から七〇年の節目の年だ。第二次安倍晋三政権が発足してから丸二年。東日本大震災&福島第一原発の事故からは四年。安倍政権（とそれを支持する日本人）の無反省ぶりはしかし、シャレにならないレベルに達している。先の選挙の投票率は戦後最低の五二・六六％。自公合わせて三分の二以上という衆院の一強多弱状態は選挙の前も後も変わっていない。

昨年来、日本を覆っている「空気」をひと言でいうならば、無力感、閉塞感、ないしねっとりとした重圧感、かな。あやしげな歴史認識と排外主義的ナショナリズムの蔓延。集団的自衛権を容認する閣議決定や、特定秘密保護法の施行に象徴される、やりたい放題の政府与党。自由な報道姿勢の後退とメディアの自主規制。富裕層と低所得層に二極化した社会。福島第一原発の事故などなかったかのように、東京オリンピック決定に浮かれつつ、原発の再稼働と輸出に意欲を燃やす永田町と霞が関。3・11直後の日本のほうが、まだしも風通しがよかった気さえする。

以上のような「いまの日本」を念頭に、二〇一四年の「震災後文学」を読んでみたい。震災から三年が経過したいま、3・11後の日本はどんな風に描かれているだろうか。

全体主義が覆う町、世界から捨てられた国

吉村萬壱『ボラード病』の語り手は、小学五年生の「私」こと大栗恭子だ（恭子はじつは三〇歳で、過去を回想する語りだったことが後に判明するのだが）。

彼女は母と二人暮らし。住んでいるのはB県海塚市だ。母は恭子に厳しく〈塀のどこかに小さな穴が開いていて、いつも見られているのだから、恥ずかしいことをしては駄目よ〉といい続け、ちゃんとした食事も与えていないもよう。一方、担任の藤村先生は恭子が提出した自主学習のテーマに難色を示し、〈何か書いたら真っ先に先生に見せなさい〉〈生き物は駄目だと言ったろ、大栗〉などと指導する。家庭でも学校でも生きにくそうな恭子。

そんなある日、同級生のアケミちゃんが急死し、通夜の席でアケミちゃんの父親は海塚市についてこんな挨拶をした。〈私たちが一旦失ったこの故郷、再び戻ってくることが出来、やっと復興させることが出来た海塚の町。この町を、娘は心から愛しておりました。／正直、もう二度とここには住めないと諦めかけたこともありました。長い避難生活から戻った八年前のあの日、目の前に広がる変わり果てた海塚の町を見て、再建はとても無理だ、ここではとてもやっていけないと、家族で抱き合って泣きました〉。しかし、とアケミちゃんの父は続けるのだ。〈海塚市民は、次々に立ち上がりました。それからは私たち家族も我武者羅に頑張りました〉。

〈アケミはよく言っていました。／お父さん、海塚の玉葱が一番おいしいね、お父さん、海塚の魚が一番安心だね、と。思えば海塚というところは本当に幸運な町だと、感無量であります〉。

この挨拶を受けて湧き起こる「海塚！　海塚！」のコール。

そう、海塚市は大きな災害によって一度は人が離れ、後に人が戻って復興した町なのだ。異論を許

さぬ「ゆるやかな全体主義」ともいうべきムードが町全体を覆っており、学校でも「海塚！　海塚！」の合唱が定例化。それになじめぬ恭子は児童相談室で〈あなたはどうして海塚を歌わないの？〉と問い詰められ、身体の不調を訴えられなかったアケミちゃんは死んだ。新学期を迎えてから梅雨に入る頃までに、アケミちゃんを含めて死に至った児童は七人にのぼる。恭子に対する母の異常な厳しさもじつはそこに由来していた。娘を守るために、母は娘の目立つ行動をいさめ、スーパーで買った生鮮食料品を陰でこっそり捨てていたのである。さらに最終章に至り、読者は衝撃的な事実を知らされる。「病気」と診断された恭子は三〇歳になった現在、隔離病棟にいること。権力に不都合と判断された父も弟も藤村先生も逮捕されて姿を消したこと。

恭子は語る。〈海塚は嘘で塗り固められた町でした。勿論そうしなければならなかった理由は分かります。この国全部が海塚と同じだったんでしょう？〉。〈しかしそこから先の海塚は、極めて異常でした。全ての抵抗を断念して、そして全てを諦めて、この町だけは何もなかったことにしようと町ぐるみで画策するなんて、どう考えても狂気じみています〉。

コワイでしょ。核戦争後の世界を描いたジョージ・オーウェル『一九八四年』（一九四九年）などと同じ。『ボラード病』は一種のディストピア小説といえるだろう。

その伝でいくと、多和田葉子『献灯使』も一種のディストピア小説だ。震災後に書かれた中短編を集めたこの本で、まず読むべきは「不死の島」（初出二〇一二年）である。

日本のパスポートを持ったドイツ在住の女性が空港でイヤな顔をされるところから、物語ははじまる。時は二〇二〇年代。〈「日本」と聞くと二〇一一年には同情されたものだが二〇一七年以降は差別されるようにな〉り、〈二〇一五年、日本からの情報が途絶えてから、日本に関する噂や神話が蛆のようにわいて、蛆は成長して蝿になって世界を飛び回っている。日本行きの航空便がなくなってしまったので、実際に日本へ行って自分の目で状況を確かめてみることもできない〉。そして彼女は考える。〈福島で事故があった年にすべての原子力発電所のスイッチを切るべきだったのだ。すぐまた大きな地震が来ると分かっていたのに、どうしてぐずぐずしていたのだろう〉。

遡れば〈「フクシマの恐怖は終わった」と主張し始めた二〇一三年の初春〉、彼女は京都のホテルのテレビで〈すべての原子力発電所のスイッチを直ちに切りなさい。これが陛下のお言葉です〉と男が語る生放送を見たのである。以来、皇室のメンバーは京都御所に移り、天皇は幽閉されているという噂も出るなか、今度はタカ派と目されていた総理大臣が突然NHKにあらわれて〈「来月、すべての原発の運転を永遠に休止します」と叫んだ〉が、あろうことか〈それからしばらくして総理大臣はこの世から姿を消した。普通なら「暗殺」のニュースが流れるはずなのに、マスコミはなぜか「拉致」という言葉を使った〉。

後の混乱期を経て二〇一五年に、日本政府は民営化され、テレビ局も乗っ取られ、義務教育はなくなった。そしてこの短編は、その後の日本の恐るべき実態を伝えるのだ。〈二〇一一年、福島で被曝した当時、百歳を超えていた人たちはみな今も健在で、幸いにしてこれまで一人も亡くなっていない〉だけでなく、死ぬ力さえ失って生き続けなければならない。一方、〈二〇一一年に子供だった人たちは次々病気になり、働くことができないだけでなく、介護が必要なのだ〉と。

「不死の島」が描くのは、老人と子どもの健康状態が逆転した社会である。

表題作の「献灯使」は、いわばその後日談。鎖国され、外来語の使用が禁止された日本で暮らす老人と少年の物語である。小説家の義郎はすでに一〇〇歳をすぎているが、身体は丈夫で死なない（死ねない）。他方、義郎の曾孫の無名《むめい》は病弱で、いつ死んでもおかしくないような状態にある。二人の暮らしを通して描かれるのは、鎖国され、外来語の使用が禁止され、クルマもインターネットも家電製品も使われなくなった日本のディテールである。

「いまの日本」を思わせる閉塞感

『ボラード病』と『献灯使』の二作が描きだす世界は、それと明示されてはいないが、明らかに3・11後の日本である。放射性物質によって汚染された国土。安全性が疑わしい食品。病に倒れ、死んでいく子どもたち。『ボラード病』では、それでも異を唱えることなく「町のつながり」に固執する調教された住民たちと、掟に従えない者を排除するファシズムにも似たシステムが描かれる。『献灯使』が描き出すのは、鎖国によって世界から孤立し、科学技術からも切り離され、無政府状態の世で生きるしかなくなった国の特異な姿だ。人々は表面上は平静に暮らしているが、それしか生きる術がないからそうしているだけで、彼らに逃げ場はないのである。

自由が奪われた世界。どこへも行けない閉塞感。きわめて予言的である。

同じく震災に取材した木村友祐『聖地Cs』は、福島第一原発から半径二〇キロ圏内の立ち入り禁止区域に実在する牧場をモデルに、取り残された牛たちの姿を描いた中編だ。

汚染された牧草を食べ、成長しても出荷されることのない三〇〇頭以上の牛。当初、私はこれを震災後の忘れられがちな現実を描いた「唯物論的な作品」として読んだのだが、『ボラード病』や『献灯使』を横に置いて読み直すと、この牧場もまた一種のディストピアだったことに気づく。事故直後、牛の糞尿と死骸で埋まった牛舎で、瀕死の牛を発見した女性はいう。〈生きてるといっても、ガスがたまって破裂しそうにふくらんだ仲間のそばで、糞尿に肩までつかりながら、です。うつろな目をしていました。なんかもう、絶望も苦しみもぜんぶ通りこしたみたいな目で……〉。

対象が牛だから「生きにくさ」が目に見える形で示されただけの話で、もしかしたら人間も、この牛と似たような境遇に置かれているのかもしれないのだ。

『一九八四年』は、スターリニズム下のソ連を批判した小説といわれるが、『ボラード病』や『献灯使』が描く「全体主義」的社会は原発事故がもたらした社会である。震災直後には放射能汚染を直接的に描いていた文学が、ここでは原発事故をキッカケに進行した、重苦しい社会を描くまでに変化している。これは震災後文学の進化なのか、それとも現実社会を反映または予見した結果なのか。ふっと背筋が寒くなる。

(2015.02)

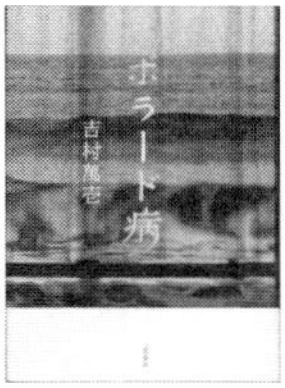

『ボラード病』吉村萬壱、文藝春秋、二〇一四年　大災害から復興したB県海塚市で暮らす「私」と母。「結び合い」に固執する町と全体主義国家のような教育。母子の確執や学校生活が淡々と描かれるようでいて、徐々に町の異様さがクローズアップされる。「ボラード」は船を係留する繋船柱。やんわりとした「絆」の強制、体制批判を許さぬ雰囲気が、いまの日本を彷彿させてゾッとする。

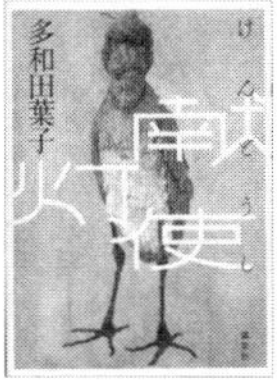

『献灯使』多和田葉子、講談社、二〇一四年　表題作はいつまでも死なない健康な老人と、いつ死んでもおかしくない病弱な子どもたち。百歳をすぎた小説家の義郎と曾孫を中心に、「過去の大きな過ち」によって鎖国を余儀なくされ、外来語の使用を禁じられた国を描く。他四編も、戦闘機が原発に墜落した後を描く「彼岸」など、3・11後の日本社会の歪みを鮮烈にあぶり出す。

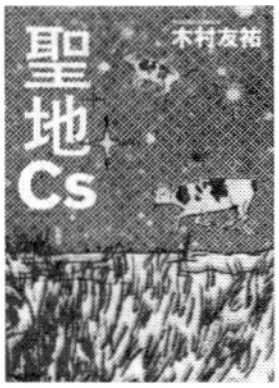

『聖地Cs』木村友祐、新潮社、二〇一四年　福島第一原発から一四kmの立ち入り禁止圏内にある牧場に、ボランティアでやってきた「私」を待ち受けていたのは、気が遠くなるような餌やりと糞尿の処理だった。殺処分、餓死、育っても出荷されない牛。夫からDVを受けていた「私」は牛と一体化することで、思いがけない行動に出る。テーマは深刻だが、それを突き抜けるユーモアがすがすがしい。

「イスラム国」の厄介な事情

はじまりは二〇一五年一月二〇日、反体制武装組織「イスラム国（ＩＳ）」に拘束されていた邦人二人（湯川遥菜さんと後藤健二さん）の殺害を警告する英語のビデオメッセージが、二人の映像とともにネット上にアップされたことだった。

「日本の国民よ。日本政府はイスラム国に対する戦いに2億ドルを払うという愚かな選択をした。お前たちは人質の命を救うために、2億ドルを支払う賢い決断をするよう、政府に迫る時間が72時間ある。さもなければ、このナイフがお前たちの悪夢となるだろう」（一月二一日付毎日新聞より）。

日本中に衝撃が走るなか、二四日には湯川さんを殺害したとする写真を手にした後藤さんの画像が流れ、二月一日には後藤さんを殺害したとの画像が以下のメッセージとともに公開された。

「安倍（首相）よ、勝ち目のない戦争に参加するという無謀な決断によって、このナイフは健二だけを殺害するのではなく、お前の国民はどこにいたとしても、殺されることになる。日本にとっての悪夢を始めよう」（二月二日付朝日新聞より）。

日本が、イスラム国にとって「テロの標的」となり得る「敵国」であることを知らされた瞬間だった。この間の日本政府の対応が適切だったとはとても思えない。だが、それはそれとして、この事件でにわかにクローズアップされた「イスラム国（ＩＳ）」とは何なのか。

おりしも「イスラム国の脅威」が日本に及ぶことを予測していたかのように、もっか書店には新書を中心にイスラム国関係の新刊書が何冊も並んでいる。執筆時期は人質事件発覚前だが、いずれも二〇一五年一月刊。そのうちの何冊かを読んでみた。

政治的混乱に乗じて台頭した組織

まず、「イスラム国」とは何なのか。国枝昌樹『イスラム国の正体』は、他のイスラム過激派組織と異なるイスラム国の特徴を三点あげている。

〈①「国」を名乗り、領土を主張し、行政を敷いていること
②インターネット上で効果的にメッセージを発信していること
③欧米人を含む外国人の参加が多いこと〉。

イスラム国（ＩＳ）は、イラクとシリアにまたがる反体制武装組織のひとつとして、二〇〇六年から「イラクのイスラム国」（ＩＳ）の名で武力闘争を続けてきた。一三年には「イラクとシャーム（シリア）のイスラム国」（ＩＳＩＳ）、別名「イラクとレバンド（東部地中海沿岸地方）のイスラム国」（ＩＳＩＬ）を名乗り、一四年には支配地域を拡大させて六月二九日に「イスラム国」として「独立国家」を宣言した。最高指導者のバグダディ（アルー・バクル・アル＝バグダディ）は過激すぎてアルカーイダに破門されたという人物で、預言者ムハンマドの後継者を意味する「カリフ」を自称する。

イスラム国が急激な成長をとげた理由を、高橋和夫『イスラム国の野望』は次のように説明する。〈過激派の重要な資金源のひとつは、寄付金です。この点は、人道支援団体と似たところがあり、支援者からお金と人を集めて、集団を強化します。アラブの産油国には、自ら活動に加わらないまでも、彼らの主張に共感を寄せ、その活動を支援する富裕層がいます〉。ただし、〈最近アルカーイダは「仕

事」をしていません。つまり、テロに成功していないわけです〉。かくして、人気が落ちたアルカーイダにかわって新興ブランドであるバクダディー派に資金が集まり、〈ついにイスラム国として、大々的に自分たちの暖簾を出したというわけです〉。

中東の複雑な情勢は、群雄割拠する戦国時代の日本を連想させる。イスラム国が伸張したそもそもの原因は二〇〇三年のイラク戦争と、二〇一一年の「アラブの春」だった。

戦争前のイラクでは、サダム・フセイン率いるスンニ派のバアス党が国を治めていたが、フセイン政権が倒れた後、米国はバアス党とその支配下にある組織を一掃。二〇一一年の米軍撤退後、政権の座についたシーア派のマリキ首相は腐敗政治の限りを尽くしてスンニ派の反政府勢力を活発化させ、政治的な機能を果たせなくなった。一方、シリアでは、「アラブの春」によるスンニ派の民衆蜂起でアサド大統領派と反アサド派の内戦が勃発。アサド派が、米国が支援する反アサド派の自由シリア軍を攻撃し弱体化させたことで、結局は反アサド派の中に大量のイスラム過激派が生まれてしまった。

こうした政治的混乱の中からイスラム国は台頭したのだ。

〈いまもサダム・フセインがいたり、アサド大統領がしっかりしていれば、おそらくイスラム国の台頭はありえませんでした〉と高橋はいう。〈中途半端に民主化した結果、抑えの利かない勢力があちこちに誕生してしまった〉、それが現在の中東なのだ、と。

イスラム国はなぜ斬首を公開するなどの残虐的なやり方を好むのか、また、そんな残虐な組織に惹かれて、なぜ世界中の若者たちが集まるのか。疑問に思う人も多いだろう。

しかし、残虐性はべつだんイスラム国の専売特許でもないのである。古今東西の権力闘争に残虐な行為はつきものだ。高橋は〈北朝鮮でも、毛沢東時代の中国でも、スターリン時代のソ連でも、酷いことは多々行われてきました〉といい、国枝は〈日本でも15〜16世紀の戦国時代、武士たちは敵の首を切り、主人の前にさしだして褒美をくださいといっていたわけです〉と述べている。〈わたしは、15〜16世紀のメンタリティーの日本人が、21世紀の科学技術をもったらどうなるかと想像してみます。それがいまのイスラム国の姿なのでしょう〉。

これは重要な指摘である。邦人人質事件が最悪の結末を迎えた後、安倍首相は「極悪非道の犯罪人だ」「テロリストたちにその罪を償わせる」との声明を出す一方で、「テロリストに過度な気配りをする必要は全くない」と述べたが、彼らの理屈を無視したら対策の立てようがないのだ。

撲滅するのはほぼ不可能

その点をもう一歩掘り下げているのが池内恵『イスラーム国の衝撃』である。

〈日本ではしばしば根拠なく、ジハード主義的な過激思想と運動は、「貧困が原因だ」とする「被害者」説と、その反対に「人殺しをしたい粗暴なドロップアウト組の集まりだ」とする「ならず者」説が発せられる〉が、「被害者」説にせよ「ならず者」説にせよ、〈単に「逸脱した特殊な集団」や「犯罪集団」と捉えることは、問題の矮小化〉だと池内はいう。たとえ実態としては〈考えの浅い粗暴な人間〉の集団に見えても、〈その集団と行為を正統とみなすジハードの理念が、共同主観として存在し、広く信じられていること〉が重要なのだと。

イスラム法では「アッラーの道」の目的にかなった戦闘をジハードととらえ、それへの参加が教徒の義務だとされる。といっても、集団の中でのだれかが実践していれば、全員が戦闘に参加する必要はない。見方を変えれば、だからこそ〈実際にジハードのために戦場に出たり、その後方支援として資金を集めたり、人員を手配したりしている者たちは、率先して、アッラーから共同体に課された義務を果たしている崇高な人物ということになる〉。

一方、近代のイスラム国家は、ジハードの義務の観念を国家の統率下に置き、国家がカリフの代りを務めるという理屈で成立していた。しかしながら、その国が「異教徒」による植民地主義や従属主義に組み込まれていたらどうか。〈イスラーム諸国を支配し、ジハードを阻害している支配者こそ、最初にジハードの標的とするべきだ〉とする発想が生まれても不思議ではない。ジハード主義者たちは〈独自の思想を考案するのではなく、共有された概念やシンボルを用いることで（略）、足並みをそろえて行動していくことが容易になる〉。特にイスラム国は、雑誌と映像による巧みなメディア戦略で、イスラム教の教義の中にある「終末論」（終末を前にして善と悪の戦いが勃発する）を強調し、米国を最終的な敵とみなすことで人気を獲得した。

だから、イスラム国は若者に受けた。そのへんの気分を国枝は、〈「青臭い」議論を振り回すイスラム国のほうが、若者たちの感性に訴えるところがあるのではないでしょうか〉と説明する。

それではたして、そんなイスラム国を撲滅できるのか。

米軍と現地有志連合の空爆は、イスラム国の力を削ぐことはできるかもしれないが、〈政権による過酷な弾圧や、国民社会の深い亀裂、入り乱れた内戦の惨禍が持続する限り、根本的な問題解決は見込めない〉（池内）というのが大方の見方である。爆撃は〈「アメリカと戦うイスラム国家」という正統性が得られるため、渡りに船という面もあるのです〉（高橋）。

一月の中東歴訪中に、安倍首相はエジプトで「『イスラム国』がもたらす脅威を少しでも食い止めるため」「『イスラム国』と闘う周辺各国に」二億ドルを支援すると約束した（一七日）。この発言が人質殺害の引き金になったのかどうかは、正直わからない。二億ドルがたとえ人道支援でも、アメリカと同一歩調をとる日本はすでに十分「テロの標的」たる資格を備えている。そして「対テロ戦争」がどのような結果を招くかは、イラク戦争で実証ずみだ。

日本は今後どのような立場をとるべきなのか。宮田律『アメリカはイスラム国に勝てない』（PHP新書、二〇一五年）は、〈米国の中東イスラム世界での戦争に日本が加わることは、日本人の利益になるとは思われない〉と述べ、内藤正典『イスラム戦争――中東崩壊と欧米の敗北』（集英社新書、二〇一五年）は〈武力は使わないと宣言して、対立している勢力の間に立って信頼醸成につとめ、平和構築に向かわせること〉を目指すべきだと提言する。「テロには屈しない」と百回唱えたところで何の役にも立たない。それは政府が人質救出に失敗した時点で明らかではないか。

(2015.03)

『イスラム国の正体』国枝昌樹、朝日新書、二〇一五年　著者は元シリア大使。「欧米人の首を切り落とす」「世界中の若者たちを惹きつける」のはなぜかなど、素朴な疑問に答えるかたちでイスラム国を解説。ヨーロッパのイスラム移民の二世・三世の「疎外感」「喪失感」がイスラム国に結集したという理屈は納得しやすい。国際社会はよりマシな独裁政権とつきあう覚悟が必要、との結論が印象的。

『イスラム国の野望』高橋和夫、幻冬舎新書、二〇一五年　著者は国際政治学を講じる放送大学教授。これ以上嚙み砕けないほど嚙み砕いた入門書で、読者の知りたいことはほぼ網羅。イスラム国は「新ブランド」、「ワープロは打てますか」と聞かれても「バズーカ砲なら撃てますが」と答える旧軍人が就職できないのは当たり前、など秀逸な比喩も頻出。一冊だけ読むならこれがオススメ。

『イスラーム国の衝撃』池内恵、文春新書、二〇一五年　著者はイスラム政治思想専攻の東京大学准教授。イスラム国誕生の経緯を紹介し、「狂信者の残酷な行為」ではとらえきれない「グローバル・ジハード」の思想的・政治的背景に分け入る。イスラム国のメッセージの歴史性、「テロの文化」を踏襲するカメラ前の処刑など、他の類書にはない視点も多い。「彼らの理屈」を知るのに好適。

ピケティ現象と日本の格差

遅ればせながら、トマ・ピケティ『21世紀の資本』の件である。

日本語版が出版されたのは二〇一四年一二月。三月上旬の時点で七刷一三万部のベストセラー。アンチョコ本は次々出る、論壇誌や経済誌は特集を組む、著者自身も講演やインタビューや対談に出ずっぱり。事態はすでに社会現象化しつつある。

あまりの騒ぎに、訳者の山形浩生はピケティに関する見張り番（?·）みたいなブログ（「山形浩生の「経済のトリセツ」」）で、〈ピケティを盲信して格差、格差、この世の終わりだ資本主義の宿痾だ革命だマルクス様の復活だついでにアベノミクス許さんとさわぐのはたいへん愚かで恥ずかしいことなので、やめていただきたいところ〉なんて釘を刺しているほどだ。

まあでも、騒ぎになった理由もわかるよね。格差問題は、もう一〇年以上、現政権を批判したい勢力（主に左派&リベラル系）にとっての「ドル箱」的命題だった。とはいえ「格差社会」という言葉が人口に膾炙《かいしゃ》した二〇〇七年頃（第一次安倍政権の時期である）に比べると、東日本大震災を挟んだこともあり、格差にかんする議論が最近低迷していたのは否めない。そこに「格差は拡大する」ことを論証した世界的ベストセラーが登場したのだ。そりゃ興奮もするだろう。

では、日本のエコノミストは『21世紀の資本』をどう読んだのか。雑誌の特集号などを中心に、今回は論文やインタビューの中から、目にとまったものを読んでみたい。

日本の格差論との異同とは

その前に『21世紀の資本』の内容だ。

議論の的になっているこの本の要点（焦点）は大きく三つにまとめられよう。

①資本主義経済の下では格差が拡大する傾向がある。

②格差は世襲される。

③格差解消の処方箋は「グローバル累進資本税」である。

格差拡大のメカニズムは次の不等式で表される。

r＞g。すなわち、r（資本収益率）はg（経済成長率）を上回る。

ここでいう「資本」とは、不動産や株や債券を含めた「資産」、「経済成長率」は国民所得の伸び率のこと。乱暴にいえば、資産家は庶民よりずっと得してるって話である。

一九五〇年代半ば、サイモン・クズネッツは「資本主義の初期段階である一九世紀には所得格差が広がるが、産業化と経済成長が進んだ二〇世紀の後半以降、格差は自然に縮まる」と予測した。しかし、同じ手法でピケティが分析したところ、一九八〇年代以降、むしろ格差は拡大していた。二〇一〇年時点で格差が特に激しいのはアメリカで、上位一％の富裕層が二〇％、上位一〇％が五〇％の所得シェア（資本収益率ではなく所得差だけど）を占めていた！　これはベル・エポック時代（一九世紀末から第一次世界大戦勃発までのヨーロッパ）に匹敵する。このままいけば、一九世紀同様、資本の蓄積が進むだろう。同じような傾向は世界中の先進国に共通している。こんな不公平は民主主義にとってもよくないに決まってる。是正しなくちゃあかんやろ。

「持てる者はますます富み、持たざる者との格差が広がる」という（生活実感としてはだれもが知っている？）事実を、『21世紀の資本』は、一八世紀のフランス革命前後から現代まで二〇〇年以上にわたる膨大なデータの解析を通して証明したわけだ。

では、日本の格差問題はピケティの分析とどうリンクするのだろう。『21世紀の資本』は、それまでジニ係数や貧困率など、貧困層を中心に行われてきた格差問題を、富裕層の動向に絞って分析した点に新しさがあった。その点は評価しながらも、論者の意見は分かれている。

日本の経済学者の論文やインタビューを総合すると、焦点は三つくらいにまとめられそうだ。

①ピケティがいう通りで、日本には米国ほど極端な格差はない。

②しかし、日本には米国のように上位一％ほどの、とんでもなく高所得を得ている層がないかわり、中間層の落ち込みなど、質の異なる格差が拡大中だ。

③よってピケティの分析では不十分で、グローバル累進資本税の実効性についても疑問がある。

『日本の経済格差』（岩波新書、一九九八年）以来、日本の格差問題をリードしてきた橘木俊詔が主張するのは、まさに右のような論点だ。「現代思想1月臨時増刊号」に収められた論文（「トマ・ピケティ著『21世紀の資本』の衝撃」）で彼は次のように述べる。ピケティの論だと、日本は〈それほど深刻な格差拡大ではない〉ということになるが、それは〈下位五〇パーセントにいる人の間における分布、例えば所得が極端に低い貧困者とか資産保有ゼロの人々は関心の対象外〉だからである。〈日本での低所得者、あるいは貧困者に焦点を合わせれば、低成長経済ということも理由の一つであるが、多くの非正規労働者の存在、最低賃金の低さ、社会保障制度の不十分さ、教育制度の不完全さなど、ピケティの本にはさほど登場しなかった論点が浮かび上がってくるのである〉。もっともこの本に貧困の分析を求めるのが無理筋であることは橘木自身もよく承知しており、〈ピケティが我々に提出した理論、実証、政策提言はきわめて新鮮であるし、示唆に富む〉と同書を高く評価。別の雑誌（「週刊ダイヤモンド」二月一四日号、以下すべて同）では、橘木はピケティに「支持率八〇％」を表明している。『資本主義の終焉と歴史の危機』の著者・水野和夫は「ａｔプラス」23号に長い論文（「日本の「21世紀の資本」論」）を寄稿し、〈暗黒の「資本の歴史」を暴いた点で画期的だ〉と述べる。水野論文のポイントは、日本と米国では格差の質が違うという②とは別の見方を示している点だ。〈トップ一〇パーセントが富の九〇パーセントを占めたのは一九世紀の話であって、二一世紀の日本はそうならないとは断言できない。ｇ（成長率）とｒ（資本収益率）の開きが最も大きいのが日本だからである。日本のｇはマイナスで、ｒは企業の増益基調でプラスを維持している。日本の家計貯蓄率は二〇一三年に戦後初めてマイナスとなった〉。一方、企業は〈貯蓄・投資バランスは今後ますます貯蓄超過に傾く可能性が高い〉。生前贈与が無税で認められるようになり〈まさに二〇一三年度の日本の家計はピケティの予想どおり「相続社会」の道を歩み始めた〉。米国と同様の「世襲格差社会」に日本も突入しつつある。よって「週刊ダイヤモンド」での、水野のピケティ支持率も一〇〇％。

市場原理主義批判はどこへ

このように、格差に対する経済学者の認識はじつにさまざまだ。

ピケティの分析におおむね賛同しつつ、〈日本でいうと、ＧＤＰを増やして経済全体が良くならないと、全員が良くならない。（略）規制緩和にチャレンジし、１人当たりのＧＤＰを引き上げないと〉（「週刊ダイヤモンド」）と相変わらずの主張を展開するのは小泉構造改革の旗振り役・竹中平蔵。

他の先進国より格差は小さいのに日本で格差に関心が集まるのは、「ヒルズ族」が騒がれたＩＴバブル期など〈株価など資産価格が上がるとき〉だとし、〈実態以上に格差が大きくなっていると考えられている面がある〉（「週刊ダイヤモンド」）と楽観的にかまえるのは『日本の不平等』（日本経済新聞社、二〇〇五年）において「日本の経済格差の増加は、高齢世帯や単身世帯の増加による見かけ上のこと」とブチ上げ、橘木－大竹論争をくり広げた大竹文雄。

〈日本には「スーパーリッチ」はかなり少ない〉が〈日本型格差の特徴の一つが不動産所有格差〉だと述べ（「週刊ダイヤモンド」）、〈日本で住宅などの不動産を自分で所有している人たちは基本的に正規雇用者層で、それ以外の非正規雇用を中心とした中低所得層との格差は拡大し続けている。結果的に両者の関係は、「1％ vs 99％」ならぬ「60％ vs 40％」で弱者の方が少ないが、先進国では特異な構造であるだけに、今後の解決が困難を極める〉（「週刊エコノミスト」二月一七日号）と予想するのはリフレ派の論客として売り出し中の飯田泰之。

いささか我田引水ぎみの論陣を張るみなさま。しかし、こういうのを読んでると、ふと素朴な疑問がわくのである。経済格差を語る際の「作法」は、少し前まで新自由主義批判、市場原理主義批判だったのではなかったっけ？　あの観点はどこへ行ってしまったのか。

その意味でおもしろいのが伊東光晴の論文（「誤読・誤謬・エトセトラ」／「世界」三月号所収）だ。経済政策論の重鎮たる伊東は、経済の不公平は正すべきだというピケティの立場には賛意を示すも、「r＞g」に噛みつくのだ。〈このどこに「資本主義」の矛盾、しかも中心的な矛盾が存在しているのであろうか。／これは世襲財産が減ることなく、増大し続けることを意味しているにすぎない。そこには資本主義の矛盾などどこにもない。あるのは世襲財産社会への批判である〉。

さらに続けて伊東はいう。〈この本に欠けているものは何か。一九八〇年以後、政治的には、サッチャー、レーガンによって主導された新自由主義――市場優位の経済政策がもたらした所得格差の拡大である。そこには資本主義の病がある。ピケティは資本主義の病はとりあげてはいない〉。

ここまでブームになると、〈ピケティの問題提起とは別に新自由主義の病への対策をうたねばならないのである〉という従来通りの伊東の喝はいっそ爽快。たしかにピケティが何をいおうが、『21世紀の資本』がベストセラーになろうが、日本の状況に何か変化が生じたわけではないのである。と考えると、このフィーバーぶりは、やっぱ「はしゃぎすぎ」かもね。

(2015.04)

『21世紀の資本』トマ・ピケティ／山形浩生＋守岡桜＋森本正史訳、みすず書房、二〇一四年　約七〇〇ページの大著だが、無味乾燥な経済の専門書ではなく、バルザックやオースティンなど、一九世紀の小説から当時の経済状況を抽出してみせるといった工夫も見られる。最終章で〈情報は民主主義制度を支援するものでなければならない。それ自体は目的ではない〉と説いているのが印象的だ。

「世界」二〇一五年三月号、岩波書店／「atプラス」23号、太田出版
「現代思想」二〇一五年一月臨時増刊号、青土社／「週刊東洋経済」二〇一五年一月三一日号、東洋経済新報社
「週刊ダイヤモンド」二〇一五年二月一四日号、ダイヤモンド社／「週刊エコノミスト」二〇一五年二月一七日号、毎日新聞社

各界の識者の論文を集めた「現代思想」は本格派の副読本。特定の論者の長めの論を読むなら「atプラス」と「世界」、エコノミストや経済人の多様な意見を知るには「週刊ダイヤモンド」と「週刊エコノミスト」。『21世紀の資本』のダイジェストとしては「週刊東洋経済」がよくできている。

朝日「誤報」騒動の波紋①応援団編

いったいあれは何だったのか、という思いがまだ消えない。朝日新聞をめぐって二〇一四年八月〜九月に吹き荒れた、一連のスキャンダル（そしてバッシング）の件である。

最大の要因は、よくも悪くも朝日が「ブランド」だったことだろう。つまり「叩きがいがある」のである。私もこれまで何度批判したりからかったりしてきたか知れない。「朝日新聞社の壁には『左右の安全を確かめて渡りましょう』という標語が貼ってあるんじゃないか」とかね。腰の引けた論調にイラッとし、もっとハッキリ書かんかい、というのが「そのこころ」である。

客観的にいえば、朝日の政治的な立ち位置は「中道左派」であろう。リベラリズムの立場から政府の軍備拡張路線や言論への介入を批判する一方、経済政策や外交政策などに関しては政府におもねったような記事もずいぶん書く。加えてここに大企業特有のエリート主義（鼻持ちならなさ、優等生臭さ）が重なる。右派陣営は「反日左翼」のレッテルを貼りたがるが、左派陣営から見れば「どこが左翼じゃ。ぜんぜん反権力じゃないじゃん。むしろ御用新聞じゃん」ってな不満が募る。

エスタブリッシュメントの宿命なのか、右派は「左寄りだ」、左派は「右寄りだ」と批判する中途半端な新聞。そんななかで、このたびの「事件」は起きたのだった。

色めき立った右派陣営

まず、事実関係をおさらいしておこう。

この件は、①吉田証言取り消し問題、②池上コラム不掲載問題、③吉田調書取り消し問題の三つがセットになっている。同じ「吉田」が二度出てくるので混乱するが、①と③は別の案件である。

①吉田証言取り消し問題

そもそもの発端は、二〇一四年八月五日・六日の両日にわたって朝日新聞が載せた、過去の慰安婦報道に関する検証記事だった。大きな焦点は、一九八二年に報道した「自分は済州島で慰安婦狩りをした」などの吉田清治の証言（吉田証言）は虚偽であったとするもので、朝日は過去の一六本の記事を取り消す一方、これまでの慰安婦報道に対する姿勢は堅持すると書いた。「慰安婦の強制連行はなかった」と主張してきた右派陣営が「そら、みたことか」と色めき立ったのはいうまでもない。

②池上コラム不掲載問題

ところがこの検証記事に関し、「過ちを訂正するなら、謝罪もするべきではないか」などと書いた池上彰のコラム（八月二九日オピニオン面に掲載予定）の掲載を朝日が見送ったことが発覚（第三者委員会による検証で、後に不掲載は当時の木村伊量《ただかず》社長の意向であったことが判明した）。これには朝日の内部からもツイッターなどで批判が続出。問題のコラムは朝日側の謝罪とともに九月四日に掲載されたが、時すでに遅しで醜態をさらす結果になってしまった。

③吉田調書取り消し問題

この騒動の中で、三つ目の「事件」が起きた。九月一一日、朝日の木村社長（当時）が記者会見を開き、二〇一四年五月二〇日付けの「吉田調書」に関する記事は誤報だったとして、全文の取り消しを発表、読者と東電に謝罪したのだ。五月二〇日の記事とは、未公開だった政府事故調査・検証委員会の聴取結果書のうち、事故当時の福島第一原発の責任者・吉田昌郎《まさお》元所長の聴取結果書（吉田調書）を入手、「所長命令に違反　原発撤退」「福島第一　所員の9割」などの見出しで、所員の多くが福島第二原発に撤退（退避）したと報じた記事を指す。秘匿されていた吉田調書を記事にしたのは朝日のスクープだった。が、八月下旬になって他紙も同じ調書を入手。東電社員の行動は「撤退」ではなく「退避」だとし、朝日の記事は誤報だと批判しはじめた。そんなタイミングでの謝罪だった。

以上が「事件」の概要だが、もう一点、看過できない問題がある。

④朝日バッシング問題

これら一連の朝日問題に対し、他のメディアがくり広げた異常な朝日叩きである。「国益を損ねた」「売国」「反日」「国賊」「朝日を潰せ」などのアンチ朝日キャンペーン。朝日の失態もさることながら、ジャーナリズムの現在と将来を考えるうえでは、こちらのほうがより深刻かもしれない。一一月には「吉田調書」の「報道の内容には重大な誤りがあった」とするPRC（朝日新聞の報道と人権に関する第三者委員会）の結論が出て、木村社長は辞任、担当記者とデスクは懲戒処分となったが、まるで外部からの圧力に「朝日が屈した」ように見える結末だった。

というわけで、以上に関連した本を読んでみよう。

青木理『抵抗の拠点から――朝日新聞「慰安婦報道」の核心』は慰安婦報道を中心に〈朝日新聞に浴びせられた異常かつ過剰なバッシング〉に戦慄した著者が、その〈問題点と弊害、そしてその時代的意味など〉を考察する目的で書かれた本である。「朝日バッシングに異議あり！」「歴史を破壊する者たちへ」などの章タイトルからも著者の立場は明快だが、この本の目玉は慰安婦報道の「首謀者」として右派の集中砲火を浴びた植村隆（朝日新聞OB。一九九一年当時のソウル特派員）と若宮啓文（朝日新聞OB。一九九七年当時の政治部長）の二人に加え、慰安婦検証記事を載せた二〇一四年八月当時の東京本社報道局長・市川速水へのインタビューだろう。

熱い応援団とぬるい当事者

結論的にいうと、〈これは戦後日本が歪な変質を遂げつつある中で起きた歴史的事件なのではないか〉と危惧する青木の「熱さ」にくらべ、当事者の意識は拍子ぬけするほどぬるい。

植村は「思い出すと今も涙／元朝鮮人従軍慰安婦／戦後半世紀　重い口開く」などの見出しで、元慰安婦自らがはじめて口を開いた記事（一九九一年八月一一日）を書いた当事者だ。

〈その慰安婦問題が、これほどにまで日韓両国間の重大な外交問題になるという予感みたいなものは持っていたんですか〉という青木の質問に答えて植村はいう。〈いやぁ、ぜんぜん思っていませんでした。僕が書いた原稿だって、東京本社版の扱いは小さかったし、各社の特派員はぜんぜん動かないし、そんな予感はまったくなかった〉。スクープという意識はなく、この記事自体もまったく関心を呼ばなかった。じつは「強制連行」とも書いていない。「だまされて慰安婦に」と書いただけ。さほどディープな慰安婦記事を書いたつもりもなく、ただし〈苦しんでいる人たちの声を記録するのが自分の仕事だ〉とは思い続けていたという。事実はそんなもんなのだ。

一方、一九九七年の慰安婦特集記事で吉田証言を取り上げ、〈この証言を疑問視する声が上がった〉〈氏の著述を裏付ける証言は出ておらず、真偽は確認できない〉と書いた若宮は、あのときにもっとはっきり訂正するか記事を取り消しておけばこんなことにはならなかったと〈今にして悔いが残ります〉と述べている。ただし、九三年に河野談話が出たことで〈吉田証言の真偽に白黒をつけなくとも済むという甘えが生じた気がします〉とも振り返る。

さらに、なぜこのタイミングでの慰安婦検証記事だったのかという質問に対する市川の答えは〈来年は戦後70年で、日韓国交正常化から50年。慰安婦問題が日韓関係のトゲになっているのは事実だし、来年になって声をあげても遅いから〉という程度。

全体として感じるのは、朝日関係者（あるいは当事者）の危機感の薄さである。

吉田調書取り消し問題はどうだろう。

『いいがかり――原発「吉田調書」記事取り消し事件と朝日新聞の迷走』は、吉田調書取り消し問題を中心に多くの論者が寄稿した本。論の内容はさまざまだが、調書を公開した記事自体は優れたものであり、見出しや表現の訂正記事を出せばすむ話だった、それなのに〈なぜ記事全文を取り消すような乱暴なことをしたのでしょうか〉と疑問視する点では、ほぼ全員一致している。

メディアの危機である、との認識も共通していて、〈公権力監視の役割を果たそうとした調査報道の作品と作者を（略）、こういう形で葬り去ろうとすることは日本のメディアとジャーナリズムの自殺行為にほかならない〉（花田達朗）、〈ここで朝日潰しに加担することはできない〉（森まゆみ）、〈ジャーナリズム史上空前の事件である〉（鎌田慧）など、厳しい認識の意見が並ぶ。

ただし、唯一この本が残念なのは、外部のジャーナリストやOBら応援団からの検証とエールのみで、記事を書いた当事者ないし朝日新聞社内からの声が載っていないことである。

仕方ないので「朝日新聞記者有志」による『朝日新聞――日本型組織の崩壊』を読むと、またまたズッコケる結果となった。内部告発のような体裁をとりながら、ここで書かれているのは、社内人事がどうした、社内カーストがどうした、セクショナリズムがどうしたといった、どうでもいい内輪話ばかり。そのあげく、吉田調書の内容は東京新聞がすでに報じていたことで〈スクープに相当する目新しい内容がほとんどなかった〉と来た。では、なぜスクープ記事扱いされたのか。〈その理由はただ一点、木村社長が「絶賛」した記事だったことにつきる〉。

池上コラムの不掲載も社長の意向。吉田調書記事がスクープ扱いされたのも社長の意向。なんなのそれは⁉　内容以前に「調書の公開」そのものがスクープだったんちゃうの。

朝日に対する風当たりは日本のジャーナリズムの危機であるという認識を持ち、わがことのように憤る『抵抗の拠点から』や『いいがかり』と、当事者のはずなのに傍観者のような顔で社内人事のしくみを得々と説明し、同僚の仕事を愚痴っぽく論難する『朝日新聞』の間に横たわる溝は深い。いったい保守陣営はこの騒動をどう見ているのだろうか。次回はそこを考えたい。

(2015.05)

『抵抗の拠点から――朝日新聞「慰安婦報道」の核心』青木理、講談社、二〇一四年〈朝日バッシング＝歴史修正主義と全面対決する〉（帯）。騒動の渦中での「サンデー毎日」連載コラムと、慰安婦報道にかかわり「売国奴」「反日記者」と名指しされた朝日OBらへのインタビューを収録。机上の空論になりやすい案件だけに当事者の声は貴重。記事が書かれた現場のリアルな感じが伝わる。

『いいがかり――原発「吉田調書」記事取り消し事件と朝日新聞の迷走』同書編集委員会編（代表：鎌田慧＋花田達朗＋森まゆみ）、七つ森書館、二〇一五年〈これは誤報ではない。／真実が明らかになると困るのは誰か？〉（帯）。吉田調書を暗闇から引き出したのは朝日新聞なのになぜ取り消されたのか。一一名の論考と五〇名のコラムで事件の注目点や裏の思惑を検証。多様な論点が示唆に富む。

『朝日新聞――日本型組織の崩壊』朝日新聞記者有志、文春新書、二〇一五年〈官僚体質の蔓延、エリート主義、そして権力闘争……〉（帯）。「内側から見た朝日新聞」「吉田調書事件の深層」などもっともらしい章タイトルが並ぶが、中身はくだらない内輪話。慰安婦検証記事には「謝罪あり版」があったが社長の意向で消えたなど、社員の奴隷ぶりを暴露。記者すべてがこうではないことを祈りたい。

朝日「誤報」騒動の波紋②批判者編

二〇一四年の夏から秋にかけて世間を揺るがせた朝日新聞「誤報」問題について、別の角度から考えたい。前回も述べたように、この件は、①吉田証言取り消し問題、②池上コラム不掲載問題、③吉田調書取り消し問題の三つに加え、他のメディアがいっせいに常軌を逸した朝日批判に走った④朝日バッシング問題の四つがセットになっている。

①は過去の慰安婦に関する記事（とりわけ「自分は済州島で慰安婦狩りをした」などの吉田清治の証言）は誤報だったとする朝日の検証記事（二〇一四年八月五日・六日）、③は福島第一原発の事故に関する吉田調書（政府事故調査・検証委員会の聴取結果書のうち、事故当時、福島第一原発の責任者だった吉田昌郎元所長の聴取結果書）を報じた記事（二〇一四年五月二〇日）を九月一一日、社長らが記者会見で取り消した件を指す。

前回は、どちらかといえば朝日新聞に同情的な立場から、④のような状態に危機感を抱いた人たちの本を取り上げた。今回は朝日新聞に批判的な立場から、①と③を検証した本を読んでみよう。

事実の「誤認」か「捏造」か

慰安婦にまつわる吉田証言問題についてはカサにかかった朝日批判本が少なからず出ているが、多くは騒動に乗じた、ただの下品な罵倒本。例外的に読むに値するのが西岡力『朝日新聞「日本人への大罪」――「慰安婦捏造報道」徹底追及』だ。

〈慰安婦は存在したが、まだ解決しなければならない課題がそこにあるという意味での慰安婦問題は存在しなかった〉というのが西岡の基本的な立場であり、実際、彼は、朝日が慰安婦問題を頻繁に報道しはじめた一九九一年当時から、朝日の慰安婦報道は捏造だと主張し続けてきた。朝日に対する西岡の批判は多岐にわたるが、もっとも問題視しているのは、一連の慰安婦報道の発端になった植村隆記者（当時）が書いた次の記事である（引用は西岡著による）。

〈日中戦争や第二次大戦の際、「女子挺身隊」の名で戦場に連行され、日本軍人相手に売春行為を強いられた「朝鮮人従軍慰安婦」のうち、一人がソウル市内に生存していることがわかり、「韓国挺身隊問題対策協議会」（尹貞玉・共同代表、16団体30万人）が聞き取り作業を始めた。／同協議会は10日、女性の話を録音したテープを朝日新聞記者に公開した。テープの中で女性は「思い出すと今でも身の毛がよだつ」と語っている。体験をひた隠しにしてきた彼女らの重い口が、戦後半世紀近くたって、やっと開き始めた〉（朝日新聞一九九一年八月一一日）。

この記事は〈加害者である吉田清治証言に続いて、ついに強制連行の被害者が出てきたという意味〉だったと述べつつ、ここにはいくつもの誤報（捏造）が含まれていると西岡はいう。軍需工場などに動員された「挺身隊」と「慰安婦」は別の制度であること。記事に出てくる元慰安婦は後に実名を公表した金学順さんだが、彼女自身、韓国紙の取材に応じて「キーセン（妓生）として売られた」と発言していること。〈もちろん、たとえキーセンとして売られていったとしても、金さんが日本軍の慰安婦として苦汁を舐めたことに変わりはない。しかし、女子挺身隊という名目で明らかに日本当局の強制力によって連行された場合と、金さんのケースのような人身売買による強制売春の場合では、日本軍ないし政府の関与の度合いが相当に違うことも確かだ〉とは、西岡が同書で引用する一九九二年に書かれた自身の論文の一部である。

たしかにいわれてみれば、センセーショナルな書き出しのわりに、くだんの記事には〈女性の話によると、中国東北部で生まれ、17歳の時、だまされて慰安婦にされた〉などとあるだけで、金さん自身が軍の関与を告発しているわけでも「挺身隊」という言葉を出しているわけでもない。〈本人が語っていない経歴を勝手に作って記事に書く――これこそ捏造ではないか〉という西岡の主張は、少なくともこの記事については、一定の説得力がある。

吉田調書問題についてはどうだろう。

門田隆将『「吉田調書」を読み解く――朝日誤報事件と現場の真実』は吉田調書問題を追及した本である。生前の吉田所長に取材した著書（『死の淵を見た男――吉田昌郎と福島第一原発の五〇〇日』）もある門田が問題にしているのは、もちろん「所長命令に違反　原発撤退」「福島第一　所員の9割」「葬られた命令違反」などの見出しがついた二〇一四年五月二〇日の朝日の記事だ。

〈東京電力福島第一原発所長で事故対応の責任者だった吉田昌郎氏（2013年死去）が、政府事故調査・検証委員会の調べに答えた「聴取結果書」（吉田調書）を朝日新聞は入手した。それによると、東日本大震災4日後の11年3月15日朝、第一原発にいた所員の9割にあたる約650人が吉田氏の待機命令に違反し、10キロ南の福島第二原発へ撤退していた。その後、放射線量は急上昇しており、事故対応が不十分になった可能性がある。東電はこの命令違反による現場離脱を3年以上伏せてきた〉。

以上が、五月二〇日の記事の前文（総リード）である。

だが、本文を読むと、吉田所長の証言は「命令違反」「撤退」というショッキングな見出しやリードとは多少ニュアンスが異なる。〈吉田氏は政府事故調の聴取でこう語っている。／「本当は私、2F

（福島第二）に行けと言っていないんですよ。福島第一の近辺で、所内にかかわらず、線量が低いようなところに1回退避して次の指示を待てと言ったつもりなんですが（以下略）」〉。つまり、それが混乱のなか、2Fに待避と伝わってしまったということらしい。

門田が問うのは、吉田所長の「命令に従って退避した」ことが、なぜ「命令に違反して撤退した」ことになるのかという点だ。〈この内容で、朝日新聞は一体、なぜこんな大見出しを打ち、現場で事故と闘った名もなき人たちを貶めることができるのだろうか。／私には、それが理解できなかった〉と門田は書く。そしてさらにもう一点。〈朝日は事実を把握するために最も必要な「現場取材」をしていないのではないか。私には、そうとしか思えなかった〉。

二つの「吉田問題」は相似形

問題を整理しよう。こうしてみると、慰安婦問題（の発端となった一九九一年八月の記事）と、吉田調書問題（の端緒となった二〇一四年五月の記事）は、じつはまったく同型なのだ。

①どちらも独自に入手した資料（韓国の団体の聞き取り調査／政府事故調の吉田調書）の内容を伝える記事だったこと。②そのため、この記事を書く時点で、記者は関係者（元慰安婦／事故当時の福島第一原発所員）に直接取材してはいないこと。③資料を読み取って記事にする段階で、語句の混同や誇張ないし歪曲（挺身隊と慰安婦／退避と撤退など）があったこと。

新聞社としては、未公開だった（または秘匿されていた）情報を手に入れて記事にした、というだけで十分スクープだったはずである。その伝でいけば（判断は分かれるだろうが）通常は必要な「裏取り」ができていなくても記事にする必然性はあったといえる。

問題はしかし、③である。西岡が「捏造」と呼び、門田が「虚報」と呼んで指弾するのは、主にこの部分である。いったいなぜ朝日は資料の読み方を誤った（歪曲した?）のか。

西岡は〈慰安婦問題の核心は、90年代初め吉田清治のウソ証言などを利用して日韓の反日勢力が「日本国が多数の朝鮮人婦女子を慰安婦にするため挺身隊として強制連行した」という虚構を日韓のマスコミに書かせ、それに対して日本政府が事実関係に踏み込んだ反論を一切しないまま謝罪し続けたことにより、虚構が日韓と国際社会の世論において定着してしまったことだ〉と述べ、門田は〈自分たちのイデオロギーや主張に沿った都合の良い〝事実〟だけをピックアップして、意図的に真実をねじ曲げるやり方を、私はかねて「朝日的手法」と呼んでいる〉という。

たしかに彼らが問題にした朝日の記事に、一定のストーリーに当てはめたいという意図がなかったとはいえまい。しかし、ここで考えるべきは、事実とは何か、報道とは何か、である。

慰安婦問題にかんしては「意に沿わぬ形で慰安婦として日本兵の相手をさせられた女性がいた」こと、福島第一原発にかんしては「三月一五日の朝、事故現場から多くの所員が去らざるを得ない事態が発生した」ことは紛れもない事実である。それを朝日は読者に先入観を持たせるようなバイアスをかけて報道した、というのがこの問題のコアなのだ。しかし、ありていにいって、まったくバイアスのない記事など存在するだろうか。あるいはそのような「視点のない記事」に価値があるだろうか。バイアスという点では、朝日新聞のやり方を「反日」と呼ぶ西岡の言説にも、吉田所長らを無条件に英雄視する門田のレポートにも、十分バイアスはかかっている。

とはいっても、池上コラム不掲載問題も含め、慰安婦検証記事から吉田調書記事取り消し事件までの朝日の記事と行動は、あまりにも粗忽だった。結果的にこの一件で、朝日は原発問題を追及するうえでも、歴史修正主義と対決するうえでも、きわめて不利な立場に立たされることになった。信じられないオウンゴール。権力にとってはこれほど好都合な話はない。

朝日新聞社が発行する「Journalism」二〇一五年三月号は「朝日新聞問題を徹底検証する」と題する特集を組み、表紙に〈朝日新聞はもっと危機意識を深めて／公正な報道と多様な言論の尊重、／調査報道にしっかり取り組み／言論の自由を掘り崩すものと覚悟を持って対峙せよ〉というメッセージを刷り込んでいる。「国益重視」の言論が台頭するなか、朝日新聞はこのメッセージ通りの再生を果たすことができるだろうか。朝日にはたしかに緊張感が必要だ。しかし同時に、この一件で現場が萎縮することを私はもっとも恐れる。民主主義の死は言論機関の死からはじまるんだから。

(2015.06)

『「慰安婦捏造報道」徹底追及　朝日新聞「日本人への大罪」』西岡力、悟空出版、二〇一四年　著者は在韓日本大使館員、「現代コリア」編集長を経て北朝鮮拉致問題のいわゆる「救う会」の会長も務める。90年代初頭から朝日の報道を批判。事実関係に踏み込んだ反論をしない日本政府と外務省、また韓国政府にも批判は向けられ、一定の説得力はあるが、ときおり混じる自虐史観批判に白ける。

『「吉田調書」を読み解く――朝日誤報事件と現場の真実』門田隆将、ＰＨＰ研究所、二〇一四年　著者は吉田所長とその部下を取材した『死の淵を見た男』（ＰＨＰ研究所、二〇一二年）という著書もあるノンフィクション作家。吉田調書に関する朝日の記事をブログで批判し、名誉毀損で訴えられる（後に取り下げ）など、いわば朝日の宿敵。所長らに心酔しすぎて距離感がとれていないのが難点。

「Journalism」二〇一五年三月号、朝日新聞社ジャーナリスト学校　朝日新聞ジャーナリスト学校（朝日新聞社内の記者教育部門）が編集する月刊誌。巻頭鼎談（半藤一利＋苅部直＋外岡秀俊）のほか「自己批判を知らない歴史修正主義者に対抗する手段は、徹底した自己批判である」（杉田敦）、「村山談話の道徳的高みから外交を推し進める発想を」（東郷和彦）など多様な意見が並ぶ良心的な一冊。

あとがきにかえて

　二〇〇六年夏から「世の中ラボ」のタイトルで、話題の本やニュースに関連した本を取り上げ、書評と時評の間を行くような連載を続けてきました（最初はマガジンハウスのPR誌「ウフ」誌上で、「ウフ」の休刊後一年間のブランクを挟んで、二〇一〇年春からは筑摩書房のPR誌「ちくま」誌上で）。本書にはそのうちの、二〇一〇年八月号から二〇一五年六月号までの分を収録しました（二〇一〇年七月号までの分は『月夜にランタン』［筑摩書房、二〇一〇年］に収録）。今日から見てやや古くなった、あるいはつまらないと判断した回（一三本分）は落としました。

　本書に収録された四七本のコラムをあらためて通読すると、斎藤はなんだかずっと不機嫌ですね。私は元来、そんなに怒りっぽくはないのですが（えっ本当?）、「どいつもこいつも何やってんじゃ」と怒ったり、「ええい、もう知るもんか」とそっぽを向いたり。

　と同時に、この五年間に浮かび上がった命題は、どれも「いまなお継続中」であることに気がつきます。

「激震前夜」で取り上げた地方や財政や高齢化社会の問題は、もちろん今日も解決を見ていません。3・11後は必然的に原発がらみの話題が増えますが、「原発震災」で言及したような「日本は変わらなければならない」という言説もいつしか影をひそめ、「脱原発」の民意は無視されたまま、今日に至っています。そこに襲いかかった「安倍復活」という、もうひとつの人災。以後の日本は「震災からの復興いまだならず」の状態にもかかわらず、安全保障政策の転換だ、東京オリンピックだと「そんなことをやってる場合じゃないだろう」な方向に舵を切っている。しかも安倍自民党の政権復帰後は、「言論沈没」ともいうべきメディアの自主規制が進み、ナショナリズム、歴史修正主義、嫌韓反中などに親和性の高い言論がのしてきた。

いったいこの国は、どうなってるのよ。権力はしたい放題、メディアのチェック機能は減退、有権者はやる気を放棄では、もはや民主主義の国とはいえないじゃんよっ！

という気分が、本書のタイトルと「はじめに」に記した「沈没」という言葉を、自然と誘発したのでした。小松左京の小説『日本沈没』（一九七三年）では、地殻変動によって日本列島が文字通り海中に沈みますが、私がイメージしたのは転覆しそうになった船でした。

とはいえ、土壇場で起死回生が図れる可能性もゼロではない。わずかな救いは、二〇一五年の夏になって「右へ右へと傾き続ける日本」の立て直しを目指す動きが出てきたことでしょう。

集団的自衛権の行使容認を受けた安全保障関連法案が衆院を通過した七月一六日以後、法案に反対する声は日ましに強まり、国会議事堂前をはじめ、全国各地で大規模なデモが行われるようになりました。抗議行動に立ち上がった人たちの中には、大学生や高校生のグループも含まれます。「民主主義を取り戻せ」というスローガンを内包するこうした市民の動きは、本書で言及した「デモで社会は変わるのか」「若者の政治離れに特効薬はあるのか」という懸念に若干の修正を迫るものでもあります。安倍政権の唯一の功績は、市民の危機感を目覚めさせたことかもしれません。朝日新聞が二〇一五年九月一二日・一三日に行った世論調査では、内閣支持率は三六％（不支持率は四二％）で発足以来最低。安保関連法案に反対する人は五四％（賛成は二九％）でした。

この「あとがきにかえて」を書いているいま、参院では安保関連法案をめぐる与野党の最後の攻防が続いており、国会前には法案に反対する多くの人が集まっています。よほどのことがない限り、法案は成立するでしょう。ですが、それですべてが終わりではない。

ひとまず私たちに必要なのは、執念深くなること、次の一手を常に考え続けていくことでしょう。あきらめた途端、声を出さなくなった途端にどうなるかは、先の戦争が示しています。安易に希望を語ることはできません。しかし私は、絶望もしていません。

「ちくま」の連載と単行本の製作に当たっては、筑摩書房の喜入冬子さんのお世話になりました。毎月ひとつのテーマを決め、三冊の本を選んで読み、かつ考える。その過程で、喜入さんは選んだ本をすべて読み、その都度、的確な意見や感想を述べてくれました。彼女の伴走がなかったら、連載はとても続かなかったでしょう。記して感謝します。

二〇一五年九月一八日

斎藤美奈子

安倍復活

2013. 01.09　桜宮高校バスケットボール部体罰自殺事件発覚
01.29　女子柔道強化選手が全日本監督の暴力を告発
03.15　安倍首相、TPP交渉参加を表明
05.13　橋下徹大阪市長「慰安婦制度は必要だった」と発言
06.22　富士山、世界遺産登録
08.22　東京電力、福島原発から大量の汚染水漏れと発表
07.21　第23回参院選で自民党圧勝。衆参ねじれが解消
08.29　リニア中央新幹線の試験走行再開
09.07　2020年夏季オリンピック東京開催が決定
12.06　特定秘密保護法が成立
12.18　福島第一原発5・6号機廃炉決定

言論沈没

2014. 01.28　竹島と尖閣諸島を「固有の領土」とする学習指導要領改訂
04.01　消費税が5%から8%に引上げ
05.08　日本創成会議が2040年に自治体の五割が
消滅の恐れと発表
07.01　集団的自衛権行使を容認する憲法解釈の変更を閣議決定
07.16　川内原発が新基準の安全審査をクリア
08.05・06　朝日新聞が従軍慰安婦報道の検証記事を発表
09.11　朝日新聞社長が吉田調書報道などで謝罪記者会見
12.14　第47回衆院選で与党が定数の2/3を上回る議席を獲得
2015. 01.20　イスラム国が後藤健二・湯川遥菜さん殺害を予告。
のちに殺害される
03.14　北陸新幹線開業
04.14　福井地裁が高浜原発再稼働差し止めの仮処分命令
05.17　大阪都構想、住民投票で否決される

ニッポン沈没年表

激震前夜

2010. 01.31　NHKスペシャル「無縁社会」放映
05.04　政府が普天間飛行場の県外移設断念を表明
06.04　鳩山由紀夫内閣総辞職。8日、菅直人内閣発足
07.11　第22回参院選で民主党惨敗
07.29　所在不明高齢者問題発覚
09.07　尖閣諸島中国漁船衝突事件
12.04　東北新幹線全線開通
2011. 01.31　小沢一郎が強制起訴される

原発震災

2011. 03.11　東日本大震災・福島第一原発事故
05.06　菅首相、浜岡原発原子炉停止を要請
06.24・26　小笠原諸島、平泉が世界遺産登録
08.26　菅直人退陣表明。9月2日、野田佳彦内閣発足
11.27　橋下徹、大阪市長となる
2012. 02.14　ワタミ過労自殺事件が労働災害と認定される
02.20　光市母子殺人事件で死刑判決確定
04.16　石原慎太郎都知事、尖閣諸島購入を表明
04.19　福島第一原発1～4号機廃炉決定
04.27　自民党が「憲法改正草案」を発表
05.05　日本のすべての原子炉が停止
07.05　大飯原発3号機が再稼働
09.11　日本政府、尖閣諸島国有化
09.14　「革新的エネルギー・環境戦略」が閣議決定される
12.16　第46回衆院選で自民党大勝
12.26　野田内閣総辞職。第二次安倍晋三内閣発足

本書で取り上げた本

「地方の再生」っていうけどさ pp.10-15
- 『今、地方で何が起こっているのか──崩壊と再生の現場から』
  朝日新聞大阪本社編集局「地方は」取材班、公人の友社、2008年
- 『地方都市再生論──暮らし続けるために』藤波匠、日本経済新聞出版社、2010年
- 『地域主権型道州制──日本の新しい「国のかたち」』江口克彦、PHP新書、2007年

「切り札は世界遺産」の愚 pp.16-21
- 『今すぐ、行きたい！日本の「世界遺産」＋候補地』小林克己、三笠書房王様文庫、2009年
- 『「世界遺産」の真実──過剰な期待、大いなる誤解』佐滝剛弘、祥伝社新書、2009年
- 『世界遺産と地域再生──問われるまちづくり』毛利和雄、新泉社、2008年

「大きな政府」で何が悪い pp.22-27
- 『フレンチ・パラドックス』榊原英資、文藝春秋、2010年
- 『「分かち合い」の経済学』神野直彦、岩波新書、2010年
- 『いまこそ、ケインズとシュンペーターに学べ──有効需要とイノベーションの経済学』
  吉川洋、ダイヤモンド社、2009年

余計なお世話の「無縁社会」 pp.28-33
- 『無縁社会──"無縁死"三万二千人の衝撃』
  NHK「無縁社会プロジェクト」取材班編著、文藝春秋、2010年（→文春文庫）
- 『単身急増社会の衝撃』藤森克彦、日本経済新聞社、2010年
- 『人はひとりで死ぬ──「無縁社会」を生きるために』島田裕巳、NHK出版新書、2011年

事故は予見されていた pp.36-41
- 『原子炉時限爆弾──大地震におびえる日本列島』広瀬隆、ダイヤモンド社、2010年
- 『知事抹殺──つくられた福島県汚職事件』佐藤栄佐久、平凡社、2009年
- 『日本の原発技術が世界を変える』豊田有恒、祥伝社新書、2010年

震災直後の震災特集はすべて「想定内」 pp.42-47
- 「文藝春秋」2011年5月号、文藝春秋
- 「世界」2011年5月号、岩波書店
- 「中央公論」2011年5月号、中央公論新社

福島の現実、中央の論理 pp.48-53
- 『「フクシマ」論──原子力ムラはなぜ生まれたのか』開沼博、青土社、2011年
- 『からくり民主主義』髙橋秀実、新潮文庫、2009年

・『原子力と地域社会』帯刀治＋熊沢紀之＋有賀絵理編著、文眞堂、2009年

養殖「ドジョウ総理」の不可解　pp.54-59

・『民主の敵――政権交代に大義あり』野田佳彦、新潮新書、2009年
・『松下政経塾とは何か』出井康博、新潮新書、2004年
・『たそがれ清兵衛』藤沢周平、新潮文庫、1991年

震災後を語る人びと①言論編　pp.60-65

・『新・堕落論――我欲と天罰』石原慎太郎、新潮新書、2011年
・『先送りできない日本――"第二の焼け跡"からの再出発』池上彰、角川oneテーマ21、2011年
・『世界を知る力――日本創生編』寺島実郎、PHP新書、2011年

震災後を語る人びと②脱原発編　pp.66-71

・『「脱原発」成長論――新しい産業革命へ』金子勝、筑摩書房、2011年
・『日本の大転換』中沢新一、集英社新書、2011年
・『福島の原発事故をめぐって――いくつか学び考えたこと』山本義隆、みすず書房、2011年

震災後を語る人びと③文学編　pp.72-77

・『原発と原爆――「核」の戦後精神史』川村湊、河出ブックス、2011年
・『震災後――こんな時だけど、そろそろ未来の話をしようか』
　福井晴敏、小学館、2011年（→『小説・震災後』小学館文庫）
・『恋する原発』高橋源一郎、講談社、2011年

「戦争文学」の語り方、論じ方　pp.78-83

・『コレクション　戦争×文学』（全20巻＋別巻1）集英社、2011-13年
・『戦争へ、文学へ――「その後」の戦争小説論』陣野俊史、集英社、2011年
・『「反戦」と「好戦」のポピュラー・カルチャー――メディア／ジェンダー／ツーリズム』
　高井昌吏編、人文書院、2011年

橋下徹が迷惑なんですけど　pp.84-89

・『「仮面の騎士」橋下徹――独裁支配の野望と罠』大阪の地方自治を考える会、講談社、2011年
・『体制維新――大阪都』橋下徹＋堺屋太一、文春新書、2011年
・『ルイ・ボナパルトのブリュメール18日［初版］』
　カール・マルクス＋柄谷行人付論／植村邦彦訳、平凡社ライブラリー、2008年

世界史本が売れている理由は何？　pp.90-95

・『世界史』上下、W・H・マクニール／増田義郎＋佐々木昭夫訳、中公文庫、2008年

・『銃・病原菌・鉄――1万3000年にわたる人類史の謎』上下、
J・ダイアモンド／倉骨彰訳、草思社文庫、2012年
・『もういちど読む山川世界史』五味文彦＋鳥海靖編、山川出版社、2009年

「創作」と「盗作」の狭間で　pp.96-101
・『黒い雨』井伏鱒二、新潮文庫、1966年
・『再生』石原慎太郎、文藝春秋、2010年
・『私のいない高校』青木淳悟、講談社、2011年

あの日の官邸は「無能」じゃなかった　pp.102-107
・『官邸の一〇〇時間――検証 福島原発事故』木村英昭、岩波書店、2012年
・『原発危機　官邸からの証言』福山哲郎、ちくま新書、2012年
・『証言　細野豪志――「原発危機500日」の真実に鳥越俊太郎が迫る』
細野豪志＋鳥越俊太郎、講談社、2012年

「領土問題」の懸念は国内にあり　pp.108-113
・『歴史でたどる領土問題の真実――中韓露にどこまで言えるのか』保阪正康、朝日新書、2011年
・『日本の国境問題――尖閣・竹島・北方領土』孫崎享、ちくま新書、2011年
・『騙されるな日本！――領土、国益、私ならこう守る』田母神俊雄、ベスト新書、2012年

炭鉱が物語るエネルギーの近代　pp.114-119
・『明るい炭鉱』吉岡宏高、創元社、2012年
・『むかし原発いま炭鉱――炭都［三池］から日本を掘る』熊谷博子、中央公論新社、2012年
・『日本の石炭産業遺産』徳永弘文（文・写真）、弦書房、2012年

デモ（だけ）で社会は変わるのか　pp.122-127
・『社会を変えるには』小熊英二、講談社現代新書、2012年
・『ヒーローを待っていても世界は変わらない』湯浅誠、朝日新聞出版、2012年（→朝日文庫）
・『僕らはいつまで「ダメ出し社会」を続けるのか――絶望から抜け出す「ポジ出し」の思想』
荻上チキ、幻冬舎新書、2012年

会津藩士の娘がヒロインになるまで　pp.128-133
・『新島八重　おんなの戦い』福本武久、角川oneテーマ21、2012年
・『日本人の魂と新島八重』櫻井よしこ、小学館101新書、2012年
・『八重の桜』山本むつみ作＋五十嵐佳子ノベライズ、NHK出版、2012年

スポーツ界の暴力容認構造に喝！ pp.134-139

・『それでも、体罰は必要だ！』戸塚宏＋田母神俊雄、ワック、2010年
・『新・野球を学問する』桑田真澄＋平田竹男、新潮文庫、2013年
・『近代スポーツのミッションは終わったか　身体・メディア・世界』
　稲垣正浩＋今福龍太＋西谷修、平凡社、2009年

日本の対米追従はいつまで続く pp.140-145

・『本当は憲法より大切な「日米地位協定入門」』前泊博盛編著、創元社、2013年
・『裏切る政治――なぜ「消費増税」「TPP参加」は簡単に決められてしまうのか』
　小林興起、光文社、2012年
・『帝国解体――アメリカ最後の選択』チャルマーズ・ジョンソン／雨宮和子訳、岩波書店、2012年

永山則夫事件から見た加害者の「闇」 pp.146-151

・『永山則夫　封印された鑑定記録』堀川惠子、岩波書店、2013年
・『光市事件裁判を考える』現代人文社編集部編、現代人文社、2008年
・『橋の上の「殺意」――畠山鈴香はどう裁かれたか』鎌田慧、平凡社、2009年（→講談社文庫）

慰安婦問題と日本の名誉 pp.152-157

・『慰安婦と戦場の性』秦郁彦、新潮選書、1999年
・『ここまでわかった！　日本軍「慰安婦」制度』日本の戦争責任資料センター／
　アクティブ・ミュージアム「女たちの戦争と平和資料館」編、かもがわ出版、2007年
・『従軍慰安婦と公娼制度――従軍慰安婦問題再論』倉橋正直、共栄書房、2010年

民主党政権、自爆への軌跡 pp.158-163

・『政権交代とは何だったのか』山口二郎、岩波新書、2012年
・『政権交代――民主党政権とは何であったのか』小林良彰、中公新書、2012年
・『未来への責任』細野豪志、角川oneテーマ21、2013年

若者の「政治離れ」を止めるには pp.164-169

・『永田町大好き！　春香クリスティーンのおもしろい政治ジャパン』
　春香クリスティーン、マガジンハウス、2013年
・『生き延びるための政治学』森川友義、弘文堂、2012年
・『渡辺治の政治学入門』渡辺治、新日本出版社、2012年

自民党「憲法草案」がひどい pp.170-175

・『白熱講義！　日本国憲法改正』小林節、ベスト新書、2013年
・『憲法問題――なぜいま改憲なのか』伊藤真、PHP新書、2013年

・『憲法改正の論点』西修、文春新書、2013年

リニア新幹線の未来はバラ色か　pp.176-181

・『リニアが日本を改造する本当の理由』市川宏雄、メディアファクトリー新書、2013年
・『必要か、リニア新幹線』橋山禮治郎、岩波書店、2011年
・『公共事業が日本を救う』藤井聡、文春新書、2010年

マルクス復活、そのこころは？　pp.182-187

・『超訳マルクス――ブラック企業と闘った大先輩の言葉』紙屋高雪訳、かもがわ出版、2013年
・『知識ゼロからのマルクス経済学入門』弘兼憲史著＋的場昭弘監修、幻冬舎、2009年
・『マルクスのかじり方』石川康宏、新日本出版社、2011年

首相も支持する「日本を取り戻す」ベストセラー　pp.188-193

・『海賊とよばれた男』上下、百田尚樹、講談社、2012年（→講談社文庫）
・『ホワイトエレファント』出光真子、風雲舎、2011年
・『働く人の資本主義』出光佐三、春秋社、2013年

新聞各紙「特定秘密保護法成立」の伝え方　pp.194-199

・なし（朝日新聞、毎日新聞、東京新聞、読売新聞、産経新聞、日経新聞）

五輪を手にした東京の身勝手　pp.200-205

・『オリンピックの光と影――東京招致の勝利とスポーツの力』結城和香子、中央公論新社、2014年
・『幻の東京オリンピック――1940年大会　招致から返上まで』
橋本一夫、講談社学術文庫、2014年
・『東京オリンピックへの遥かな道――招致活動の軌跡 1930-1964』
波多野勝、草思社、2004年（→草思社文庫）

何とかしてくれ「嫌韓」思想　pp.208-213

・『ネットと愛国――在特会の「闇」を追いかけて』安田浩一、講談社、2012年
・『「在日特権」の虚構――ネット空間が生み出したヘイト・スピーチ』
野間易通、河出書房新社、2013年
・『ネット右翼の逆襲――「嫌韓」思想と新保守論』古谷経衡、総和社、2013年

ヘイト・スピーチの意味、わかってる？　pp.214-219

・『なぜ、いまヘイト・スピーチなのか――差別、暴力、脅迫、迫害』前田朗編、三一書房、2013年
・『ヘイトスピーチとたたかう！――日本版排外主義批判』有田芳生、岩波書店、2013年
・『在特会とは「在日特権を許さない市民の会」の略称です！』桜井誠、青林堂、2013年

3・11後文学のいま①評論編　pp.220-225
・『震災後文学論――あたらしい日本文学のために』木村朗子、青土社、2013年
・『震災・原発文学論』川村湊、インパクト出版会、2013年
・『死者の声、生者の言葉――文学で問う原発の日本』小森陽一、新日本出版社、2014年

3・11後文学のいま②小説編　pp.226-231
・『ベッドサイド・マーダーケース』佐藤友哉、新潮社、2013年
・『ヤマネコ・ドーム』津島佑子、講談社、2013年
・『東京自叙伝』奥泉光、集英社、2014年

朝ドラの主人公が「天然」である理由　pp.232-237
・『アンのゆりかご――村岡花子の生涯』村岡恵理、新潮文庫、2011年
・『コシノ洋装店ものがたり』小篠綾子、講談社＋α文庫、2011年
・『ゲゲゲの女房――人生は……終わりよければ、すべてよし!!』
　武良布枝、実業之日本社文庫、2011年

集団的自衛権って何なのさ　pp.238-243
・『集団的自衛権の焦点――「限定容認」をめぐる50の論点』松竹伸幸、かもがわ出版、2014年
・『亡国の安保政策――安倍政権と「積極的平和主義」の罠』柳澤協二、岩波書店、2014年
・『日本人のための「集団的自衛権」入門』石破茂、新潮新書、2014年

跋扈する妖怪、ブラック企業　pp.244-249
・『ブラック企業――日本を食いつぶす妖怪』今野晴貴、文春新書、2012年
・『15歳からの労働組合入門』東海林智、毎日新聞社、2013年
・『労働組合運動とはなにか――絆のある働き方をもとめて』熊沢誠、岩波書店、2013年

資本主義が崩壊する日が来る!?　pp.250-255
・『資本主義の終焉と歴史の危機』水野和夫、集英社新書、2014年
・『われわれはどこへ行くのか?』松井孝典、ちくまプリマー新書、2007年
・『人口減少社会という希望――コミュニティ経済の生成と地球倫理』
　広井良典、朝日新聞出版、2013年

キラキラ「四〇代女子」の怪　pp.256-261
・『「女子」の時代！』馬場伸彦＋池田太臣編著、青弓社ライブラリー、2012年
・『「女子」の誕生』米澤泉、勁草書房、2014年
・『貴様いつまで女子でいるつもりだ問題』ジェーン・スー、幻冬舎、2015年

悲惨すぎる！「貧困女子」の現実　pp.262-267

・『最貧困女子』鈴木大介、幻冬舎新書、2014年
・『失職女子。──私がリストラされてから、生活保護を受給するまで』
　大和彩、WAVE出版、2014年
・『高学歴女子の貧困──女子は学歴で「幸せ」になれるか?』
　大理奈穂子他著、水月昭道監修、光文社新書、2014年

恐怖！原発事故後のディストピア小説　pp.268-273

・『ボラード病』吉村萬壱、文藝春秋、2014年
・『献灯使』多和田葉子、講談社、2014年
・『聖地Cs』木村友祐、新潮社、2014年

「イスラム国」の厄介な事情　pp.274-279

・『イスラム国の正体』国枝昌樹、朝日新書、2015年
・『イスラム国の野望』高橋和夫、幻冬舎新書、2015年
・『イスラーム国の衝撃』池内恵、文春新書、2015年

ピケティ現象と日本の格差　pp.280-285

・『21世紀の資本』トマ・ピケティ／山形浩生＋守岡桜＋森本正史訳、みすず書房、2014年
・「世界」2015年3月号、岩波書店
・「atプラス」2015年23号、太田出版
・「現代思想」2015年1月臨時増刊号、青土社
・「週刊東洋経済」2015年1月31日号、東洋経済新報社
・「週刊ダイヤモンド」2015年2月14日号、ダイヤモンド社
・「週刊エコノミスト」2015年2月17日号、毎日新聞社

朝日「誤報」騒動の波紋①応援団編　pp.286-291

・『抵抗の拠点から──朝日新聞「慰安婦報道」の核心』青木理、講談社、2014年
・『いいがかり──原発「吉田調書」記事取り消し事件と朝日新聞の迷走』
　同書編集委員会編（代表：鎌田慧＋花田達朗＋森まゆみ）、七つ森書館、2015年
・『朝日新聞──日本型組織の崩壊』朝日新聞記者有志、文春新書、2015年

朝日「誤報」騒動の波紋②批判者編　pp.292-297

・『「慰安婦捏造報道」徹底追及　朝日新聞「日本人への大罪」』西岡力、悟空出版、2014年
・『「吉田調書」を読み解く──朝日誤報事件と現場の真実』門田隆将、PHP研究所、2014年
・「Journalism」2015年3月号、朝日新聞社ジャーナリスト学校

斎藤美奈子（さいとう・みなこ）
一九五六年新潟市生まれ。文芸評論家。一九九四年、『妊娠小説』（筑摩書房／ちくま文庫）でデビュー。二〇〇二年『文章読本さん江』（筑摩書房／ちくま文庫）で第一回小林秀雄賞を受賞。他の著書に、『モダンガール論』（文春文庫）、『物は言いよう』（平凡社）、『名作うしろ読み』（中央公論新社）、『戦下のレシピ』（岩波現代文庫）、『紅一点論』『本の本』（ちくま文庫）、『月夜にランタン』（筑摩書房）など。

ニッポン沈没《ちんぼつ》

二〇一五年一〇月二〇日初版第一刷発行

著者　斎藤美奈子
発行者　山野浩一
発行所　株式会社筑摩書房
東京都台東区蔵前二-五-三　〒一一一-八七五五
振替〇〇一六〇-八-四一二三
印刷所　三松堂印刷株式会社
製本所　三松堂印刷株式会社

乱丁・落丁本の場合は、左記宛にご送付ください。送料小社負担でお取り替えいたします。
ご注文・お問い合わせも左記へお願いします。
筑摩書房サービスセンター　埼玉県さいたま市北区櫛引町二-六〇四　〒三三一-八五〇七
電話番号〇四八-六五一-〇〇五三

ISBN978-4-480-81526-2 C0095

斎藤美奈子の本

妊娠小説

ちくま文庫

『舞姫』から『風の歌を聴け』まで、望まれない妊娠を扱った一大小説ジャンルが存在している――意表を突いた指摘のデビュー評論。解説・金井景子

紅一点論　アニメ・特撮・伝記のヒロイン像

ちくま文庫

「男の中に女が一人」は、テレビやアニメで非常に見慣れた光景である。その「紅一点」の座を射止めたヒロイン像とは!?　解説・姫野カオルコ

趣味は読書。

ちくま文庫

気鋭の文芸評論家がベストセラーを読む。『大河の一滴』から『えんぴつで奥の細道』まで、目から鱗の分析がいっぱい。文庫化にあたり大幅加筆。

文章読本さん江

ちくま文庫

「文章読本」の歴史は長い。百年にわたり文豪から一介のライターまでが書き綴った、この「文章読本」とは何ものか。第1回小林秀雄賞受賞の傑作評論。

本の本

ちくま文庫

じつは著者初の書評集。デビュー以来13年分の書評がぎっしり詰まった本書で評された（切られた？）本は700冊近い。ずっしり時代が収まった決定版。

月夜にランタン

たいへん、たいへん。そんな声が聞こえてきそうなゼロ年代後半の日本列島のから騒ぎ。リーマンも温暖化も政権交代もおひとりさまも、一刀両断。40の同時代批評。